나는 왜 맨날 당하고 사는 걸까

당신을 괴롭히는 심리 조종자로부터 벗어나는 법

나는 왜 맨날 당하고 사는 걸까

이사벨 나자레 아가 지음
정미애 옮김

북앵

"모든 사람은 군주의 겉모습만을 바라볼 뿐

그의 본 모습을 파악하는 사람은 거의 없다."

— 마키아벨리 『군주론』

서론

오랫동안 바라던 회사에 취직을 하거나, 새로운 부서에 발령을 받거나, 또는 새로운 모임에 가입을 했는데, 그곳에서 유달리 한 사람과 자주 부딪치고 갈등을 겪어본 경험이 있는가?

왜 늘 그 사람 생각이 머릿속을 떠나지 않고, 지나칠 정도로 그에 관한 얘기를 하게 되는 걸까? 왜 그 사람 얘기만 나오면 신경이 곤두서고 스트레스를 받는 걸까? 그는 당신에게 과연 어떤 영향을 미치는 걸까? 언제부터 어떻게 그와 관계가 어긋나기 시작했는지 합리적으로 설명하기 어려울 수 있다. 그와 지내는 시간이 길어지면서 점차 자신의 능력, 심지어 자신의 인성마저 의심하게 되고, 왠지 자기 자신이 형편없는 사람이 된 것 같은 느낌이 들 수 있다. 다른 사람들과의 원만한 의사소통마저 힘들어질 수 있다. 게다가 수면 장애, 호흡 장애, 두통, 복통 피부통증은 물론 우울 증상까지 나타날 수도 있다.

'심리 조종자'라는 주제가 일반인들에게 잘 알려진 분야는 아니다. 하지만 불행하게도 많은 사람들이 일상에서 자신과 가깝게 지내는 심리 조종자들 때문에 고통받는 것을 볼 수 있다.

이 책에서 다루는 '심리 조종자'는 광고, 판매 전략 혹은 정치계에서 흔히 볼 수 있는 사람들을 일컫는 말이 아니다. 이들은 고객을 상대로 더 많은 상품을 판매하고, 기업의 매출을 높이고, 혹은 투표에서 최대의 표를 확보하겠다는 오직 하나의 목표를 달성하기 위해 '설득의 전략'을 활용한다. 이때 상대의 사적인 감정은 고려 대상에 포함되지 않는다. 반면 일반적인 심리 조종자들은 이러한 사적인 감정들을 최대한 내세워 상대를 자신에게 유리하게 끌어들이기 위해 여러 전략들을 세운다. 지난 몇 년간 심리치료사와 연수담당자로 활동하면서 나는 위와 같은 현상을 종종 목격할 수 있었다. 주위에 있는 특정한 한 사람 때문에 고통을 당하고 불행에 빠지는 사람들을 보면서 큰 충격을 받았다. 그 특정한 사람이 바로 심리 조종자였던 것이다.

실제로 많은 사람들이 심리 조종자들로 인해 불안감에 시달리고 일상에서 고통을 당하고 있는데도 몇몇의 신문에서 기사로 다루어진 것 외에는 관련 전문 서적을 찾아보기 힘들다. 확률적으로 누구나 일생에 한 번은 심리 조종자를 만난다고 한다. 이 책은 개인은 물론 인간관계의 갈등 문제를 다루는 전문 상담자나 법률 자문단체에게도 유용한 정보들을 담고 있다. 이를 통해 심리 조종자를 파악하

는 방법을 터득하고, 어떻게 대응해야 하는지 여러 해결책들을 모색
해 자신을 보호할 수 있기를 바란다.

현대인들은 스트레스를 해결하기 위해 여러 방법을 끊임없이 시
도해왔다. 가령 세련된 사교술을 익히거나 가치 체계, 신념 등을 활
용했으며, 긴장 이완 훈련을 받거나 수면, 쾌락, 음식 및 스포츠 등
에 몰두하기도 했다.

그런데 스트레스 원인 제공자가 가까운 사람일 경우, 위의 방법
들이 제대로 효력을 발휘하지 못하는 것으로 나타났다. 이런 스트레
스는 대부분의 사람들이 바로 '심리 조종자'와 갈등 상황을 겪고 있
기 때문인 것으로 드러났다. 이를 해결하기 위해 다음의 세 가지 방
법을 시도해보자.

1. 심리 조종자가 어떻게 일을 처리하는지 파악한다.
2. 심리 조종자의 존재를 파악한다.
3. 심리 조종자로부터 자신을 보호한다.

실제로 가까운 사람이 심리 조종자일 경우, 감정이나 인지, 혹은 행
동을 비롯해 인간관계에 이르기까지 모든 것이 엉망이 되는 걸 볼
수 있다. 나는 이 책에서 희생자들이 이러한 상황을 어떻게 겪어냈
는지 자세히 설명하려고 애썼다. 심리 조종자의 무의식적 동기를 연
구하거나 그들을 대상으로 정신분석을 하려는 것은 아니다. 그보다
는 심리 조종자가 어떻게 스스로는 책임을 지지 않으면서 상대에게

죄책감을 느끼게 하는지, 어떻게 의사소통을 하고 불화를 일으키고 상대의 존재감을 무시하고 스스로 희생양인 듯 행동하고 수시로 태도를 바꾸는지를 가능한 자세히 서술하려고 했다. 그리고 심리 조종자들이 자신의 말과는 달리 상대의 요구나 필요에 얼마나 무관심한지를 밝히려고 했다.

이 책에 소개된 일화나 사례들은 실제 일어난 일들로, 심리 조종자의 전략을 파악하는 데 많은 도움이 될 것이다.

끝으로 이 책을 통해 우리 모두 자신감을 회복하고, 불안감과 스트레스를 스스로 통제할 수 있기를 바란다. 그래야 자유롭게 사고하고, 자신감 있게 행동하며, 아울러 자신만의 삶을 살아가는 데 필요한 다른 전략들을 모색할 수 있을 것이다.

차례

서론   7

1 누가 심리 조종자인가?

심리 조종자들은 어떤 가면을 쓰고 있을까?   15

심리 조종자의 특성   40

신체적 · 정신적 피해들   71

죄책감을 강요한다   86

심리 조종자와 책임감   103

심리 조종자와 의사소통   116

불화의 씨를 뿌린다   144

심리 조종자와 폄하   159

불쌍한 심리 조종자!   180

상황에 따라 행동과 태도를 바꾼다   189

상대의 요구를 고려하지 않는다   198

2 심리 조종자로부터 자신을 보호하는 법

심리 조종자 포착하기   219

'나'와 심리 조종자의 이상적인 소통에 애도를 표하라   223

역 심리 조종법을 배우라   226

자신의 의견을 분명히 표현하라   293

취해야 할 다른 태도들   330

결론   336

부록   339

1

누가 심리 조종자인가?

심리 조종자들은
어떤 가면을 쓰고 있을까?

심리 조종자들은 다양한 가면을 쓰고 자신의 실제 모습을 감춘다. 그들은 상대하는 사람이나 상황, 목적에 따라 얼마든지 가면을 바꿔 쓸 수 있다.

친절의 가면을 쓴 심리 조종자

심리 조종자들의 가면 중 가장 흔한 것이 바로 친절의 가면이다. 그들은 자신들의 실제 모습을 완벽하게 감출 수 있기 때문에 더욱 위험하다. 그들은 밝게 잘 웃는 외향적인 성격에, 타인에게 깊은 관심을 보이기도 한다. 말도 잘하고, 쉽게 이야기를 풀어낼 줄 안다. 그들은 자신의 존재감을 드러내면서 자연스럽게 상대의 지위와 자리를 차지한다. 사람들은 행복해 보이는 그들을 보며 닮고 싶어 하고, 심지어 그들에게 특별한 관심이나 사랑을 받으려고 애를 쓰기도 한다. 피에르 그라니에 드페르가 연출한 영화 〈이상한 사건〉에서 미첼 피콜리가 맡은 역할이 바로 이런 유형의 인물이다. 그는 웃는 얼굴에 호의적일 뿐만 아니라 여러 장점을 지닌 매력적인 사람이기에 그가 심리 조종자라는 사실을 파악하기란 여간 어려운 일이 아니다.

사실 우리는 친절한 사람이 부탁을 해오면 기꺼운 마음으로 들어주는 경향이 있다. 당연히 모르는 사람보다 친구의 부탁을 거절하기가 더 힘든 법이다. 심리 조종자들은 이처럼 쉽고 단순한 사실을 이용해 자신의 영향력을 최대한 넓힌다. 이런 현상은 동물의 세계에서도 쉽게 관찰할 수 있다. 매우 위험하고 사나운 물고기들도 목적을 달성하기 위해 온순한 물고기의 모습을 도용한다.

블레니(크기가 작고 비늘이 없는 민물고기로 괴도라치과의 물고기)의 예를 들어보자. 그 전에 놀래기 얘기를 할 필요가 있다. 청소놀래기는 덩치가 큰 다른 어류에 붙어 청소를 해주며 공생관계를 유지한다. 청소를 해주는 작은 물고기와 큰 물고기는 자신들만의 독특한 움직임을 통해 서로 소통한다. 서로 신뢰하기 때문에 큰 물고기는 놀래기가 가까이 와도 전혀 방어 태세를 취하지 않는다. 그런데 바로 블레니가 청소놀래기의 행동을 그대로 모방하는 것이다. 아주 미세한 움직임까지 완벽하게 모방해서 큰 물고기를 혼란에 빠트린 다음 그의 지느러미와 아가미를 떼어먹는다.

친근감을 갖게 하는 요소들

우리는 어떨 때 상대에게 친근감을 느낄까? 사회학자들에 따르면 서로 전혀 모르는 사이더라도 상대가 친절하게 나오면 그의 요구에 '예스'란 답을 얻어낼 확률이 크다고 한다. 친절한 판매원의 예를 들어보자. 우리는 판매원의 겉모습, 자신(구매자)과의 유사성, 친절한 행동, 그리고 여러 긍정적인 요인들(과거에 좋은 시간을 보낸 사람과 닮았다거나, 혹은 자신이 알고 있는 유명한 사람과 닮았다든지)에 무의식적으로 많은 영향을 받는다.

심리 조종자들은 대부분 (약 60%에서 100%) 아주 빠른 시간 내에 친밀한 관계를 맺거나 만나자마자(특히 직업적인 환경에서) 상대에게 친절한 사람이라는 인상을 남긴다. 이때 몇 가지 공통적인 행동양식을 보인다. 예를 들어 항상 웃는 얼굴로 대하고, 상대를 배려하며, 관대하게 대하고 (작은 선물을 하거나 도와주려고 애쓴다) 필요하면 아부도 마다하지 않는다.

친절을 가장한 심리 조종자와 정말로 친절한 사람과의 차이

친절한 사람들을 모두 조심하고 경계해야 하는 것은 물론 아니다. 다행히 우리 주위에는 다른 의도를 가지고 거짓 친절을 보이는 사람보다 진심으로 친절을 베푸는 이들이 훨씬 많다. 그들은 자신의 의견과 감정을 솔직하게 표현할 줄 안다. 그러면서 상대의 감정과 의견도 존중한다. 자신과 생각과 감정이 다르다고 상대에게 죄의식을 강요하지 않는다. 자기 확신이 강한 사람들은 대부분 편안하게 행동하고 온화한 미소를 지으며 상냥하고, 늘 남을 존중할 줄 안다. 생각은 물론 행동이나 태도도 모두 투명하고 명쾌하다. 갑작스럽게 상대를 불쾌하게 하지 않고, 직업이나 사회적 관계도 매우 안정적이다. 자신의 가치를 드러내기 위해 타인을 무시하려 하거나 자신의 결점을 부정하려 들지도 않는다(자신의 결점을 고백하고 인정하는 일이 결코 쉬운 일은 아니다). 그들은 자신의 장점도 잘 알고 있다. 단지 상대보다 높은 자리에 있어도 이를 증명하려 특별히 애쓰지 않는다.

정말로 친절하고 자기 확신이 강한 사람과 그렇지 못한 사람의 차이를 설명하는 이유는 심리 조종자의 행동을 좀 더 잘 파악하기 위해서다. 친절의 가면을 쓴 심리 조종자도 처음엔 정말로 친절하고 자기 확신이 강한 사람과 별반 달라 보이지 않는다. 하지만 오랫동안 심리 조종자와 가까이 지내다 보면 그가 정말 친절한 사람인지 아니면 친절의 가면을 썼던 것인지를 알 수 있게 된다. 안타깝게도 소극적이고, 순진한 사람은 끝까지 알아채지 못할 수도 있다. 심리 조종자의 감정을 잘 파악하지 못하고, 그의 의도를 알고 나서야 충격을 받는 것이다. 그런데 대부분의 소극적인 사람들은 자신의 필요보다 상대의 요구를 더 중요하다고 생각하기 때문에 상대에게 부당한 감정이나 당혹스러움을 느껴도 대부분 참고 견딘다. 타인에게 복종하려면 무엇보다 자기 자신의 욕구를 억압하고 부정해야 가능하다. 소극적인 사람들은 누군가로부터 "오늘 오후에 뭐 하고 싶어?"라고 질문을 받으면 보통 "네가 원하는 거"라고 답한다. 정말 뭘 원하는지 말해보라고 여러 차례 다그치면 그제야 솔직하게 "잘 모르겠어"라고 대답한다. 상대의 기분을 상하지 않게 하면서 상대에게 필요한 것을 먼저 고려하다 보니 정작 자신의 감정은 더 이상 살피지 않게 된 것이다. 이렇듯 수동적인 사람들은 10년 혹은 20년이 지나도 친절의 가면 뒤에 숨어 있는 심리 조종자의 존재를 알아채지 못할 수 있다.

우리 중에는 주변에 있는 심리 조종자로 인해 고통스러워하는 이들이 있는가 하면, 자신이 고통을 겪고 있다는 사실조차 인식하지 못하는 이들이 있다. 하지만 한 가지 명심할 것은 우리는 흔히 자신이 스트레스를 겪고 있다고 용기 내어 말하지 못하고 때로는 고통 자체를 부정하기도 한다는 사실이다. 그들은 자신의 감정을 쉽게 드러내지 못하는데, 종종 본인조차 그 감정의 실체를 잘 파악하지 못할 때가 많다.

심리 조종자들도 장점을 지니고 있다

우리가 딱히 소극적인 사람이 아니더라도 심리 조종자의 '친절한' 가면에 속아 상대를 잘 알아보지 못할 수 있다. 이 책에서 묘사되는 점들은 심리 조종자의 일면만을 반영한다. 심리 조종자들의 80%, 특히 '친절의 가면을 쓴' 그들도 일반 사람들처럼 여러 장점을 지니고 있다. 그렇다면 어떻게 실제 장점과 거짓 장점을 구분할 수 있을까? 시간이 답이다. 오랜 기간 함께 살거나 일을 함께 하다 보면 거짓말이나 속임수는 점차 드러나기 마련이다. 물론 그들이 부모이거나 상사처럼 권위 있는 인물인 경우, 이 사실을 받아들이기란 더욱 어려울 것이다. 그의 비서나 동료들은 대부분 문제의 인물이 정말로 무능력하다는 사실을 깨달을 때까지 그의 단점을 채워주려고 애쓴다. 상사가 심리 조종자의 능력을 과대평가하고 있을 때는 특히 그의 무능력을 지적하기가 어렵다. 우리는 일상에서 생각보다 훨씬 자주 이런 일을 겪는다. 상사를 흔히 '책임자'라고 일컫는데, 왜 실제로는 그 반대 상황이 일어나는 걸까? 왜냐하면 대부분의 경우 상사에 대한 능력이나 자질 문제는 '해도 해도 너무하다'는 단계에 이르러서야 제기하게 되기 때문이다.

'친절'의 가면을 쓴 심리 조종자의 장점을 다시 한 번 살펴보자. 그는 대개 외향적이고(항상 그런 것은 아니다. '상대'에 따라 다르다), 자주 웃고, 달변인 데다 상대방에게 관심을 보인다. 그리고 무엇보다 친절하고, 능동적이며, 생동감이 넘친다. 또한 일처리도 매우 효율적으로 하고, 똑똑하고, 여러 능력도 겸비하고 있다. 구체적으로 말해, 그는 말끔하게 생겨서 취미도 다양하고 참신한 아이디어도 많을 뿐 아니라 수준급 요리 실력에 상상력도 풍부하고 집안 수리도 잘하는 식이다. 이렇듯 그는 자신의 모든 장점을 드러내 상대에게 인정을 받으면서도 정작 자신이 쳐놓은 거미줄은 철저하게 감춘다. 그가 많은 장점을 지니고 있다는 사실을 부정할 수는 없다. 그런데 문제는 이러한 장점을 상대를 조종하기 위해 활용한다는 점이다. 매우 친절한 얼굴로 상대를 교묘히 조종하기 때문에 그를 의심하기란 쉽지 않다. 그는 상대에게 매우 친근하게 대하고, 따뜻한 위로와 칭찬을 아끼지 않는다. 단지 그는 이런 행동들을 자신의 술수를 감추는데 활용하는 것이다.

그의 목표는 무엇보다 잘 모르는 사람들을 '자신의 주머니' 속에 넣고 마음대로 주무르는 것이다. 그는 사람을 처음 만나자마자 상대의 장점을 칭찬하고, 아첨에 가까운 행동도 서슴지 않기 때문에 누구도 그를 만나면 기분이 좋을 수밖에 없다. 첫 대면에서 그는 별로 수고롭지 않은 이런 작은 행동들 덕분에 상대에게 매우 친절한 사람이라는 인상을 심어준다. 그러면서 그는 차츰 신뢰 관계, 협력자의 관계를 형성하고 유쾌한 분위기를 만들어간다. 머지않아 그가 상대에게 여러 부탁을 해오기 전까진 복잡할 것 없고 아무 문제도 없어 보인다. 적어도 이 단계에서는 의심하지 않는다. 몇 달이 지난 다음에야 우리는 상대에게 심리적, 물질적으로 의존하게 되면서(값비싼 선물을 하거나 때로는 많은 돈을 빌려주기도 한다) 스스로 온전히 행복감을 느끼지 못한다는 사실을 깨닫게 된다. 그에게 친구가 많은 것 같아도 2, 3년 주기로 자주 바뀌고, 이어 새로운 친구들을 쉽게 사귀는 걸 볼 수 있다. 동시에 앞으로 이 책에서 계속 다루게 될 심리 조종자의 특성들을 발견하게 될 것이다.

친절한 사람은 결코 상대에게 상처를 주지 않는다는 사실에 주목할 필요가 있다. 그렇다고 친절한 사람들을 모두 의심의 눈으로 바라보라는 의미는 아니다. 우리 주위에는 어떤 특별한 의도 없이 친절을 베푸는 사람들도 얼마든지 있다.

매혹적인 심리 조종자

매혹적인 심리 조종자는 우리가 흔히 '매력적'이라고 생각하는 외모를 지닌 경우가 많다. 그들은 보석이나 옷차림, 자동차처럼 외적인 것들로 자신의 가치를 드러내려 한다. 매혹적인 심리 조종자는 상대의 눈을 똑바로 바라보며 상대를 당황케 하는 질문들을 던지기도 한다. 정작 자신은 질문을 받으면 우회적으로 대답하기 때문에 왠지 신비로운 인상마저 준다. 그는 상대에게 아첨하면서 자신이 원하는 것을 얻어내는 재주가 뛰어나다. 별 생각 없이 칭찬을 자주 하는데, 이런 과한 친절이야말로 그들에게는 영향력을 행사할 수 있는 최고의 무기인 셈이다. 이처럼 그는 상대를 기분 좋게 만들고, 유혹하기 위해 모든 술책을 동원할 줄 안다.

유혹에서 심리 조종의 단계까지 : 마크의 예

마크의 엄마는 어린 아들을 볼 때마다 '귀엽다'며 칭찬을 아끼지 않았다. 그래선지 마크는 벌을 받거나 야단맞는 상황을 몹시 싫어했다. 어떻게든 벌 받을 상황을 모면하기 위해 미소를 지으며 곧바로 고분고분한 태도를 보였다. 이는 아이에게서 쉽게 볼 수 있는 반응이 아니었다. 그는 학교 성적도 좋고, 재주도 많아 부모나 주변의 어른들로부터 많은 사랑을 받았다. 남을 잘 도와주고, 친절하게 대할 줄도 알고, 무엇보다 자신의 매력을 누구보다 잘 알고 있었다.

그는 모든 이들의 '귀여움'을 독차지하며 사랑을 받았다. 이웃사람들은 그의 여동생 디안을 만날 때마다 "네 오빠 마크 잘 있지?"라고 안부를 묻고 "정말 친절하고 착하던데"라며 칭찬을 늘어놓았다. 디안 역시 오빠를 마음 깊이 존경했다. 소극적인 성격의 그녀는 오빠의 부탁을 모두 다 들어주었다. 심지어 오빠가 용돈을 달라고 했을 때도 거절할 수 없었다고 나중에 고백하였다. 마크는 돈이 필요할 때마다 여동생에게 용돈을 달라고 했다. "내 용돈은 거의 다 오빠에게 줬어요. 그러다 보니 내가 원하는 걸 한 번도 해본 적이 없어요. 항상 속으로 중얼거렸죠. 나보다는 오빠가 이 돈을 더 필요로 한다고."

마크가 열 살이 되던 해에 부모님이 이혼을 했는데, 그때부터 그는 엄마에게 권위적인 태도를 취하기 시작했다. 전에도 여섯 살밖에 안 된 여동생에게 이런 태도를 보인 적이 있었다. 그의 엄마는 이혼 후 마음이 많이 약해져 종종 아들 앞에서 눈물을 보였다. 마크는 그때마다 공공연하게 지배자의 자리를 굳히기 시작했다. 엄마가 "네가 우리 집 가장은 아니야. 집에 남자가 너밖에 없는 건 사실이지만 넌 내 아들이고 아직 어린아이에 불과해. 집의 가장은 엄마야"라고 강력하게 주장하면 그는 이내 온순한 태도를 보였다.

청소년이 된 마크는 자신이 원하는 걸 얻기 위해 정서적으로 불안정한 엄마의 심리를 조종하기 시작했다. 14살 되던 해, 그는 엄마에게 영국으로 여행을 보내달라고 졸랐다. 엄마가 경제적 여유가 없다며 거절하자 그는 참지 못하고 "아빠라면 허락했을 거예요. 어쨌든 아빠를 보러 가야겠어요"라며 반기를 들었다. 그때부터 마크는 자신이 원하는 걸 얻지 못하면 며칠이고 아빠 집에 가서 지내곤 했다. 엄마는 이런 아들의 태도를 일종의 협박으로 받아들였다. 그는 이처럼 필요에 따라 양쪽 집을 옮겨 다니며 부모를 자신에게 유리하게 요리할 줄 알았다. 14살에서 18살까지 그는 주로 엄마보다 회의적이고 방임주의자인 아빠의 집에서 보냈다. 게다가 아빠는 젊은 여자와 재혼했는데, 새엄마는 마크를 거의 존경하다시피 했다. 마크는 자신의 매력을 활용해 새엄마로부터 원하는 것을 얻어냈다. 그는 아빠 집에서 오래 머물 때면 엄마가 그를 초조하게 기다리고 더 반갑게 맞아준다는 걸 알았다. 이렇게 엄마가 자신을 더욱 기다리게 만듦으로써 집에 돌아와서는 '왕'처럼 떠받들리고 원하는 바를 모두 얻었던 것이다.

영업이사가 된 마크는 부모님의 재정적 도움을 받아 새 집을 지었다. 1985년, 아빠가 세상을 뜨자 유산 문제가 대두되었다. 마크는 장례식 날 이 문제를 새엄마와 의논했다. 새엄마는 받은 유산으로 아직 미성년인 두 아이의 교육을 시킬 거라고 했다. 디안은 오빠가 황당하게 유산을 요구한 것에 당황하지 않을 수 없었다. 마크는 자신의 주장을 굽히지 않다가 새엄마로부터 다시 거절을 당하고는 그때부터 여동생에게 새엄마와 그의 아이들을 만나지 말라고 명령했다. 디안은 "믿기 어려우시겠지만 제 나이가 28살이었는데도 오빠의 말을 거절하지 못하고 따랐어요. 아마도 명령조로 얘기하는 그의 말투 때문이었던 것 같아요. 어쨌든 오빠 때문에 1985년에서 1988년까지 새엄마와 두 동생을 보지 못했죠"라고 말했다.

마크는 어떤 설명이나 해명 없이 새엄마 가족을 멀리했다. 디안 역시 오빠가 너무 무서웠기 때문에 소식을 전할 수 없었다.

할아버지가 돌아가시면서 마크의 엄마는 유산으로 물려받은 농장을 처분했다. 그녀는 재정문제나 행정적 절차를 별로 좋아하지 않았기에 이를 아들인 마크에게 모두 맡겼다. 그는 서둘러 이때가 기회라면서 엄마에게 바닷가에 아파트를 하나 장만하라고 부추겼다. 엄마를 설득하는 과정은 아주 서서히 교활하게 진행되었다. "엄마가 아파트 한 채 장만하면 아주 좋을 거 같아. 손자랑 손녀(마크의 아이들)들도 자주 볼 수 있고 디안도 가끔 이용할 수 있고, 더 자주 만날 수 있잖아요."

마크의 엄마는 결국 아들의 충고에 따라 아파트를 구입했다. 마크는 세금혜택을 더 받을 수 있다면서 아파트 명의를 자신과 여동생 앞으로 변경했다. 그러고는 이 아파트를 소유한 그날부터 더는 멀리 사는 엄마를 보러 가지 않았다. 여동생이 그를 비난하면 오가는 시간이 너무 길다고 변명만 늘어놓았다.

마크는 자신이 원하는 것을 모두 획득했기에 더는 어떤 노력도 할 필요를 느끼지 못했다. 결국 그의 엄마는 모든 것을 잃고 말았다. 더 이상 어린 손자들이 자라는 모습을 볼 수도, 단 한 번 아파트에 초대를 받은 적도 없었다. 그제야 일이 어떻게 되어가고 있는지를 깨달은 그녀는 스스로를 자책하기 시작했다. "일이 이렇게까지 된 건 분명 내가 그에게 상처를 준 적이 있기 때문일 거야. 내 잘못이 클 거야"라고. 아들이 왜 이런 태도를 취하게 되었는지를 오랫동안 고민하며 괴로워했다. 그녀의 머릿속에 마크는 여전히 친절하고, 남을 배려하고 똑똑한 아들로 남아 있었기 때문이었다. 그녀는 이런 일련의 일들을 겪으면서도 아들이 위선적이라는 사실은 꿈에도 생각지 못했다.

디안은 의붓동생들과 한참 왕래를 하지 않다 이런 상황이 말도 안 된다는 걸 깨닫고는 다시 그들을 찾기 시작했다. 그녀는 당시 자신이 왜 그렇게 행동했는지 이해할 수 없었다. 지금은 새엄마 가족과도 매우 잘 지내고 있다.

디안과 그의 엄마는 결국 마크가 '매력적인' 심리 조종자였다는 사실을 알게 되었다. 마크의 최종 목적은 가족으로부터 돈을 얻어내고, 어떻게든 다른 사람들을 유혹해서 재정적 지원을 얻어내는 것이었다. 그는 어릴 때부터 자신의 매력과 친절함을 무기로 원하는 것을 취했다. 오랫동안 고통을 당해온 디안과 그의 엄마는 한참을 고민하고 자문한 뒤에야 심리 조종자인 마크와의 관계를 정리할 수 있었다.

심리 조종자는 여러 수단을 동원해 단순히 상대를 감탄하게 만들 뿐만 아니라 은밀하고 더 위험한 감정인 '매혹'의 감정을 불러일으킨다. 매혹fascination의 라틴어 어원은 '매료fascinare, 마력fascinum'이다. 매혹적인 심리 조종자는 괜찮아 보이는 몇 가지 모습에 즉각 반응하는 우리들을 특유의 매력으로 끌어당긴다. 감미로운 목소리, 몸짓, 미모, 지혜, 지식, 혹은 친절함, 정중한 태도 등이 그러하다. 그의 매력으로 우리 자신은 더욱 보잘것없는 사람처럼 보일 뿐이다. 결코 우리의 존재가 부각되진 않는다.

이타주의적인 심리 조종자

이타주의적인 심리 조종자는 우리가 부탁도 하지 않는데 호의를 베푼답시고 원하는 것을 사주거나 무슨 일이라도 해줄 것처럼 나선다. 하지만 이 모든 것이 철저하게 사회적으로 잘 알려진 '상호주의 원칙'에 의거해서 이루어진다. 다시 말해 그가 우리에게 모든 것을 주는 대가로 우리 역시 그에게 어떤 부탁들을 들어주지 않을 수 없게 된다. "그는 너무 친절해. 그에게는 '안 돼'라고 말을 할 수가 없어. 내게 묻지도 않고 뭔가를 부탁해도 말이야."

미혼인 파트리스(36살)는 파리에 산다. 그의 부모는 은퇴 후 프랑스 남부 지방에서 살고 있다. 파트리스는 부모님을 방문하기로 했다. 별로 내키진 않았지만 아버지가 얼마 전 건강상의 문제로 몸져누웠다가 회복된 지 얼마 되지 않았기 때문이었다.

파트리스의 아버지는 아들이 도착하자마자 집을 구경시켜주느라 바빴다. 꽤 멋진 별장이었는데, 지붕 한쪽에 페인트가 벗겨져 있었다.

아버지 혼자서 페인트칠을 할 수 없을 거라는 걸 잘 알고 있었죠. 결국 아버지는 나한테 "칠을 해드릴까요"라는 말을 하게 만들었어요. 얼마 뒤에는 덧문도 수리해야 한다고 말씀하시더군요. 아버지는 은연중에 혼자서 이 일을 다 할 수 없다는 걸 암시했죠. 그러면서 혹시 5월쯤 휴가를 낼 수 있냐고도 물었어요.

파트리스는 부모님이 집수리를 전문가에게 맡길 만큼 충분한 재정적 여유가 있다는 걸 알고 있었기 때문에 휴가를 반납해가면서까지 집수리를 하고 싶진 않았다. 그래서 거절해야겠다고 마음먹었는데 순간 죄책감이 밀려왔다.

아버지는 항상 내가 어려움에 처한 사람을 도울 줄도 모른다는 식으로 말하기 때문에 부탁을 거절하기가 쉽지 않아요. 휴가 기간 내내 일을 해야 하는데도 어쩔 수가 없었죠. 게다가 아버지는 내게 비행기 왕복표를 사주고 일정 비용도 부담하겠다면서 거저 일을 시키는 게 아니라는 말까지 했으니까요.

결국 파트리스는 휴가 기간 내내 집수리를 해야 했고 왕복 차비며 집수리에 실제 든 비용까지 생각하면 비교도 안 되게 적은 액수를 받아야 했다.

"그걸로는 전화비나 겨우 낼 정도라니까요!" 파트리스가 한숨을 내쉬며 말했다.

"충분치 않으면 얘기해. 더 줄게." 아버지는 다정하게 대답했다.

파트리스는 수표 한 장을 더 달라고 하면서 매우 당혹스러운 감정을 느꼈다. 오히려 고맙다는 말까지 해야 했으니 말이다. 비행기를 타려고 하는데 아버지가 말했다. "어쨌든 서로 돕고 사니 좋구나."

서로를 돕는다고? 도대체 파트리스가 무슨 도움을 받았다는 걸까?

상호성의 법칙

심리 조종자들은 상호성의 법칙을 즐겨 활용한다. 상호성의 법칙이란 원래 다른 사람이 우리에게 베푼 호의를 그대로 갚아야 한다는 것으로, 사회화 과정에서 자연스럽게 형성된 하나의 삶의 방식이다. 미국 인류학자인 리오넬 타이거Lionel Tiger와 로빈 폭스Robin Fox에 따르면 상호성의 법칙은 일종의 적응 메커니즘으로, 이를 통해 효율적인 사회적 관계망이 형성되고 물물교환도 가능해졌다. 우리는 이 원칙을 사회적 의무로서 교육받았다. 그래서 우리가 남에게 무언가를 받으면 반드시 돌려줘야 하고, 그렇게 하지 않을 때 우리는 예의 바르지 못하고 배은망덕하며 부당한 이득을 취하는 사람이 된다. 따라서 이에 대해 온갖 비난이나 벌을 받고, 제약을 당할 수도 있다.

우리는 주위 사람들에게 좋은 평가를 받기 원하기 때문에 대개는 이 원칙을 지키려고 노력한다. 심리 조종자는 이를 이용해 우리에게 '빚진' 마음을 갖게 함으로써 자신이 쳐놓은 함정에 빠트린다.

미국 사회심리학자들은 수많은 임상실험을 통해 상호성의 법칙이 얼마나 강력한지를 밝혀냈다. 이 법칙은 때로 우리가 부탁하지 않은 어떤 것을 받았을 때 빚진 마음까지 들게 한다. 비록 이 상호성의 법칙이 받은 것을 돌려줘야 한다는 것이지만 심리 조종자들은 이런 의무감을 자신에게 유리하게 활용한다. 예를 들어 심리 조종자는 우리에게 돈을 빌려주고 나중에 우리에게 '부탁' 좀 하겠다고 하면서 빌려준 돈의 두 배를 빌려달라고 요구한다. 그가 돈의 액수는 물론 빚을 갚는 방법까지 구체적으로 알려주기 때문에 거절하기가 쉽지 않다. 우리가 그의 부탁을 거절하면 그는 바로 그 유명한 '상호성의 법칙'을 꺼내든다. "네가 도와달라고 할 때 난 늘 너를 도와주었는데." 보통 우리는 부담스러운 상황을 벗어나고자 불합리한 제안까지 감수하려고 하기 때문에 착취자에게 쉽게 조종을 당한다.

이타주의적 심리 조종자는 우리를 위해 시간을 할애하고 선물을 하거나 당장은 정당하게 보이는 합리적인 제안들을 하지만 결국 교묘하게 우리에게서 더 많은 보답을 받아내고야 만다.

우리는 이러한 심리 조종자의 면모를 자세히 알지 못하기 때문에 더 조심해야 한다. 그는 상대를 자신에게 의존하게 만들 줄 안다. '친절'을 무기로 우리를 옴짝달싹 못하게 만드는 것이다.

교양이 넘치는 심리 조종자

심리 조종자들 중에는 특별히 교양이 넘치는 사람들이 많다. 그는 자신보다 못한 사람을 아주 교묘하게 무시한다. 소수의 전문가들이나 알 만한 주제를 언급하고 우리가 잘 모른다고 하면 깜짝 놀라는 식이다. 그는 대개 주제에 대한 설명 없이 이름이나 날짜, 장소만을 나열하고는 우리가 아무리 궁금해해도 자세히 설명해주지 않는다. 그의 말투나 말하는 모습만 보면 대단한 교양이라도 갖춘 사람 같다. 다들 그를 똑똑하다며 칭찬만 할 뿐 얼굴을 맞대고 감히 질문을 던지지 못한다. 어쩌다 누군가 질문을 하면 그는 갑자기 놀란 표정으로 무안을 주거나, 다른 생각에 몰두한 사람처럼 행동한다. 물론 자신이 잘 알고 있는 분야일 때는 (겉모습과는 달리 늘 모든 주제에 대해 알고 있는 것은 아니다) '자신의 지식'을 잔뜩 늘어놓으며 마이크를 독점하는 즐거움을 만끽한다. 그의 말에 귀를 기울이는 청중 앞에서 자신을 드러낼 더 없이 좋은 기회인 것이다. 그런데 우리가 그 주제를 잘 알 때는 곧바로 그가 거짓 정보들을 늘어놓고 있다는 사실을 깨닫게 된다. 우리가 잘 모르는 주제일 때는 당연히 그런 사실을 알아채지 못할 것이다.

심리 조종자와 달리 진정으로 교양 있는 사람은 상대로 하여금 스스로가 무식하거나 결점이 많은 사람이라는 인상을 주지 않는다. 심리 조종자는 우월한 학력과 사회적 지위, 나이, 혹은 개인의 경험 등을 내세워 자신의 권위를 드러내고 상대의 무지를 더욱 강조한다.

권위에 복종하기

뉴욕대학의 심리학과 연구소장인 스탠리 밀그램Stanley Milgram 교수는 '권위에 대한 복종 실험'을 진행한 적이 있다. 연구 결과에 따르면 우리는 존경받는 권위적인 인물을 매우 호의적으로 대하는 경향이 있다. 특히 '지식이나 학문' 분야에 종사하는 사람들에 대해서는 거의 의심을 하지 않는다고 한다.

밀그램 교수가 예일대학에서 실시한 실험 결과를 살펴보자. 그는 심신이 매우 건강한 40여 명을 대상으로 실험을 했다. 먼저 흰 가운에 배지를 단 한 연구자가 〈체벌이 학습에 미치는 효과〉에 관한 실험을 하겠다며 실험 참가자들에게 상황을 설명한다. 실험 참가자는 한 '학생'(이 학생도 실험 참가자가 모르는 다른 참가자다)에게 질문을 던지고 학생이 잘못된 대답을 하면 전기 충격을 보낸다. 학생은 실험이 시작되기 전에 이미 일련의 단어 조합 리스트를 암기하고, 실험 참가자가 한 단어를 얘기하면 재빨리 그에 해당하는 단어 조합을 말해야 한다. 질문을 담당한 실험 참가자는 학생이 잘못된 대답을 할 때마다 전기 충격의 강도를 높여서 보내게 되어 있다. 전극은 학생의 팔에 붙여 놓았는데 연구자는 실험 참가자에게 전기충격이 매우 고통스러울 수도 있지만, '지속적으로 충격을 가하는 것은 아니라고' 설명한다. 연구자와 실험 참가자는 학생과 떨어져 옆방에서 실험실 벽을 통해 학생의 소리를 듣는다.

실험이 시작되면 참가자는 전기 장치가 있는 탁자 앞에 앉아 매번 학생이 잘못된 답을 말할 때마다 전기충격을 15볼트씩 올리면서 내보낸다. 처음에는 전기 충격이 불편하긴 해도 심하게 고통스럽지는 않다. 75볼트에서 105볼트에 이르면 점차 학생은 신음소리를 내며 고통을 호소한다. 고통이 심해질수록 주의력이 산만해지고 그러면서 더 실수를 저지르게 된다. 그러면 참가자는 전기충격을 계속 높인다. 120볼트에 이르자 학생이 너무 고통스러운 표정을 지으며 비명까지 지른다. 150볼트에 달하자 제발 실험을 그만 멈춰달라고 애원하고 밖으로 나가겠다고 한다. 실험 참가자는 학생의 애원을 무시하고 계속 질문을 던진다. 당혹스럽게도 40명 중 85퍼센트가 이런 태도를 보였다. 드디어 165볼트에 이르자 학생이 다시 애원한다.

"그만! 당장 나가게 해줘요. 제발 여기서 나갈 수 있게 해주세요!" 그럼에도 불구하고 실험 참가자는 계속 '질문을 강행한다(이 단계에서 오직 한 명만이 포기했다).' 이제 학생은 전기충격이 너무 강한지 온몸을 비틀며 비명을 지른다. 반면 매우 침착해 보이는 참가자는 질문을 계속하고, 점점 195에서 210, 225볼트까지 충격을 높인다. 종종 그는 연구자 쪽을 돌아보며 계속할지를 묻는다. 그러면 연구자는 그가 계속 실험을 이어갈 수 있도록 '차례대로' 다음과 같이 격려한다. 연구자의 말투는 매우 단호하면서도 예의바르다.

1. "계속하세요." 혹은 "계속하길 바랍니다."
2. "실험에 따르려면 계속하셔야 합니다."
3. "반드시 계속하셔야 합니다."
4. "선택의 여지가 없습니다. 계속하세요."

학생이 참가자에게 실험을 그만하게 해달라며 비명을 지르지만 참가자는 연구자의 말을 들으며 계속한다. 전기충격이 300볼트에 이르자 학생은 더는 아무 대답도 못하고 비명만 지른다. 참가자는 이조차 잘못된 답변으로 간주하고 계속 전기충격을 보낸다. 참가자는 전기충격을 높일 때마다 볼트를 얘기한다. 학생은 더 이상 소리를 지르거나 움직일 수도 없게 된다. 드디어 참가자는 마지막 볼트인 450을 가한다.

이렇게 해서 실험은 끝났다.

실험 결과는 경악스러웠다. 40명 중 단 한 명도(그들은 우리들처럼 매우 평범한 사람들인데도) 희생자가 멈춰달라고 애원하고 대답조차 할 수 없는 상태까지 되었는데도 맡은 임무를 중단하지 않았다. 더 끔찍한 사실은 300볼트에 이르렀을 때 단 한 명이 포기했을 뿐 이들 중 2/3가 끝까지(450볼트!) 강행했다는 사실이다.

이 결과는 연구자나 심리학자들의 예상과는 완전히 달랐다. 그들은 대략 2%만이 끝까지 실험을 단행할 거라고 예상했다. 이쯤에서 학생이 연기자였다는 사실을 밝히는 게 좋겠다. 참가자는 물론 이 사실을 전혀 모른다. 우리들처럼 매우 평범한 사람이 아무 죄도 없는 희생자에게 이러한 고통을 가할 수 있다는 사실에서 어떤 결론을 낼 수 있을까? 다시 반복해 말하지만 참가자들 중 단 한 사람도 정신적으로 문제가 있거나 이상 성향을 보이는 사람은 없었다. 이에 대한 대답은 바로 실험 지시를 하는 연구자가 그 자리에 있었다는 사실과 관련된다. 그는 40명에게 권위적인 인물로 보인 것이다. 다시 말해 자신이 어떤 실험을 하는지 잘 아는 사람이라는 것이다. 히틀러가 어떻게 그 많은 대중을 적극적인 반대 없이 조종할 수 있었는지 이해할 수 있지 않을까.

밀그램 교수는 이러한 가정을 확증하기 위해 다른 실험을 실시했다. 위의 실험과 달리 실험을 지시하는 사람을 앞의 권위 있는 연구자 대신 일반 학생을 내세웠다. 이 실험에서는 참가자 100%가 추가로 전기충격을 보내지 않고, 실험을 계속하지 않겠다고 했다. 여러 실험 결과 다들 권위적인 지시에 따르는 것을 볼 수 있다.

이 장을 끝내면서 마지막으로 의학계에 종사하는 이들의 관심을 끌 만한 실험 결과 하나를 언급하려고 한다. 이 실험은 미국의 한 병원에서 외과, 소아과, 정신과의 여러 병동에서 근무하는 22명의 간호사를 대상으로 실시되었다. 연구자들(의사와 간호사로 구성된)은 잘못된 처방을 내릴 때 벌어지는 복종의 문제를 다루었다. 아울러 평소의 권위적인 사람 대신 전화로 자신을 '의사'라고 소개하면서 낯선 목소리로 처방을 내릴 때 어떻게 반응하는지도 살펴보았다. 먼저 실험이 시작되면 연구자는 매번 전화를 걸어 자신이 이 병원 의사라고 소개한다. 그는 간호사가 일하는 층에 입원한 한 환자에게 에스트로겐을 20밀리그램 처방하라고 지시한다. 이 처방 지시에는 간호사가 의아하게 생각할 만한 객관적인 이유가 네 가지나 있었다.

1. 병원 규칙에 따르면 전화로 처방을 내릴 수 없다.
2. 이 약은 이 부서에서 허용되지 않는다. 시중에 판매를 허용하는 법적 조항이 부재하다. 단지 이 병원 관할 약국에서만 구입할 수 있다.
3. 처방이 허용치를 넘어 매우 위험하다. 일일 최대 허용치는 10밀리그램으로 약 상자에도 명확히 적혀 있다. 따라서 의사가 처방한 것은 허용치의 두 배가 되는 양이다.
4. 간호사는 그 전에 이 의사를 한 번도 만나거나 전화를 받은 적이 없다.

실험 결과는 매우 놀라웠다. 95%의 경우, 간호사가 병원 약국을 직접 찾아가 처방받은 양만큼 에스트로겐을 환자에게 주는 것이었다. 그때 연구자가 이를 저지하면서 실험 내용을 설명한다.

그런데 실험을 실시하기 전에 의료진들은 간호사를 대상으로 이런 경우에 어떻게 처신할지를 물었다. 이때 간호사들은 하나같이 절대 처방전을 따를 수 없다고 했다고 하니 매우 흥미로운 사실이 아닐 수 없다.

이 실험은 미국에서 실시되었다. 내가 이 실험 내용을 프랑스 간호사들에게 설명하자 자기들이 근무하는 병원에서는 도저히 있을 수 없는 일이라며 절대 그대로 따르지 않을 거라고 단언했다. 기회가 된다면 이 실험을 프랑스에서 한 번 실시해보는 것도 흥미로울 것 같다.

앞에서 살펴보았듯이 권위나 권위의 상징(직위, 제복, 혹은 장식품…)에 복종하는 행동은 결코 의식적으로 일어나지 않는다. 이 실험을 통해 우리는 권위적인 면모를(심지어 환상이라 할지라도) 지닌 심리 조종자의 영향력이 얼마나 심각할 수 있는지를 잘 알 수 있다. 그는 자신이 원하는 것을 우리에게 관철시킬 힘을 지니고 있다.

이러한 현상은 우리가 잘 알아채지 못하는 사이에 일어난다. 우리는 종종 현실보다 권위적인 면에 더 취약하다는 것을 알 수 있다.

수줍음이 많은 심리 조종자

심리 조종자 가운데 수줍음이 많고 조용한 성격의 소유자는 드물기 때문에 알아채기가 더욱 힘들다.

그는 수줍음을 가장해 자신을 감춘다. 여러 사람과 있을 때면 뒤로 물러서 있거나 말도 거의 없다. 조용히 상대를 바라보며 속으로 판단할 뿐이다. 우리가 의견을 물어도 입을 잘 열지 않는다. 그런 태도가 상대에게 압박감을 주거나 아니면 반대로 아예 존재감을 드러내지 않을 수 있다. 수줍음이 많은 심리 조종자들은 대개 여자인 경우가 많다. 그녀는 매우 신중하게 행동하고 사람들 앞에 서면 당황하는 모습을 보인다. 어떤 한 사람에 대해 얘기하거나 비난을 할 때도 절대 직접 나서지 않고, 배우자나 동료를 통해 자기 생각을 전달한다. 이렇게 함으로써 전달자가 의식하지 못한 채 보증을 서게 만든다. 이런 성향의 심리 조종자는 대개 나약하고 순종적인 이미지를 지니고 있다. 그야말로 보호해주고 싶은 마음이 들지 않을 수 없다.

수줍음의 가면을 쓴 심리 조종자는 뒤에서 은밀하게 상대를 조종함으로써 불화를 일으키고, 사람들 간에 서로 불신을 조장한다는 점에서 원래 소극적이고 수줍음이 많은 사람들과 구분이 된다. 그는 사람들 사이에 갈등이 생기는 게 힘들다 하면서도 정작 본인이 교묘하게 갈등 문제를 유발한다. 하지만 우리는 이런 갈등 관계가 그 사람 때문이라는 사실을 잘 알아채지 못한다.

독재적인 심리 조종자

'독재적'인 성향의 심리 조종자는 쉽게 알아볼 수 있다. 그는 때로 과격하게 행동하며 남을 비난하고 공격한다. 그러다 상대의 도움이 필요할 때면 온갖 아첨을 다한다. 보통 남을 칭찬하는 법이 없고, 공격적이며 권위적으로 행동하기 때문에 주위 사람들은 그를 늘 두려워한다. 어쨌든 그는 자신이 원하는 것을 얻어내고야 만다. 다들 그의 성격이 고약하고 같이 살기 힘든 사람이라고 해도, 정작 그가 남의 심리를 조종하는 사람이라고는 생각지 못한다. 독재적인 심리 조종자는 자신이 누리는 절대적인 권위를 너무나 잘 알고 있다. 그는 직업적으로든 개인적으로든 감정에 휩쓸리는 것을 스스로 용납하지 못한다. 목표 달성에 방해가 되는 감정들은 철저하게 제거해야 한다고 믿는다. "안녕하세요? 잘 지내시죠?"라는 안부 인사나 잠깐의 티타임조차 시간 낭비라고, 아무 쓸모가 없다고 생각한다. "부탁합니다", "고마워요", 혹은 진심에서 우러나오는 칭찬도 마찬가지다. 다른 사람의 경험이나 의견, 감정에는 전혀 관심이 없다. 인간은 결코 감정의 노예가 되지 말아야 한다고 믿으며 완벽하게 자신의 감정을 통제할 수 있어야 한다고 생각한다. 따라서 옆길로 새거나 나약한 모습을 보이면 부끄럽고 모욕적인 일로 여긴다.

　독재적인 심리 조종자는 자신의 원칙이 주위 사람 모두에게 적용되어야 한다고 주장한다. 단지 직업적으로 얽힌 사람들뿐만 아니라 가족이나 사회적 관계망에서도 마찬가지다. 그는 이러한 '원칙'을 자기 스스로에게도 적용하는데, 어떤 면에서는 자기 자신을 터무니없이 높이 평가하는 경향이 있다. 그가 병에 걸리거나 슬픔에 빠져 있을 때 우리가 잘 돌보지 않기라도 하면 그는 얼마든지 우리를 비인간적이고, 이기적인 괴물로 매도할 수 있다. 이처럼 인간관계에서 위압적인 태도를 보이는 심리 조종자는 쉽게 파악할 수 있다. 동료들이나 부하직원(이런 유형의 심리 조종자는 남을 부리는 직업을 주로 선택한다) 혹은 가족들은 이런 그와 함께 지내는 걸 몹시 힘들어한다. 심리 조종자가 어떤 가면을 쓰고 있든 심리적 고통을 받는 것은 마찬가지일지 몰라도, 어쨌든 일상에서 "안녕하세요", "고마워요", "부탁해요"라고 말하고 미소 지으며 서로의 안부를 묻는 사람과 생활하는 게 더 기분 좋은 일임에는 틀림없다. 이는 오직 행동에 관한 것이다. 하지만 우리는 그들의 사고방식만큼이나 행동이나 태도를 통해서도 심리 조종자를 알아낼 수 있다. 심리 조종자들은 대개 긍정적이면서 사회적으로 적합한 행동을 취하지 않는 경우가 많다.

심리 조종자의
특성

심리 조종자들은 가면 뒤에 본래의 모습을 감춘다. 앞에서 살펴보았듯이 심리 조종자들은 매우 다양한 양상으로 드러난다. 그들은 타인을 쉽게 조종하기 위해 기꺼이 가면을 쓴다. 친절을 가장한 가면에서부터 독재자의 가면까지 거의 모든 가면을 활용할 줄 안다. 그래서 그들을 식별해내기가 더욱 어렵다. 친절한 심리 조종자들은 어느 선까지는 친절히 대하다가도 자신의 권위나 영역을 침범해온다 싶으면 바로 태도가 돌변한다. 자신이 요구한 것을 들어주지 않으면 빈정대거나 계속 고집을 피우고, 심지어는 사납게 굴 때도 있다. 친절한 심리 조종자는 누군가 자신의 잘못을 지적하거나 비난하는 것을 유달리 견디지 못한다. 심리 조종자를 제대로 파악하려면 그들의 심리적 특성과 여러 특징들을 자세히 알고 있어야 한다.

30가지 특징

심리 조종자는 30가지 특성을 지니고 있다. 30가지 중 적어도 14가지를 충족시키면 우리는 그를 심리 조종자라고 판단한다.

1. 가족, 친구, 연인이라는 이름으로, 또는 직업적 책임감을 내세워 상대에게 죄책감을 강요한다.
2. 다른 사람에게 자신의 책임을 전가하거나 회피한다.
3. 자신의 요구, 감정, 의견을 정확하게 전달하지 않는다.
4. 답변이 종종 애매하다.
5. 상황이나 상대에 따라 자신의 감정과 의견, 행동을 바꾼다.
6. 논리적인 이유를 내세워 자신의 요구를 감춘다.
7. 상대에게 항상 완벽하고 의견을 절대 바꾸지 말며, 모든 것을 잘 알아야 할 뿐 아니라 요구나 질문에 대해 즉각적으로 대답할 수 있어야 한다고 세뇌시킨다.
8. 다른 사람의 능력이나 장점, 인성 등을 의심하게 한다. 다시 말해 안 그런 척하면서 상대를 비난하고, 깎아내리고, 판단한다.
9. 중계자를 통해 상대에게 메시지를 전달한다.
10. 사람들 간에 불화의 씨를 지피거나 서로 불신하게 만들고, 자신이 지배권을 쥐기 위해 사람들을 분열시키면서 연인이 헤어지도록 부추긴다.
11. 희생자처럼 행동해 다른 사람으로부터 연민의 감정을 불러일

으킨다(몸이 많이 아프다고 하거나 주위 사람들 때문에 힘들다고 불평하고, 일이 너무 많다고 투덜대는 식이다).

12. 상대의 부탁이나 요구를 무시한다(말로는 알겠다고 하면서).

13. 자신이 원하는 것을 얻기 위해 상대의 도덕적 원칙을 들먹인다(휴머니즘, 자비, 인종차별, '착한' 혹은 '나쁜' 엄마라는 개념까지).

14. 교묘하게 상대를 협박하거나 혹은 노골적으로 위협한다.

15. 대화 도중, 화제를 아예 바꾼다.

16. 인터뷰나 회의를 회피하거나 어떻게든 빠져나가려고 한다.

17. 상대의 무지를 들춰내어 강조하고, 이를 통해 자신의 우월성을 부각시킨다.

18. 거짓말을 한다.

19. 사실을 알아내기 위해 거짓 정보를 흘리고 사실을 왜곡하고 제멋대로 해석한다.

20. 자기중심적인 사고를 한다.

21. 부모나 배우자한테도 질투를 느낀다.

22. 비난을 참지 못하고 분명한 사실마저 부정한다.

23. 상대의 권리나 필요, 욕구를 고려하지 않는다.

24. 상대에게 늘 요구하거나 명령하고, 늘 마지막 상황에 이르러서야 행동한다.

25. 얼핏 보면 논리적으로 보이지만 그의 태도나 행동, 혹은 삶의 방식은 완전히 정반대일 때가 많다.

26. 우리 마음에 들려고 아첨을 하거나 선물을 주고, 때로는 느닷

없이 우리를 챙기려고 한다.

27. 불편한 상황을 만들거나 상대로 하여금 구속감을 느끼게 한다(함정).

28. 자신의 목적을 위해서는 효율적으로 행동하지만 언제나 타인에게 짐이 된다.

29. 우리가 원치 않는 일들을 하게 만든다.

30. 같이 있지 않을 때도 늘 대화의 중심이 된다.

우리는 모두 심리 조종자인가?

이 목록을 읽고 나면 혹시 내가 심리 조종자는 아닌지 스스로 묻게 될 것이다. 자신의 행동을 자세히 관찰해보면 그 해답을 알 수 있다.

그 첫 번째 차이점은 바로 '하다'와 '이다'의 차이다. 거짓말을 하고, '아무것도 아닌 일로' 자신에 대해 연민의 감정을 불러일으키고 '때때로' 질투를 한다고 해서 우리가 늘 거짓말쟁이, 희생자, 질투하는 사람은 아닌 것이다. 우리는 빈번하게 자신에 대한 평가를 내리므로 이러한 구분은 매우 중요하다. 우리들은 대개 이런저런 개별적인 행동을 기준으로 스스로를 정의하는 경향이 있다. 예를 들어, 누군가 묻지도 않고 과일 바구니에 딱 하나 남은 바나나를 집었다고 해서 그를 이기주의적이라고 평가하지 않는다. 우리가 하나의 어떤 행동을 보고 그 사람을 판단하지는 않는다. 반대로 만일 모든 행동이 (예를 들어) '이기주의적'인 성격을 드러낸다면 이런 사람이야말로 이기적인 사람인 것이다.

두 번째 차이는 첫째와 연관이 있다. (이따금씩) 심리 조종을 하는 것과 실제 심리 조종자인 것과는 완전히 다르다. 우리는 심리 조종자가 아닐지라도 위에 언급한 특성들 중 네 가지 정도는 보일 수 있다. 그 때문에 종종 죄책감을 느끼기도 한다. 따라서 위의 30가지 특성을 지니고 있는지 자가진단을 하기 전에 다음과 같은 질문해보자. 메시지를 주로 다른 사람을 통해 전달하려고 하는가? 행동이 명확하지 않은가? 남을 비하하고 무시하는가? 혹은 착취하려 드는가? 남의 요구를 전혀 알지 못하는가? 상대를 긴장시키고 때로 불화를 일으키는가? 자주 질투하는가? 자기중심적인가? 거짓말을 하는가? 종종 협박을 하는가? 등등. 이러한 질문에 스스로 대답해보자. 만일 그래도 미심쩍으면 가까운 이들에게 물어보는 것도 하나의 방법이다. 무엇보다 객관적인 태도를 유지하는 것이 중요하다.

심리 조종자는 '보통 사람들'처럼 행동하지 않는다. 물론 누구나 때로 원하는 걸 얻으려고 꾀를 낸다. 하지만 이는 한시적인 하나의 전략으로 상황에 따라, 상대하는 사람에 따라 의식적으로 사용한다. 예를 들어 부모가 아이에게 음식을 다 먹으라고 할 때 "자, 먹어야지, 엄마한테 착한 일 한 번 하렴"이라고 말할 수 있다. "숙제 끝내지 않으면 아이스크림 안 사준다"라고 협박을 할 수도 있다. 그러면 아이는 가게를 지나면서 아이스크림을 안 사준다며 "엄마, 나빠!"라고 투정을 부리며 훌쩍거릴 수 있다.

심리 조종자 부모와 달리 일반적인 부모는 대개 아이가 청소년이
나 청년기가 되면 더 이상 이런 식으로 협박을 하거나 죄책감을 심
어주지 않는다. 자녀가 책임을 다하고, 자율적으로 행동하며 자신의
의견을 제시하면 곧바로 자녀의 개성을 존중해준다. 건강한 부모는
자녀가 점차 독립해가는 모습을 당연하게 받아들인다. 동시에 지나
치게 권위적인 행동을 하지 않으려고 노력한다.

남을 일시적으로 조종하려는 사람과 심리 조종자를 혼동하지 말
아야 한다. 심리 조종자는 오직 남을 조종하기 위해 행동한다. 이는
마치 무의식적으로 작동하는 방어 시스템과도 같다. 우리가 생각하
는 것과는 달리 그는 자신의 의견을 명확하게 드러내지 않는다. 사
실 자기 확신에 차 있는 사람들도 위험 부담을 고려하긴 하지만, 상
대를 폄하하지 않으면서 자신의 의견과 감정, 요구는 물론 거절 의
사까지 분명하게 밝힐 줄 안다. 반면 심리 조종자는 겉모습과는 달
리 자기 자신을 신뢰하지 않는다. 그럼에도 우리는 그들이 자신의
맡은 바 일에 충실하면서도 자기 확신이 강한 사람들로 착각하고
있다.

심리 조종자는 상대해주는 사람이 있어야 존재할 수 있다. 그는
항상 타인과 비교하고, 그 부정적인 면을 부각시키면서 자신의 모습
을 만들어간다. 다시 말해 상대를 폄하하고 존중하지 않는다. 상대
의 필요나 권리, 요구나 거절의사는 전혀 중요하게 생각하지 않는
다. 만일 우리가 이런 사실을 언급하려 들면 그는 어떻게든 그 반대
를 각인시키려고 노력할 것이다. 그는 자신이 원하는 이미지를 상대

방이 믿게 만드는 재주가 있다. 익사 직전의 사람에게 구조자가 필요하듯 그는 직장은 물론 가족을 포함해 사회적 관계 망에 있는 모든 사람들을 필요로 한다. 물에 빠진 익사 직전의 사람들이 혼비백산이 되어 구조자에게 필사적으로 매달리듯, 심리 조종자들 또한 자신이 숨을 쉬고 살기 위해 타인의 머리를 얼마든지 누를 수 있다. 그에게 주변 사람들은 자신을 물에서 꺼내줄 수 있는 하나의 도구에 지나지 않는다. 그는 타인을 폄하하고, 상대에게 죄책감을 느끼게 함으로써 자신의 가치를 드러내고 모든 책임에서 벗어나려고 애쓴다. 자신이 타인보다 우월하다는 환상을 가지고 있으며, 심지어 이를 굳게 믿고 있다.

의식적이든 무의식적이든 그는 자신이 상대보다 더 똑똑하고, 친절하고, 능력 있으며, 남을 위할 줄 알고 상황 파악에 능하면서도 교양 있고 박식한 사람으로 인식시키려 한다. 이를 위해 그는 상대를 관찰하고, 시험하고, 어떻게든 상대의 부족한 점과 실패를 부각시키려고 애쓴다. 스스로 자기 자신이 남들과 다른 사람이라고 믿는다. 다소 교묘한 방법으로 우리는 이기주의적이고 자신은 매우 배려 깊은 사람임을 강조한다. 심리 조종자는 자신의 잘못을 타인의 잘못인 것처럼 비난한다. 이는 잘못된 논리임에도 불구하고 효과를 발휘해 우리를 종종 함정에 빠트린다. 심리학자들은 이러한 '투사projection' 과정에 대해 잘 알고 있다. 보통 사람들이 이러한 메커니즘을 파악하기란 쉽지 않다. 그러면서 다음과 같이 생각한다. '나를 그렇게 비난하는 걸 보면 그는 그렇지 않은 사람인 게 분명해'라고. 우리는 결국 감정에 휩싸여 현실을 정확하게 파악하지 못한다. '나를 그렇게 비난하는 걸 보면'이라는 문장과 '그는 그렇지 않은 사람인 게 분명해'라는 문장 사이에는 전혀 논리적인 인과관계가 없다는 사실에 주목해야 한다. 하지만 이러한 잘못된 생각이 우리를 함정에 빠트리고 결국 불안하게 만든다.

지금까지 여러 방어기제의 예들을 살펴보았다.

무엇이 그들을 심리 조종자로 만든 걸까?

이들을 심리 조종자로 만든 것은 어릴 때 고착된 방어기제 때문이다. 심리 조종자에 관한 책자를 읽는다고 심리 조종자가 되는 것은 아니다. 심리 조종자는 별도의 심리학적 기제로 움직인다. 그 기제가 바로 방어시스템으로, 우리도 때로 이 시스템을 작동시킨다. 예를 들어 어떤 이들은 상황에 따라 점차 공격적이 되면서 이러한 방어기제를 더욱 발전시킨다. 이렇게 함으로써 일상에서 부딪치는 모든 공격에 이와 같은 방어기제를 발동시키게 된다. 수줍음을 잘 타는 사람들은 뒤로 한 발 물러서서 현실을 회피한다. 자신의 삶에서 일부분을 완전히 지워버리는 사람들도 있다. 힘든 상황에 처할 때마다 가벼운 농담으로 얼버무리는 사람이 있는가 하면 문제가 생겼을 때 이에 정면으로 맞서지 않고, "괜찮아. 문제없어"라면서 평소와 다름없이 지내는 이들도 있다.

심리 조종자의 방어기제는 남을 조종하는 것이 생존 수단이라는 점에서 다른 예들과 확연히 구분된다. 자동적으로 진행되는 이 메커니즘이 그가 소통하는 유일한 방식이 된다. 심리 조종자는 자신의 개성 및 타인과의 소통 방식을 어릴 때부터 스스로 형성한다. 한 번은 다섯 살 난 아이가 심리 조종자처럼 행동하는 걸 보며 이를 매우 걱정하는 부모를 상담한 적이 있다. 흔히 아이들이 부모나 또래 아이들을 상대로 심리를 조종하는 그런 경우는 아니었다. 심리 조종자인 그 아동은 부모가 정서적으로 불안정하다는 허점을 파고들어 부모에게 죄책감을 느끼게 하거나, 앞에서 언급한 30가지 심리 조종자의 특성을 보이면서 괴롭힐 수 있다. 그는 재빨리 이 상황을 이용해 권력을 누릴 수 있다는 사실을 깨닫는다. 그의 조종 기술은 매우 교묘한 방법으로 이루어진다. "담배를 피우는 건 아주 나쁜 거예요!"라고 말하는 대신 그는 "만일 아빠가 오늘 오후에 엄마가 담배 피운 걸 알게 되면 뭐라 하실까요?"라고 말한다. 이와 같은 말은 교묘한 협박과 다름없다. 그러면서도 상대를 불편하게 만드는 태도를 취한다(아무 말 없이 미소를 지으면서 지그시 상대를 바라보지만 결국 자신의 의도를 알린다). 어릴 때부터 주위를 세밀하게 관찰해 버릇해 타인의 약점을 쉽게 포착할 줄 아는 심리 조종자는 이를 이용해 권력을 행사하곤 한다.

여러 사례를 통해, 이러한 심리 조종자의 특성을 보이는 아이가 부모에게서 다른 형제자매보다 똑똑한 아이로 부모의 인정을 받는다는 사실이 밝혀졌다. 그는 특히 약삭빠르고, 다른 형제자매들보다 부모 사이에 불화를 만들어내는 재주가 있는데, 부모조차 이를 의식하지 못할 때가 많다. 그는 또한 주변의 어른들로부터 자신이 원하는 것을 얻어낼 줄도 안다. 주위 사람들은 종종 작은 꼬마 때문에 기운이 소진되고, 무의식중에 군림을 당하기도 한다. 가족 내에서 왕처럼 떠받들어지고, (심지어 부모들로부터 은밀하게) 감탄의 대상이 되기도 한다. 네 살의 어린 나이에도 주변의 어른들을 매혹시킬 줄 안다. 물론 또래 아이들에 비해 발육 상태가 좋고 말을 조리 있게 하거나 특별한 재주를 가지고 있을 순 있다. 하지만 그가 권력을 행사할 수 있는 것은 또래 아이들에 비해 뛰어나기 때문이라기보다 주위 어른들을 끌어들이는 매력 덕분일 때가 많다. 어른들은 무의식적으로 그를 또래 아이들과 다르게 대한다.

심리 조종자들은 주변에 얼마나 될까?

우리는 어릴 때부터 수많은 사람들과 다양한 관계를 맺고 지낸다. 그에 비해 우리가 살면서 만나는 심리 조종자의 수는 매우 적은 편이다. 예를 들어 우리가 약 300명가량의 사람을 만난다면 그중 심리 조종자는 2~3%로 두 손에 꼽을 만큼 적다.

　이 책의 목적은 무엇보다 우리가 그들로부터 받게 될지 모를 정신적 피해를 알려주는 데 있다. 심리 조종자의 수가 적다고 위험하지 않은 것은 아니다. 왜냐하면 우리는 여러 환경과 사회 집단에서 얼마든지 이러한 유형의 사람과 마주칠 수 있기 때문이다. 심지어 가족을 포함하여(부모, 배우자, 형제자매, 배다른 형제자매, 새엄마, 새아버지 등), 사회적(친구, 아주 친한 친구 등 모든 관계), 직업적 관계(동료, 직장 상사, 부하직원, 고객, 환자 등) 속에서도 이들을 만날 수 있다. 처음에는 상대가 심리 조종자인지 잘 드러나지 않는다. 자주 오래 만난 뒤에나 그들의 방어기제를 알아볼 수 있다.

여러 상담과 연구 결과 특별히 남녀 차이는 없는 것으로 나타났다. 남녀 구분 없이 그들은 동일한 특성을 보인다. 통계자료에 따르면 거의 모든 사람들이 살면서 적어도 심리 조종자를 한 명은 만난다고 한다. 다시 말해 우리들 중 아직 심리 조종자를 만나지 않은 사람이 있다면 앞으로 죽기 전까지 한 명 이상은 만나게 될 거라는 얘기다.

자신이 심리 조종자라는 사실을 알고 있을까?

내가 지금까지 여러 상담과 연구를 통해 얻은 결과, 심리 조종자의 20%는 자신의 상태를 인지하고 있는데, 그들은 자신이 남들보다 똑똑하기 때문에 상대를 마음대로 조종할 수 있다고 생각한다. 그들은 심하게 비뚤어진 성격의 소유자들로, 타인에게 부도덕한 행동을 일삼고 불쾌감과 불안감을 안겨주면서 즐거워한다.

하지만 대부분의 심리 조종자들은 자신의 상태를 잘 인지하지 못한다. 적어도 완전히 인식하지는 못한다. 예를 들어 자신의 이익을 위해 어떤 결정이나 행동을 해놓고도 그것을 사랑이나 우정의 증거로 삼는 식이다. 심지어 자신의 권위나 자신에 대해 느끼는 존경심의 결과로 받아들이기도 한다. 자신이 상대에게 악영향을 끼치고 있는지는 결코 깨닫지 못한다. 자기 때문에 상대가 스스로를 비하하고 불신하면서 마음이 불편해지고, 심한 스트레스를 받으며 몸과 마음까지 상할 수 있다는 건 깨닫지 못한다.

사실, 자신의 행동이 상대에게 미치는 부정적인 영향을 이들이 얼마나 인지하고 있는지를 알 수 있는 과학적 근거는 없다. 심리 조종자들 대부분은 이러한 사실을 인정하지 않는다. (아니면 그런 척하는 건 아닐까?) 반면 그들은 주변에서 심리 조종자의 특징을 보이는 사람들을 재빨리 알아본다. 혹은 이렇게 외친다. "사실 어떤 면에서는 다들 심리 조종자라 할 수 있지 않나요?"라고. 누구나 자기처럼 행동한다고 생각하게 함으로써 자신을 합리화하려는지도 모르겠다. 다른 사람들도 자기들과 같다고 스스로를 설득하면서 자신이 결코 부정적인 사람이 아니라고 믿고 싶은지도. 그러니 스스로를 비난할 이유 또한 없는 것이다.

심리 조종자의 방어적인 태도는 편집광이 보이는 행동과 유사하다. 편집광적인 사람은 자신을 과대평가하고, 모든 걸 불신하고, 공격적이며 예민하고, 종종 강박관념에 사로잡힌다. 심리 조종자는 결코 자신에게 문제가 있다고 생각하지 않는다. 그러니 자신의 실제 모습을 얼마나 인식할 수 있겠는가?

지금까지 내가 만난 심리 조종자들 중 자신에게 문제가 있다고 생각한 사람은 다섯 명에 불과했다. 그중 두 사람은 공개적으로 자신의 성격을 밝혔다(소통을 주제로 열린 세미나에서). 첫 번째 사람은 교사였다. 그는 심리 조종자의 특성을 기록한 목록을 가지고 있었는데, 자신의 행동을 바꾸려면 아직도 6가지 태도를 교정해야 한다고 말했다. 그의 통찰력과 솔직함이 놀라울 뿐이었다. 그는 이별을 겪고 난 뒤 심한 우울증을 앓았는데, 그의 주치의가 심리치료사를 만나보라고 제안했다. 그 후 4년에 걸친 상담을 통해 자신이 오랫동안 타인에게 파괴적인 행동을 서슴지 않았다는 사실을 깨달았다. 자신을 바꾸려고 노력하면서 차츰 진심으로 주위 사람들에 도움을 줄 수 있다는 자신감을 회복할 수 있었다.

누구나 이런 어려움을 겪는 것 같아요. 처음 아이들이 학교에 가면서 겪기도 하지요. 저는 정말 자신감이 없었어요. 그런데 아무도 그 사실을 알지 못했죠. 어쩔 수 없이 심리 조종자처럼 행동해야 했어요. 그래야 자신의 존재감을 확인할 수 있었으니까요. 성격을 바꾸는 건 정말 힘들었죠. 이제 자신감을 많이 회복했어요. 하지만 아직 모두 끝난 건 아니에요. 여전히 여섯 항목이 더 남았거든요. 쉽지 않은 일이죠.

두 번째 경우는 젊은 여자였는데, 그녀의 엄마 역시 심리 조종자인 케이스였다. 젊은 여자는 심리 조종자 리스트를 읽자마자 자기 엄마가 그런 사람이었다는 사실을 바로 깨달았다. 어느 날 저녁, 그녀는 이 리스트를 남편에게 보여주면서 이런 사람을 한번 지목해보라고 했다. 그는 리스트를 다 읽기도 전에 "완전히 당신인데그래. 믿을 수가 없네. 그런데 이걸 전에 얘기했으면 내 말을 절대 믿지 않았을걸"이라고 말했다. 그녀는 그제야 '자기 확신'이라는 주제의 세미나에 참석하기로 결심했다. 여기에서 실시한 역할놀이에서 (설명이나 이론을 잘 보여주기 위해 상황을 설정한 것이다) 그녀가 취하는 모든 개입은 심리 조종자의 특성을 드러냈다. 그녀는 얼버무리며 요구했고 함정을 여기저기 파놓았으며 부당하게 거절을 하거나 거짓말을 하기도 했다. 또 그녀의 비난은 상대에게 깊은 상처를 주었다. 25살인 그녀는 '심리 조종'이라는 주제에 매력을 느끼고는 자신의 경험을 바탕으로 추가 설명을 덧붙였다. 그녀는 8살 무렵부터 엄마 때문에 불안에 시달리며 고통스러워했는데, 여기서 헤어나기 위해 자신만의 해결책을 찾아야 했다. 그때부터 그녀는 엄마와 똑같은 태도를 취했는데, 그러면서 점차 많은 이익을 얻을 수 있다는 사실을 발견할 수 있었다. 이는 거의 본능적인 반응이었다. 불행하게도 그녀는 주변 사람들에게도 똑같은 태도를 취했다. 그녀는 매우 솔직하게 자신의 치부를, 그것도 공개적으로 드러냈다. 그녀는 자신이 원하는 것을 얻기 위해 활용한 온갖 전략들까지 알려주었다. 그러면서 지금껏 보였던 자신의 생각이나 행동방식이 진정한 자기가 아니었음을 깨달았다. 모두가 엄마의 지배에서 벗어나기 위한 전략이었던 것이다. 그녀는 자신의 행동으로 인해 주변 사람들이 피해를 입을 수 있다는 사실을 깨닫고는 남편에게 도움을 요청했으며, '자기 확신'을 위한 심리치료를 받기로 결심했다.

그러나 위의 예처럼 자신을 회복하는 경우는 매우 드물다. 다음 사례를 보자. 세미나 중에서 50세의 한 남자를 만났는데, 나는 15분 만에 그의 행동에서 심리 조종자의 특성을 발견할 수 있었다. 이후 이틀 동안 그를 관찰하면서 내 생각이 옳았음을 확인할 수 있었다. '역 조종'이라는 주제로 열린 한 세미나에서 주머니에 두 손을 찔러 넣은 채 활짝 웃는 얼굴로 내게 조용히 다가왔다. 이어 어깨를 들썩거리고는 내 눈을 똑바로 쳐다보며 물었다. "제가 혹시 조금은 심리 조종자가 아닌지 모르겠어요?" 그의 질문은 일종의 테스트였다. 그는 그야말로 철저하게 심리 조종자였던 것이다. 그는 그 사실을 완벽하게 알고 있었고, 타인으로부터 그런 결과를 얻게 된 것을 자랑스러워하는 듯했다. 나는 역으로 그에게 물었다. "당신은 어떻게 생각하시는데요?" 따로 설명할 필요도 없이 우리는 미소를 지으며 서로를 완벽하게 이해했다. 불행하게도 자신을 바꿔야겠다는 결심을 갖게 할 만큼 충분한 시간이 없었다. 그는 자신의 상태를 잘 알고 있으면서도 절대로 바꾸려 하지 않았던 것이다.

결론적으로 예외적인 상황을 제외하고는 심리 조종자는 자신이 남에게 피해를 준다는 사실을 잘 인지하지 못한다. 엄마나 아빠가 심리 조종자인 경우를 상상해보면 간단하다. 부모들이 의도적으로 아이의 인성을 파괴하고 싶어 하진 않을 테니 말이다. 심리 조종자는 대부분 자기중심적 성향이 강하기 때문에 다른 사람들이 받는 상처에 대해선 잘 의식하지 못하는 경향이 있다.

다시 말해 한 가지 법칙만 존재하는 것은 아니다. 심리 조종자들 중에는 거의 병적이라고 할 만큼 자신의 상태를 잘 알고 있는 경우도 있고, 완벽하게 인지하지 못하고 있는 경우도 있다. 심리 조종자가 자신의 문제를 인지하든 그렇지 않든 우리는 자신을 보호할 수 있어야 하고 이들로부터 피해를 보지 말아야 한다. 숲에서 맞닥트린 곰으로부터 달아나기 위해 곰의 심리적 동기를 이해하거나 연구해야 하는 것은 아니다. 가능한 빨리 반대방향으로 달아나야 살 수 있다. 다시 말해 심리 조종자들로부터 무엇보다 우리 자신을 보호할 수 있어야 한다. 그러고 나서 그에게 대적하기 위한 전략들을 활용해야 한다. 관용, 이해, 동정심만으로는 문제를 해결할 수 없고, 오히려 우리 자신을 더 괴롭힐 뿐이다.

만일 우리가 심리 조종자에게 잘못된 태도를 지적하면 그는 즉각 반박할 것이다. "당신이 원해서 한 일 아닌가요?"라고. 그는 우리가 원해서 자신의 요구를 받아들인 게 틀림없다는 사실을 강요한다. 어쨌든 자신을 온전히 보호하기 위해서는 상대의 요구를 거절할 줄 알아야 한다. 이는 심리 조종자와 맞서기 위해 반드시 밟아야 할 단계다.

심리 조종자는 우리가 거절하지 못하도록 모든 걸 통제하려 들 것이다. 우리에게 죄책감을 갖게 하거나 보편적인 진리를 운운하면서 원칙적인 얘기들을 늘어놓으면서 말이다. 가령 어떤 일을 부탁하면서도 처음에는 이 사실을 숨긴 채 이야기를 끌고 간다. "자동차가 또 고장 났지 뭐야. 정말 문제라니까. 지난주에는 배터리가 문제더니. 다행히 이웃에 사는 자크가 도와주겠다고 했어. 아주 친절하고, 배려심이 깊은 친구거든. 친구끼리 서로 돕는 게 당연하지만 말이야." 결국 그러다 자기가 원하는 걸 부탁한다. "그런데 자동차 하루 빌려줄 수 있어?"라고. 상황이 이쯤 되면 자연스럽게 상대의 부탁을 들어주지 않을 수 없게 된다. 상대가 부탁하기도 전에 먼저 도와줄 게 없느냐고 묻는 사람도 있다. 자신도 자동차가 필요한데 어쩔 수 없이 선심을 쓰게 되는 것이다. 그렇게 해야 자크처럼 "아주 친절하고" "배려심이 깊은" 사람으로 받아들여질 테니 말이다. 이게 바로 심리 조종자가 노리는 것이다. 그는 상황에 따라 얼마든지 다른 사람에 대한 평가를 바꾼다.

희생자들은 심리 조종자가 쳐놓은 그물은 생각지도 않고, 기꺼이 상대를 돕고자 행동에 나선다. 심리학자들은 이를 일관성을 유지하려는 욕구 때문이라고 설명한다. 사실 어떤 이유로 심리 조종자의 요구를 들어주었다 해도 그건 어디까지나 일관적인 태도(친절하고, 배려심 깊은)를 유지하려는 욕구에 따른 것이라는 것이다. 앞의 여러 사례에서 왜 심리 조종자의 요구를 들어주었는지 물으면 그들은 친구를 돕고 싶으니까, 그러면 기분이 좋아지기 때문이라고 답할 것이다. 우리는 스스로 자유롭게 선택한 것이라고 믿고 싶은 것이다.

심리 조종자와 도덕관

심리 조종자는 솔직히 도덕적 감수성이 별로 없다. 때로 이들은 도덕적 감수성 없이는 도저히 수행할 수 없는 그런 직업에 종사하기도 한다. 그들의 직업만으로도 존경심을 느끼게 하는데, 그들이 배려심이나 이타심이 없다는 사실을 의심하는 건 결코 쉬운 일이 아니다. 다시 말해 그들은 타인을 위해 '헌신하는' 이미지를 지닌 직업을 가지고 있는 경우가 많다. 논리는 매우 간단하다. 우리는 그들의 직업을 보면서 그들이 확고한 신념을 지닌 이타적인 사람이라 믿기에 그들이 심리 조종자라는 사실을 의심하기가 쉽지 않다. 하지만 앞에서 살펴보았듯이 대부분의 심리 조종자들은 사회적으로 존경받는 지위 뒤에 숨어 있다. 마약 밀매 범이 마약사범 검거 반에 종사한다면 그야말로 훌륭한 방패막이 아니겠는가. 또는 한결같은 설교를 하는 사제가 아동성애자라고 하면 어떻게 그 사실을 의심할 수 있겠는가. 심리 조종자는 종종 사회적 지위를 활용해 자신의 비뚤어진 인성을 감춘다. 어떤 사실을 진리인 것처럼 외치지만 그는 정작 그것을 해석해 얘기했을 뿐이다. 그런데 우리는 모든 걸 그대로 믿는다. 이는 매우 자연스러운 반응이다. 우리는 어릴 때부터 사회적으로 습득한 태도나 행동을 취하기 마련이다. 나머지는 관성적으로 진행된다. 사회적으로 권위적인 인물을 의심하는 것은 허락되지 않는다. 사실 우리가 매번 교사나 의사, 종교인, 혹은 치료사를 의심한다면 어떻게 되겠는가! 대부분의 경우, 우리가 그들을 신뢰하는 것은 당연한 일이다.

하지만 때로 '존경받는' 직업에 종사하는 이들이 심리 조종자인 경우가 있다. 그들은 자신의 권력을 남용하는데, 그 사실을 단번에 알아보기는 매우 어렵다. 의심하기까지도 긴 시간이 걸린다. '그런 직종을 가진 사람들이 항상 존경받을 만한 사람'인 것은 아니라는 사실을 인지하고, 신중하게 행동하는 수밖에 없다. 심리 조종자는 직위나 지위에 비해 생각만큼 능력자가 아닐 수도 있다. 그들은 때로 동료들이 작성한 보고서나 텍스트를 조작하기도 한다. 심지어 보고서를 상사에게 제출하기 전에 작성자 이름을 지우고 자기 이름을 적어 넣기도 한다. 당연히 이때 보고서를 받은 상사는 '책임자'로 올린 당사자를 능력이 뛰어난 사람으로 생각할 것이다.

그런데 어떻게 이처럼 무능한 심리 조종자들이 회사에서 자기 자리를 유지하고 승진을 하는 걸까? 그것은 바로 그들이 항상 다른 사람의 덕을 보기 때문이다. 그들의 비서나 동료는 주로 이러한 사실이 밝혀지기 전에 피해 상황을 해결한다. 부서나 회사의 이미지에 피해를 주지 않고, 또 부서 책임자인 심리 조종자에게 비난받지 않기 위해 앞장서서 해결한다. 심리 조종자는 '책임자'이면서도 자신의 이미지를 실추시키지 않기 위해 실수나 잘못을 늘 '부하직원' 탓으로 돌린다. 그는 일정 부분 사실을 감추면서 말을 늘어놓는다. 가령 그는 비서에게 이렇게 말을 한다. "이 서류에 서명할 생각을 못했네. 오늘 아침, 자네가 휴가계획을 바꾸겠다고 해서 정신이 없었거든. 자네가 나한테 서류에 서명해야 한다고 알려줬어야지!" 그러니 잘못은 자연스럽게 비서에게 돌아간다. 마치 비서 때문에 해야 할 일을 잊어버렸다는 듯이 말이다. 심리 조종자는 또한 상대의 요구가 정당하지 않거나 그걸 요구하기에 적절한 시간이 아니라고 믿게 만든다. 그 결과 비서는 죄책감을 느끼게 된다.

심리 조종자의 비언어적 표현

우리는 종종 말이나 제스처를 사용해 의사소통을 한다. 말은 전하고자 하는 내용과 관계가 있는데, 이는 '언어적인' 의사소통을 일컫는다. 제스처, 몸짓, 태도, 시선, 때로는 목소리의 톤 등은 메시지의 '형식'과 관련이 있다. 이것이 바로 '비언어적인' 의사소통이다.

발화자(피에르)와 수용자(폴) 사이에 이루어지는 메시지는 내용과 형식으로 이루어져 있다. 사람의 의사소통에서 비언어적인 부분은 얼마나 많은 영향을 미칠까? 무려 80%다. 그렇다! 내용이 좋든 그렇지 않든 80%의 의사소통이 제스처, 목소리 톤(크기, 속도, 억양), 시선 혹은 뉘앙스, 몸짓, 태도, 호흡(한숨) 등을 통해 이루어진다. 이러한 비언어적인 의사소통이 93%에서 100%에 달한다고 주장하는 이들도 있다.

우리는 상대와 생각이나 의견, 취향, 혹은 감정이 같지 않다고 해도 얼마든지 상대를 존중할 수 있다. 서로 다르다 해서 상대에게 우정이나 친근함을 느끼지 않을 이유는 없다. 반대 경우도 가능하다. 우리와 생각은 비슷해도 상대에게 '좋은 느낌'이 들지 않을 수도 있다. 뭔가 둘 사이에 삐걱거린다는 느낌을 가질 수 있다. 이러한 불편함은 주로 비언어적인 영향에서 비롯되는 것으로 대개 무의식적으로 일어난다.

여러 관찰 결과, 심리 조종자들의 비언어적인 표현 양식을 알아볼 수 있었다. 이를 자기 확신이 있는 사람의 경우와 비교해보려고 한다.

1. 시선을 회피하거나 태도가 매우 거만하다. 이는 상황이나 그가 선택한 가면에 따라 달라진다. 반대로 존재감을 확실히 드러내는 사

람은 대화의 60%를 이끌어가거나 타인의 시선을 회피하지 않고, 오 랫동안 뚫어져라 쳐다보지도 않는다.

2. 심리 조종자는 타인의 말을 귀담아듣지 않는 습관이 있다. 상 대가 말할 때 다른 곳을 보거나 딴청을 하는 식이다. 상대가 앞에 있 어도 고개를 들어 반기지 않는다. 남의 말을 귀담아 듣지 않고, 꽤 공격적으로 사람을 대한다. 말하고 있는 상대를 불편하게 하거나, 왠지 방해하고 있다는 느낌을 준다. 그러다 보면 우리는 더 이상 말 을 계속하지 않게 되고, 때로는 무슨 말을 해야 할지 몰라 당황한다. 무시당한다는 느낌마저 들면서 속으로 '내 말을 듣질 않네. 내 말이 재미없나 보군. 아니면 내가 별로 중요한 사람이 아니라서 그러나' 라고 중얼거리게 된다. 우리는 누구나 상대가 자신의 말에 귀를 기 울여주기를 바라며 우리의 생각을 이야기할 때 주목해주기를 원한 다. 인간관계에서 서로의 말을 들어주고 있음을 보여주는 비언어적 인 표현은 매우 중요하다.

우리는 자기도 모르게 상대의 말을 흘려들을 때가 있다. 하지만 심리 조종자에겐 이것이 하나의 전략이며 즐겨 사용하는 의사소통 방식이다. 그는 우리의 말이 중요하지 않다는 인상을 주려 하고 우 리가 그다지 중요한 존재가 아님을 상기시키려 한다. 그는 상대가 오는 걸 보고도 고개를 들지 않고 대화 중간에 갑자기 주제를 바꿔 버리거나 다른 곳을 바라보며 제3자에게 더 큰 관심을 보이기도 한 다. 때로는 우리가 얘기를 할 때 편지를 읽는 척하기도 한다. 그 결과는 너무도 분명하다. 우리는 그 자리에 함께 있는 것이 왠지 불편해지고, 우리가 별로 중요한 사람이 아니라는 느낌을 갖게 된다.

사례를 하나 들어보자. 파비앵과 베르나르는 서로 만나지 않은 지 1년이 넘었다. 베르나르는 매우 친절한 성격의 심리 조종자다(그는 30개 특성 중 28개 특성을 보이고 있다). 파비앵이 예전 회사 동료였던 베르나르의 아파트를 찾았을 때, 그는 친구와 체스를 두고 있었다. 베르나르는 파비앵이 반갑게 인사하는데도 아무 응대도 없이 고개조차 돌리지 않았다. 파비앵은 거실에 있던 다른 사람들과 인사를 나눈 뒤 그에게 다가갔다. 베르나르는 그제야 고개를 들고 미소 지으며 인사하는 듯하더니 곧바로 체스에 다시 몰두하는 것이었다. 베르나르는 파비앵의 방문을 특별한 일로 만들고 싶지 않았던 것이다.

3. 심리 조종자의 목소리는 다른 사람들에 비해 지나치게 크거나 반대로 지나치게 작다. 대개 사람들이 모이면 그의 목소리밖에 들리지 않는다. 웃음소리도 크고, 청중의 이목을 끌기 위해 큰 소리로 말을 하거나 다른 사람이 얘기할 때 중간에 끼어들기도 한다. 그러다 어떤 때는 기어들어가는 목소리로 간신히 입을 떼면서 불쌍한 척 연민을 불러일으킨다. 그는 자신의 목적에 따라 친밀하면서도 공모하는 듯한 분위기를 만들어낼 수 있다. 자기 확신이 강한 사람은 대개 목소리가 큰 편이지만 분위기에 맞추려 하므로 주위 사람들의 목소리와 자연스럽게 조화를 이룬다. 매번 자신을 드러내려고 하지 않는다. 반면 심리 조종자는 상대에게 어떤 인상을 주고 싶은지에

따라 목소리의 톤을 조절한다. 같은 언어와 문화권에 있는 사람들 사이에서는 이러한 비언어적인 메시지가 무엇을 의미하는지 잘 안다. 윌리엄이 겪은 일화를 소개하려고 한다.

제 삼촌은 수도원에서 고등교육을 받았고, 계속 신자로 남아 있었어요. 그리고 아홉 살 연상의 여자와 결혼을 했죠. 그녀가 심리 조종자였는데, 사실 처음에 삼촌은 지금 아내의 여자 친구와 결혼을 하기로 되어 있었어요. 그런데 지금의 아내는 삼촌이 만일 자기 여자 친구와 결혼을 하면 자살해버리겠다고 협박을 했던 거예요. 삼촌은 그 당시 아프리카에서 판사로 일을 하고 있었고, 그녀는 교수였어요. 그녀 때문에 판사직이 위태로울 수 있었고, 게다가 자살은 삼촌의 신앙과도 배치되는 것이었죠. 현재 숙모는 은퇴한 뒤 가톨릭 봉사 단체에서 가난한 사람들을 돕고 있어요. 그녀는 언제나 다른 사람을 돕고 싶어 하죠. 그 마음은 의심할 여지가 없어요. 물론 가족들을 위해서는 전혀 아니고요. 그녀는 그야말로 함께 지내기 어려운 사람이거든요.

그녀는 내가 뭔가 도움을 요구하거나 어떤 사실을 알지 못할 때면 '아! 세상에 그것도 모르다니!'라고 소리쳐요. '아' 하는 한숨 소리만 들어도 내 자신이 너무 무식하게 느껴져서 얼굴이 발갛게 달아오르곤 해요. 그녀는 주로 비난하는 말을 직접 하지 않고, 비언어적인 표현을 사용하죠. 다른 사람에게 말하는 투만 봐도 알 수 있어요.

4. 심리 조종자의 몸짓이나 태도는 일반 사람들과 매우 다르다. 특히 그는 여러 사람들 앞에서 다르게 행동한다. 청중의 관심을 온전히 자신에게 집중시키거나 아니면 아예 존재감을 드러내지 않는다. 이때 몸짓이나 행동으로 자신의 의견을 표현한다. 예를 들어 모임이나 세미나를 시작할 때면 그는 유독 편안한 자세를 취한다. 다리를 길게 뻗고 두 발을 꼰 자세로 어깨는 등받이에 대고, 의자 앞쪽으로 엉덩이를 끌어당겨 앉는다. 주머니에 손을 찔러 넣고는 조금도 긴장의 내색 없이 편안한 자세를 취한다. 사실 이런 자세는 모임이 한창 무르익어 분위기가 편안해지고, 긴장이 풀릴 때 자연스럽게 취할 수 있는 태도다. 게다가 예의를 지켜야 하는 모임이라면 더더욱 그처럼 건방지고 가벼워 보이는 태도를 취할 수 없다. 상대를 존중한다면 좀처럼 취하기 어려운 태도다. 특히 불편한 자리라면 더욱 어렵다.

대부분의 심리 조종자들은 세미나에서 어떤 태도를 취하는가? 예를 들어 사회자나 멤버들을 잘 알지 못할 때면 그는 종종 사회자와 마주 보는 자리에 앉아 바로 아주 편안한 태도를 취한다. 전체 분위기에 비해 지나칠 정도로 긴장이 풀린 태도를 취한다. 세미나 연수에 참가하는 사람들의 태도는 대개 다르다. 의자에 등을 곧추세우고 바로 앉아 있거나 무릎을 세우고, 발은 바닥에 길게 뻗거나 혹은 다리를 꼬고 앉는다. 딱 한 사람, 심리 조종자만 제외하고 대개 비슷한 태도를 취한다. 그는 처음부터 의자에 뻐딱하게 앉고, 엉덩이는 의자 끝쪽에 대고 겨우 걸터앉는데, 그때 이미 다른 참석자들의 태도와 확연히 다르다는 걸 알 수 있다. 게다가 종종 팔꿈치는 의자 등받이 위쪽에 대고 있다.

심리 조종자들은 세미나가 시작되면 습관적으로 '일반 참석자와는 다른' 태도를 취할 뿐만 아니라, 회의가 진행되는 내내 똑같은 태도를 유지한다(심지어 몇 시간 동안). 남의 눈에 띄는 이런 태도야말로 우리가 쉽게 알아볼 수 있는 비언어적인 표현이다.

심리 조종자는 다른 참석자들과 달리 메모도 잘 하지 않는다. 마치 자신은 이미 다 알고 있거나, 기억력이 매우 뛰어나다는 것을 보여주려는 듯. 그는 특히 상대로부터 새로운 사실을 배운다는 인상을 주려고 하지 않는다.

물론 그룹 내에서 긴장을 풀고 있다고 해서 반드시 심리 조종자인 것은 아니므로 섣불리 판단하거나 오해하지 말아야 한다. 다만 친밀한 사람들 사이에서 편안하게 있는 것은 당연하지만 처음 만난 사람들 앞에서 그렇게 행동하기는 어렵다는 사실을 강조하기 위해서다.

대기업 임원들을 대상으로 연수를 했던 첫날이 떠오른다. 25세에서 32세 정도의 임원들로 구성된 이 그룹에 50세 정도의 남자가 도착하면서 회의가 중단된 적이 있다. 그는 늦게 도착해 죄송하다는 사과 한마디 없이 가운데 턱 하니 자리를 잡고 앉더니 이내 다른 참가자들과는 완전히 다른 태도를 취하는 것이었다. 의자에 지나치게 편안한 자세로 앉아 팔짱을 끼고, 두 발은 앞으로 쭉 내밀었다(이는 심리 조종자가 취하는 첫 번째 태도다). 그 앞에 있던 멤버 둘이 살짝 미소 지으며 머리를 숙여 인사를 건넸다. 그때 그는 심리 조종자들이 취하는 두 번째 태도를 보였다. 다른 참석자들은 다들 무릎에 메모지를 놓고(탁자가 없었다) 열심히 뭔가를 적는데, 그는 아무 메모도 하지 않는 것이었다. 그때 언급된 내용은 임원이라 해도 결코 쉽게 이해할 수 있는 내용들은 아니었다. 나는 문득 그런 생각이 들었다. 기업 대표가 회의 진행이라도 체크하러 온 건가? (나이가 많아 보여 그런 생각을 했던 것 같다.) 나는 휴식시간에 연수 신청자 명단에서 그의 이름을 확인하기로 마음먹었다. 그런데 명단에 그의 이름이 없는 것이었다. 그는 평생연수프로그램의 책임자들을 비난했다. "완전 엉터리들이네. 신청자 명단에 내 이름을 적어달라고 세 번이나 전화해서 확인을 했는데. 그럴 줄 알았다니까. 하여튼 위쪽 사람들 하는 일이라고는…." 나는 상황을 복잡하게 만들고 싶지 않아 그를 진정시키고는 참가 신청단에 서명을 해달라고 했다. 그제야 내가 어떤 사람을 상대하고 있는지 깨달았다. 효율적인 조직에 대해 대놓고 비난하고 비하하는 그의 비언어적, 언어적 표현들을 종합해보니 알 수 있었다. 그다음에 그가 어떻게 행동했는지를 살펴보면 그의 정체성을 알 수 있다. 그는 나흘 동안 아주 가끔 메모를 끼적거릴 뿐 처음의 태도를 바꾸지 않았다. 게다가 자신에게 시선을 집중시키기 위해 옆 사람에게 속삭이듯 계속 중얼거렸다. 가끔 내가 사용한 표현을 가지고 말장난을 하거나(전혀 세련되지 않게!), 비아냥대면서 자신이 꽤 재미있는 사람임을 드러내려 했다. 조금씩 나는 그가 전체 그룹의 집중도를 떨어뜨리고, 그룹 사람들을 불편하게 하고 있음을 깨달았다. 세 명 정도의 소그룹이 실시한 테스트의 결과를 오판하기도 했고, 조금은 엉뚱한 칭찬들을 하면서 내게 아첨을 떨기도 했다. 그의 면면들을 보면서 나는 그가 심리 조종자라는 사실을 확인할 수 있었다. 그의 정체성을 파악하고는 바로 그에게 그룹 멤버들을 불편하게 하는 그런 행동을 못하도록 조치에 들어갔다.

다시 말해 나는 의도적으로 그에게 관심을 보이지 않고 그의 존재를 무시했다. 또한 그가 세미나 주제와 관련된 범위에서 질문하거나 개입할 때만 대답했다. 그가 적합하지 않은 지적을 할 때면 슬쩍 미소만 지을 뿐, 하던 얘기를 계속 이어갔다. 이따금씩 논리적으로 질문하며 그의 이런 개입들을 저지하기도 했다. 그러자 예전에 보이던 이해할 수 없는 행동들이 점차 줄어들어 다들 정상적으로 세미나를 진행할 수 있었다. 세미나가 끝날 무렵 나는 연수 프로그램 책임자에게서 그에 관한 얘기를 들을 수 있었다. 그는 담당 부서에서도 문제가 많은 사람이었다고 했다. 자질 부족으로 이미 해고당해 실업급여를 받고 있다는 것이다. 기업이 이번 연수를 제안하지 않은 것도 그 때문이었던 것이다.

그가 세미나실을 처음 찾았을 때 내가 받았던 인상을 지금 떠올려보면 매우 흥미롭다. '분명 꽤 높은 직책에 있는 사람일 거야.' 다른 사람이 서른이면 다는 직책을 50인 나이에도 달지 못했는데도 오히려 그는 그 반대의 인상을 주었던 것이다. 심리 조종자는 종종 자신이 상사인 것처럼 행동하고 그런 태도를 취하며 자신이 중요한 사람이거나 영향력 있는 사람처럼 보이려 애쓴다(부끄러움을 잘 타는 희생자의 가면을 쓸 때는 예외지만). 예를 들어 종종 탁자 끝에 앉거나 가능한 제일 크고 편안한 안락의자를 차지하고 앉아 자신이 그 모임에서 가장 높은 사람인 듯이 행세한다.

물론 자기 확신이 강한 사람도 편안한 자리를 찾지만 이들은 다른 사람들과 함께 나누는 기쁨을 안다.

다른 예를 들어보겠다. 나는 10명의 임원들을 대상으로 세미나를 하고 있었다. 주로 사장, 부사장, 혹은 대기업의 주요 간부들이 참석한 자리였다. 주제는 신경 언어학 프로그래밍으로 주로 무의식의 세계나 의사소통의 비언어적인 측면을 다루는 세미나였다.

한번은 예쁘장하긴 한데 왠지 차가워 보이는 여자가 의자에 옆으로 비스듬히 앉아 있었다. 발, 무릎, 엉덩이, 가슴 모두 오른쪽에 앉은 사람 쪽으로 틀어져 있었다. 손목으로 머리를 받쳐 들고, 팔꿈치는 의자 등걸이에 기댄 채 중앙을 바라보았다. 그녀는 6시간 반 동안 잠깐씩 자세를 바꾸었을 뿐 계속 똑같은 자세로 앉아 있었다. 그것도 5일 내내. 그녀는 이상하리만치 말이 없었다. 나나 다른 사람의 말에 별로 반응하지도 않았다. 그녀의 시선에서는 어떤 표정도 찾아볼 수 없었다. 수줍음이 많은 이들에게서 볼 수 있는 그런 침묵도 아니었다. 그녀는 다른 사람의 말을 듣고 있으면서도(정말 듣고 있었을까?) 어떤 의견도 얘기하지 않았다. 세 사람이 한 조가 되었을 때도 자신에 대해서는 한마디도 하지 않았다. 그러면서 다른 사람들에게는 얘기를 하라며 부추겼다. 내가 멤버들의 행동을 관찰한 다음에 평가를 하려고 하느냐고 물어볼 정도였다. 내 질문이 그녀를 불편하게 만든 게 분명했다.

어찌되었든 대부분의 사람들은 그룹에 활기를 불어넣길 원한다. 사람들은 대부분 어떻게든 그룹에 활발하게 참석하려고 애쓰고, 처음부터 그룹 내에서 혼자 외톨이가 되지 않기 위해서라도 다른 사람들을 불편하게 하는 행동을 취하지 않는다. 특히 그룹 멤버나 리더를 잘 알지 못하거나 숙지해야 할 세미나 주제를 잘 알지 못할 때면 다들 상황에 맞게 행동하기 마련이다. 비록 성격이 수줍음을 많이 타고, 어디서든 불편해하고, 쉽게 감동을 받는 그런 사람들이라 해도 마찬가지다.

반면 심리 조종자들은 곧바로 긴장을 풀고, 그 상태를 쭈욱 유지한다. 예컨대 자기 사무실에서 잘 알지도 못하는 사람을 맞이하면서 탁자에 두 발을 떡하니 올려놓는 식이다. 혹은 아예 뒤로 물러서서는 끝까지 그러고 있는 경우도 있다. 어쨌든 모든 경우, 그는 보통 사람들과는 다른 태도를 취하려 한다.

5. 심리 조종자의 태도는 그때그때 다르다. 상대방이 얼마나 나약한지 혹은 자신이 어떤 영향력을 행사하고 싶은지에 따라 달라진다. 확신에 찬 모습을 보이거나 반대로 소극적인 사람처럼 행동하기도 하고, 때로는 공격적인 모습을 보일 때도 있다.

- 그는 상황에 따라 여러 제스처를 취할 수 있다. 가령 지나치다 싶게 반가운 기색으로 악수를 나누며 힘을 꽉 준다든가 미소를

짓기도 하고, 상대의 등이나 어깨를 쓰다듬기도 한다. 대부분의 심리 조종자들은 상냥한 얼굴로 얼마든지 위선적인 행동을 취할 수 있다.

- 그 밖에 적대적이고 위협적인 제스처를 보이기도 한다. 탁자를 주먹으로 내리친다거나 상대를 향해 손가락질을 함으로써 상대를 두려움에 빠트리는 것이다.

- 또한 심리 조종자들은 상황과 사람을 봐가며 걱정과 불안을 통제하지 못하고 과장해 드러내거나 혹은 반대로 아무런 반응을 보이지 않을 수도 있다. 손가락을 비틀며 이상한 소리를 내거나 입을 가리면서 광대뼈를 내밀기도 한다. 특히 자신감이 많이 부족해 보이는 이러한 행동은 남자들에게서 흔히 볼 수 있다.

6. 심리 조종자는 자신이 보이고 싶은 표정만 보여준다. 좀처럼 목적을 드러내지 않고, 상황이 불리해도 얼마든지 미소를 지을 수 있다. 그는 그 어떤 것도 자신에게 도전하거나 영향을 줄 수 없다고 생각한다. 그는 완전히 상황을 제어할 줄 아는 사람의 이미지를 보여주려고 애쓴다. 논란의 여지가 다분한 소송에 말려든 유명 인사들 중에는 법정에 나서면서도 여유로운 미소를 짓는 사람들을 종종 볼 수 있다.

사실 심리 조종자는 겉으로 드러나는 감정 표현을 완벽하게 통제하려고 노력한다. 긍정적이든 부정적이든 그는 분노, 질투, 걱정, 스트레스 등 자신이 실제로 느끼는 감정을 상대에게 드러내지 않는다.

얼굴은 감정 표현을 가장 잘 통제할 수 있는 부분이다. 얼굴은 완벽하게 거짓말을 할 수 있다. 반갑지 않은 사람이 집으로 찾아와도 "어이, 자크, 무슨 일이야. 반가운데. 잘 왔어!"라고 반기며 미소를 지을 수 있다. 그런데 몸은 종종 얼굴이 숨기는 감정들을 드러낸다. 겉으로는 반갑게 자크를 맞이하지만 분노 때문에 결국 목소리 끝에서 힘이 빠질 수 있다. 또 악수를 하는데 손에 지나치게 힘이 들어가거나 오히려 빠지기도 한다. 다시 말해 자크는 상대가 웃는 낯으로 반갑게 맞아주어 자신이 상대방에게 방해가 된다고는 꿈에도 생각지 못한다. 속마음을 끝내 감추지 못하는 비언어적인 표현들을 자세히 관찰한다면 몰라도. 하지만 그만큼 관심을 가지고 관찰하는 게 쉬운 일은 아니다.

반면 심리 조종자의 가족이나 직장 동료들은 그들의 감정이 겉으로 표현된 것과는 많이 다르다는 것을 곧바로 알아챌 수 있다. 방문자가 자리를 뜨고 가족하고 있을 때면 이내 미소 짓던 얼굴이 굳은 표정으로 변하기 때문이다. 물론 자리를 뜬 사람이야 그 사실을 알 턱이 없다. 아주 친절한 사람이라고만 생각할 것이다.

신체적 · 정신적
피해들

우리가 심리 조종자에 대해 관심을 갖는 이유는 그들이 그만큼 주변 사람들에게 심각한 신체적 · 정신적 피해를 끼치기 때문이다.

누구나 자신을 보호하기 위해 방어기제를 사용할 수 있지만 그렇다고 타인을 괴롭힐 권리는 없다. 따라서 자신을 보호하기 위해서라는 명분을 내세우는 심리 조종자의 행동은 정당하지 않다.

심리 조종자는 우리의 에너지를 너무 많이 소진시킨다. 90%의 사람들은 그로 인해 심각한 피해를 입는다. 그 외 10%는 별 영향을 받지 않는 듯 행동한다. 그저 심리 조종자와는 의사소통이 어렵다고, 권력을 함부로 남용한다며 조금 불편해할 뿐 힘들어하진 않는다. 그들로서는 다행인 셈이다.

하지만 우리들 대부분은 어떠한가?

"그 사람 때문에 너무 괴로워요", "기운이 다 빠진다니까요", "온갖 얘기를 늘어놓아서 병에 걸릴 정도예요", "일주일 동안 휴가를 떠났는데, 너무 좋았죠. 그런데 회사에 출근하기 전날부터 몸이 안 좋은 거예요. 제가 일을 싫어하는 게 절대 아니거든요. 일 자체는 너무 좋아요", "그 친구 전화를 받으면 바로 끊어요. 통화를 하고 나면 몸이 안 좋고, 괜히 우울해지거든요. 매번 똑같은 상황의 반복이라…."

　이런 말들을 계속 듣게 되면 한 번쯤은 이에 대해 성찰해보아야 한다. 만일 우리 주변의 한 사람과 유독 이런 불편함을 느낀다면 그와의 관계에 문제가 있는 것이다. 그런데 우리 자신이 늘 그 상황의 원인이 아닐 수도 있다. 혹시 상대가 심리 조종자는 아닐까? 이러한 상황을 파악하기 위해 적합한 질문을 던져보고(앞장에서 다룬 30개 특성 참조) 다음 내용을 주의 깊게 읽어보아야 한다.

　심리 조종자와 지속적으로 접촉하는 사람은 종종 죄책감을 느끼거나 과격해진다. 또 불안해하고 두려워하거나 우울한 감정에 자주 휩싸인다. 이러한 감정들은 시간이 지날수록 더 심해진다. 그 결과 일을 성공적으로 해내거나 만족감을 느끼는 횟수도 줄어든다. 정신적으로도 자유롭지 못하고, 행동도 점점 제약을 받게 된다. 이렇듯 부정적인 감정을 계속 느끼면 종종 두통이나, 소화 장애를 겪을 수 있다. 때로는 위가 부글거리거나 목이 붓고, 근육이 땅기고, 식욕이 없어지고, 병적으로 허기를 느낄 수도 있다. 저녁에 집에 돌아와서도(만일 직장에 심리 조종자가 있을 경우) 낮에 일어났던 일들을 되새김질하고 배우자에게 쉴 새 없이 이야기를 풀어놓는다. 때로 걱정이 심해지면서 잠도 제대로 이루지 못한다. 기분도 가라앉고 의욕도 떨어진다. 그러면서 당연히 직장에 출근하지 못하는 날이 많아진다. 결국 장기적으로 심각한 질병에 시달릴 위험에 노출되어 있다.

심리 조종자와 일상에서 자주 대면할 때 겪는 가장 흔한 질병이 바로 우울증이다. 우울증이 깊어져 자기 파괴 단계에 이르면 극단적으로는 자살하는 경우도 있다.

엄마가(30가지 특징을 모두 보였다고 한다!) 심리 조종자인 가정에서 자란 한 여자의 예를 살펴보자. 그녀는 막내 여동생만 제외하고 여섯 명의 형제자매가 모두 자살했다고 고백했다. 그녀도 우울증에 시달리다 자살을 결심했는데, 마지막 순간에 막내 여동생의 애원으로 생각을 바꿔 정신과 치료를 받았다고 했다. "제발 부탁이야. 언니, 나 너무 힘들어. 언니가 이제 엄마에게서 벗어나라고. 정신치료를 받으란 말이야. 언니는 아직 희망이 있어. 얼마든지 벗어날 수 있다고." 자살은 분명히 심리 조종자가 야기하는 가장 극단적인 피해 상황으로 이러한 경우는 흔치 않다. 반면 스트레스로 심한 우울증을 겪거나 '우울증에서 헤어나기 위해' 정신과 치료를 받아야 할 때가 많다.

스트레스

사람들 관계에서 우리가 만날 수 있는 가장 강력한 스트레스 유발자는 바로 심리 조종자다. 스트레스는 교통체증이나 화상, 심리 조종자 같은 외적 요인에서 비롯될 수도 있고, 걱정이나 기우, 자신감 결여 같은 내적 요인들에서 비롯될 수 있다.

스트레스를 유발하는 심리 조종자의 행동은 매우 다양하다. 무엇보다도 우리가 그들에게서 부정적인 영향을 받지 않는 것이 중요하다. 이를 위해 때로 스트레스를 통제하기 위한 연수를 받기도 한다. 이 외에도 긴장 이완, 정신 집중 훈련, 자기 확신 훈련, 잘못된 사고나 신념과의 직접 대면, 시간과 수면 조절, 운동과 여가 활동, 건강한 식단 마련과 같은 다양한 방법을 시도할 수 있다. 그중에서 심리 조종자의 그늘에서 벗어나려면 자기 확신 훈련이 가장 필요하다. 물론 이것만으로는 부족하다. 먼저 상대가 심리 조종자라는 사실을 알아볼 수 있어야 한다. 자기 확신이 강하고, 기쁨을 느낄 줄 알고, 온순한 성격을 지닌 사람들조차 심리 조종자를 대면하는 순간 엄청난 스트레스를 받는 것을 볼 수 있다. 대개 심리 조종자를 상대하고 있다는 사실조차 파악하지 못한다. 그 결과 자기 자신을 의심하고, 부정적인 생각에 휩싸이게 된다.

질병을 일으키는 스트레스

스트레스가 단지 신경을 건드리며 걱정 혹은 불안감만을 초래하는 것은 아니다. 스트레스는 새로운 환경에 맞서는 자연스러운 신체적 반응이다. 우리 몸은 주어진 상황에 적응하려고 한다. 하지만 그러면서 적응이 힘들 땐 여러 증상들이 나타날 수 있다. 스트레스가 심해질수록 정신적, 신체적 반응도 심해진다. 그 과정에서 시상하부와

뇌하수체, 부신에서 호르몬 분비가 촉진된다. 부신피질(스트레스 호르몬인)에서 아드레날린과 글루코코티코이드(부신 피질에서 분비되는 스테로이드 호르몬)가 분비되는 것이다. 이러한 물질이 심장과 호흡, 동맥혈압, 근육, 간, 글루코스(포도당) 분비와 지방분해, 소화기관 등에 영향을 미친다. '모든 것'이 '머릿속에서'만 일어나는 것은 아니다. 스트레스는 그야말로 생리적인 반응을 일으킨다.

요컨대 우리는 여러 징후들을 통해 스트레스 받는 상황을 인지한다. 물론 이런 징후는 사람마다 다를 수 있다.

1. **정신적 측면** : 불안증, 우울증, 무기력증, 또는 피로(피로의 70%는 생리적인 이유와 관련 없이 나타난다), 자아 존중감 훼손, 신뢰감 박탈, 분노 등.

2. **생리적 측면** : 여러 장애가 일어날 수 있다.
   - 수면 장애(한밤중에 잠에서 깨거나 잠을 잘 이루지 못한다)
   - 소화 장애(목이 타거나 배가 아프고, 위가 따끔거린다)
   - 근육 수축(등, 목, 어깨, 턱 등)
   - 담즙분비장애(오른쪽 갈비뼈 아래에 통증, 구토, 위염, 설사)
   - 피부 트러블(포진, 붉은 반점, 가려움증, 건선, 갑작스러운 탈모 현상 등등)
   - 성기능 장애(성적 욕구 감퇴, 발기부전 등등)
   - 산부인과계 트러블(생리 불순, 임신 가능성 저하)

– 심장계 질환(호흡 곤란, 고혈압, 생체 리듬 트러블, 심박동 장애, 심장 부근 통증 등등)

– 관절 통증(관절통, 어깨통증 등등)

3. **행동 측면 :** 스트레스를 받는 사람은 공격적인 태도를 보이거나 혹은 반대로 자신의 감정을 안으로만 삭인 채 밖으로 표출하지 않는다. 개인에 따라 술이나 담배 소비가 늘어나기도 한다. 그 밖에 식욕 장애(과잉 식욕, 식욕 부진) 증상은 물론 흥분, 과도한 활동, 혹은 우울증을 앓는 사람에게서 흔히 볼 수 있는 의욕 상실 현상도 나타난다.

4. **수행 능력 측면 :** 집중력 저하, 기억력 감퇴, 생산성 저하 등이 나타나고 의욕 부진으로 업무 수행이 지연되기도 한다.

특히 이런 증상들은 스트레스를 유발하는 심리 조종자를 가까이 할 때 나타날 확률이 크다. 그 만남이 규칙적이고 지속적일수록 상황은 더욱 심각해진다. 장기간 심리 조종자를 만날 경우, 심각한 질병에 시달릴 수도 있다.

물론 우리 주변에는 늘 다른 이들을 힘들게 하는 사람들이 존재한다. 하지만 이들이 심리 조종자가 아니라면, 아주 특별한 경우를 제외하고는 심각한 증상을 유발하진 않는다. 우리가 부정적이고 유난히 회의적인 사람을 만나 그 사람 때문에 힘들어하면서 자책하느라 잠을 설친 적이 있다고 그 사람이 반드시 심리 조종자인 것은 아니다. 이들은 단지 재미없고 피곤하게 굴고, 가끔 우리의 화를 돋을지언정 우리 마음에 큰 상처를 남기지는 않는다.

심리 조종자를 오래 가까이서 대면하는 것은 또 다른 차원의 문제다. 심리 조종자는 한마디로 매우 강력한 스트레스 유발자다.

의사 진료를 받아보지그래

심리 조종자는 종종 우리에게 의사를 찾아가 불안증이나 우울증, 각종 질병 혹은 성적 장애들을 치료해보라고 충고한다. 이렇게 해서 우리는 환자가 된다. 예전에 남편 때문에 정신병원에 입원한 여자를 상담한 적이 있다(때로는 성인인 자녀를 억류하는 경우도 있다).

마담 C는 마흔 살이었는데 의사인 남편이 동료 의사의 권유로 그녀를 강제로 정신병동에 감금시켰다. 그러나 그녀는 자신이 남편 때문에 부당하게 입원하게 된 것이라고 고백했다. 병동에 감금되기 몇 년 전부터 남편은 아내를 조금씩 정신적으로 피폐하게 만들었다. 아내를 깎아내리고, 무시하고, 모욕하고, 죄의식마저 강요했다. 그런 과정에서 그녀는 점점 환자가 되어갔다. 실제로 그녀는 불안감에 시달리고, 자신감을 잃고, 신경질적인 사람이 되면서 극도의 분노감을 터트렸다. 이러한 증상은 분명한 입원 사유가 되었다. 결국 그녀는 히스테리 환자라는 진단을 받았다.

그녀는 매일 먹는 약의 부작용으로 입이 마르고, 발음이 샌다며 양해를 구했지만 정작 그녀의 발음은 분명했고, 말에도 일관성이 있었다. 정신병 환자가 아니었던 것이다. 그녀는 고백하길, 남편이 몇 년 전부터 애인이 있었는데, 이혼을 원하지는 않았다고 했다. 대단한 자산가인 아내 덕분에 그는 높은 사회적 지위를 누릴 수 있었다. 그 어떤 것도, 누구도 그의 명성을 훼손시킬 수 없었다. 그녀는 자신이 남편에게 대항하기에는 너무 순진하고 '바보처럼 착할 뿐'이라고 했다. 내가 정신과 의사와 상담을 받아보라고 하자 그녀는 이미 만나보았으며 아무도 자기 말을 믿어주지 않았다고 했다. 그녀는 실제로 많이 취약하고, 우울증에 시달렸기 때문에 자신을 제대로 방어할 힘이 없었다. 소도시에서 두 의사의 진단을 반박하기란 그리 쉬운 일은 아니라고 덧붙였다.

이처럼 교묘하게 진행된 조종 과정은 정신과 전문의와의 상담으로도 잘 드러나지 않을 수 있다. 정신과 의사의 잘못만을 탓할 수는 없다. 안타까울 뿐이다. 조종 기술은 잘 드러나지 않는다. 내가 처음 마담 C를 만났을 때 나는 심리 조종자에 대해 잘 알지 못했고, 그가 야기하는 피해에 대해서도 잘 몰랐다. 단지 그녀가 진실을 말하고 있다는 느낌만 들 뿐이었다. 내가 그녀를 변호하려 들자 간호사가 대답했다. "천만에요. 그녀는 히스테리 환자예요. 그게 전부예요. 히스테리 환자라는 거"라고. 이 일화는 꽤 오래전의 일인데 지금도 뚜렷하게 기억하고 있다. 아마도 내가 그녀에게 아무 도움을 주지 못했기 때문일지도 모르겠다. 지금 돌이켜 생각해보면 그녀는 히스테리 환자가 아니었다. 그저 잘 드러나지 않는 심리 조종자의 희생자였던 것이다. 정신과 병동에서는 나를 비롯해 그 누구도 이러한 조종 과정을 제대로 알지 못했다.

심리 조종자인 배우자 때문에 피해를 입은 다른 예를 살펴보자. 얼마 전 37살의 엔지니어인 R씨는 성 기능 장애를 해결하려고 행동 치료 전문가를 찾은 적이 있다. 이제 막 결혼한 부부였는데, R씨의 발기부전이 문제였다. R씨는 지금의 아내를 만나기 전까지는 전혀 문제가 없었다고 했다. 그는 아주 건강하고 자기 확신이 강한 청년이었다. 그는 오래전부터 자아탐구에 관심이 있었고, 규칙적으로 긴장 이완 훈련을 받아왔다. 발기부전증이 발견된 이후 R씨는 몇몇 생리 검사도 받았다. 이 분야 전문가들은 성기능 문제의 80%가 커플 간의 의사소통이 원활하지 않을 때 일어난다는 사실을 잘 알고 있다. 그들은 문제를 이런 측면에서 다루기 시작했는데 그 결과 아내의 태도나 생각 때문에 남편이 끊임없이 불안감을 느낀다는 사실을 알아낼 수 있었다. 다시 말해 그에게는 아내와 성관계를 맺는 행위가 하나의 도전처럼 여겨진 것이다. 남자들은 발기하려면 특별한 신경 시스템이 작동해야 하고, 특히 정신적으로 편안해야 한다. 불안감, 걱정, 염려, 스트레스는 당연히 자연스러운 발기 현상을 방해할 수 있다. 전문의는 조사 결과 R의 부인이 성관계 외 일상생활에서도 남편을 끊임없이 무시하고 비하한다는 사실을 알게 되었다. 그러면서 R씨의 신뢰감은 점차 상처를 입은 것이었다. 그는 아내가 자기를 탓할 때 이를 다 인정하고 받아들였을 뿐만 아니라 심지어 죄책감마저 느꼈다. 좀 더 면밀한 조사 과정에서 그의 아내가 심리 조종자의 성격을 지니고 있다는 사실을 알아냈다. 이러한 결론을 얘기하자

R씨가 그제야 대답했다. "그래요. 아내가 그런 성격이라는 건 별로 놀라운 사실도 아니에요"라고.

심리 조종자인 아내의 희생자였던 그가 의사를 찾아가 혼자 이 문제를 해결해야 했다고 상상해보자. 그는 결코 아내가 원인 제공자라고는 생각지 못하고 모두 자기 탓이라고 여겼을 것이다. R씨처럼 자기 확신이 강한 사람은 대개 스스로를 질책하는 습관이 없는데, 심리 조종자인 아내가 그를 그렇게 만든 것이다. 심리 조종자는 모든 책임을 남의 탓으로 돌리는 데 매우 능숙하다. R씨는 심지어 자신에게 생리적 문제가 있는 거라고 생각했다(상담하는 과정에서 그는 혼자 자위를 할 때는 아무 문제가 없었다는 사실을 깨달았다). 결국 그는 생리 검사 약속을 모두 취소했다. 그는 정작 아무 문제가 없는데 점차 실제 문제로 발전한 케이스 중 하나였다. 그 이후 두 번의 상담을 통해 그는 이 문제에 대처할 방안을 찾았고 아내를 대할 태도 역시 정했다.

다음에 소개하는 미리엄의 사례 또한 심리 조종자가 자신의 목적을 달성하기 위해 얼마나 부도덕해질 수 있는지를 잘 보여준다.

석 달 전 작은 호텔의 안내원으로 취직했던 미리엄이 사장 부부에게 자신의 임신 사실을 알렸다(마르시알 사장 부부는 둘 다 심리 조종자였다). 그들은 겉으로 드러내지 않았지만 임신을 계획 중인 직원을 채용한 걸 몹시 못마땅해했다. 임신 사실을 알리고 며칠 뒤 문제가 발생했다. 호텔 금고에 돈이 없어진 것이다. 며칠 뒤 똑같은 일이 발생했다. 이번에는 처음보다 많은 액수를 도난당했다. 공교롭게도 미리엄이 근무할 때마다 이런 일이 일어났다. 마르시알 부인은 사전에 계획했던 이 사건을 미리엄의 동료들에게 설명하면서, 절도 사건에 연루될 수 없는 직원들의 이름을 언급하고는 하나씩 지워갔다. 그렇게 하나씩 관련 없는 사람들을 제외하다 보니 결국 미리엄이 의심을 받을 수밖에 없었다. 물론 사장 부부가 있었고, 일부 직원들은 그들을 의심하기도 했지만, 호텔 사장을 절도 용의자로 의심하는 건 있을 수 없는 일이었다.

며칠 뒤, 미리엄은 호텔 식당에서 또다시 절도범으로 의심을 받았다. 그날 오후 미리엄이 일을 하고 있었는데, 그 자리에는 마르시알 부인도 있었다. 저녁 시간에 식당 직원들이 도착하자 마르시알 부인은 모두를 향해 식당 금고 열쇠가 금고 위에 놓여 있다고 말했다. 그러면서 금고 안을 한 번 확인해보라고 했다. 당연히 있어야 할 돈이 없었다. 얼마 전부터 사장 부부의 계략을 눈치채고 있던 셰프가 경찰을 부르자고 제안했다. 그러자 마르시알 부인이 이런저런 이유를 대면서 말렸다. 경찰을 부르면 자신의 계획에 차질이 생길 수 있기 때문이었다. 얼마 뒤 마르시알 씨가 미리엄의 친구인 다른 직원에게 미리엄이 아무래도 도벽이 있는 것 같다면서 정신과 의사와 상담해보는 게 좋겠다고 충고했다.

미리엄은 결국 심리적 압박이 너무 심해져 출산 전에 회사를 그만두어야 했다. 이미 짐작했겠지만, 그녀의 동료들도 다들 알고 있었듯이, 미리엄은 도난 사건에 아무 책임이 없었다. 그런데 결국 남은 인생 내내 나쁜 기억으로 간직해야 했다.

심리 조종을 당하는 사람에게도 책임이 있는 걸까?

위의 사례들은 심리 조종의 희생자들에게는 가벼이 넘길 수 없는 사건들이었다. 심리 조종자들의 영향력에서 완전히 벗어날 수 있는 사람은 극히 드물다. 하지만 적어도 자신을 보호할 수는 있지 않을까. 이를 위해서는 우선 심리 조종자의 존재를 파악해야 한다(그러면 이미 문제의 50%를 해결한 셈이다). 나머지 50%는 죄책감과 상처받기 쉬운 마음을 줄이고, 믿음과 행동, 태도 등을 바꾸면 그만이다. 물론 시간이 많이 걸리는 일이다. 심리 조종자와 어떤 관계를 맺고 있느냐에 따라 최소 3달에서 3년 이상까지 걸릴 수 있다. 그렇다면 우리도 이런 관계에 일말의 책임이 있는 걸까? 심리전문가와 정신분석학자들은 우리가 조종을 당하도록 스스로를 내버려두고, 죄책감을 가지고 자신을 파괴하도록 내버려둔 책임밖에 없다고 한다. 사실 문제는 보이는 것보다 훨씬 더 복잡하다.

　심리 조종자는 자신의 이익을 위해 기존에 있는 사회적 코드의 실제 가치를 왜곡하여 이를 활용한다. 예를 들어 죄책감을 강력한 무기로 활용하는 것이다. 우리 사회에 만일 선과 악의 개념이 없다면 어떻게 될까? 사람들은 조금만 분노하거나 좌절해도 그 고통의 싹을 제거해버리려 할 것이다. 설사 살인을 저지른다 해도 말이다. 어떤 도덕적 의무도 존재하지 않는 사회가 될 것이다. 아이들이 조금만 부담스러워도 내버리는 사회가 되면서 오직 이기주의만이 팽배하게 될 것이다.

그러나 현실에는 엄연히 선과 악의 개념이 존재하고, 우리는 누구나 최소한의 죄책감을 느낄 수 있는 존재들이다. 단지 이러한 죄책감이 지나치게 확대되고 합리적인 수준을 넘어서면서, 우리의 행복을 방해할 때 문제가 생길 수 있다. 그런데 대부분의 소극적인 사람들은 이 한계를 잘 알아채지 못한다. 심리 조종자들은 재빨리 이런 유형의 사람을 골라내 그들의 빈틈을 파고든다. 게다가 심리 조종자들은 심지어 이러한 죄책감에 한계가 없는 것처럼 행동한다.

소피(32세)가 터키로 10일 동안 애인과 그룹 여행을 떠나면서 엄마(심리 조종자)를 '두고 떠나는 것'에 대해 왜 그렇게 죄책감을 느껴야 했는지 이 과정을 살펴보면 잘 알 수 있다. 그녀의 엄마는 딸의 동료에게 여행 책임자의 전화번호를 알아냈다. 그녀는 여행 책임자에게 전화해 딸이 자신에게 안부 전화를 하게 해달라고 부탁했다. 소피의 엄마는 소피가 어렸을 때부터 자신의 가치관에 따라 행동하도록 교육해왔다. 소피는 엄마의 말은 무조건 따라야 한다고 배웠던 도덕적 의무와 자기 스스로 생각하는 도덕적 의무 사이의 경계를 잘 구별하지 못했다. 그녀는 2년 전부터 받기 시작한 심리 치료 그룹 훈련 덕분에 이 경계를 인식하기 시작했다. 하지만 그때는 소피 혼자 힘으로 도저히 엄마 전화에 답하지 않겠다고 결심할 수 없던 것이다. 그녀는 엄마를 힘들게 하는 건 나쁜 일이라고 생각했다. '엄마를 힘들게 하지 말아야 한다'는 절대적인 가치에 밀려 애인 혹은 친구들과 즐겁게 지내는 게 부수적인 일이 되고 말았다. 그녀의 엄마는 딸이 자기에게 전화를 걸지 않는다는 상황을 도저히 받아들일 수 없었다.

심리 조종자에게 조종당하는 것도 부분적으로는 우리에게 책임이 있다. 우리가 상대를 제대로 알아보지 못하는 것도 문제지만 원만한 인간관계를 위해선 상대가 우리를 어떻게 생각하는지 알고 있어야 한다고 보는 것도 문제인 것이다. 이처럼 우리들 대부분은 타인의 시선을 의식하고, 타인의 판단에 의존해 살아간다. 따라서 타인의 영향에서 벗어나려면 무엇보다 다른 사람과 잘 어울려 지내면서도 우리 자신을 위해 살아가는 법을 터득해야 한다.

자신의 행복을 위해 살다 보면 본의 아니게 남에게 폐를 끼치게 되진 않을까 걱정이 앞서기도 한다. 하지만 우리가 고분고분하고 수동적이며, 오로지 타인의 행복에만 관심을 둘수록 이들에게 조종당할 위험은 더욱 높아질 것이다. 심지어 자기 확신에 찬 사람조차 심리 조종자에게 이용을 당하거나 어린아이 취급을 받을 수 있다.

그 어떤 것도 우리를 이용하거나 어린아이 취급하고 무시하고 스트레스를 받도록 강요할 수 없다. 하지만 심리 조종자는 종종 다른 사람에게 생각보다 큰 영향력을 행사한다. 무엇보다 감정적인 면에 호소하기 때문에 이들이 미치는 영향력은 실질적이면서도 정신적인 힘을 갖는다. 심리 조종자의 파괴적인 힘은 뒤에서 더 자세히 다루려고 한다. 지속적인 심리 조종이 가능한 이유와 방법, 나아가 그 결과를 살펴볼 것이다. 그래야 적어도 50%는 또다시 같은 함정에 빠지지 않도록 도울 수 있을 것이다. 하지만 이것만으로는 충분하지 않다. 이러한 과정에서 벗어날 수 있는 방법도 적극적으로 알아봐야 한다. 이 부분은 이 책의 마지막 장에서 다룰 예정이다.

우리가 '스트레스 유발자'를 정확하게 알아볼 수만 있다면 얼마든지 심리 조종자의 영향에서도 벗어날 수 있다. 정신 집중 훈련과 그 밖의 다른 행동 기술, 긴장 이완 요법 관련의 정규 훈련을 받으면 얼마든지 스트레스 유발자를 판별할 수 있고, 삶의 질을 개선할 수 있다. 문제를 평가하는 방식 자체가 달라질 수 있다. 우리가 심리 조종자를 알아보고, 정면으로 대응하겠다고 결심하면 그로 인한 부정적인 영향들로부터도 피해갈 수 있다.

심리 조종을 받은 당사자들에게도 책임이 있다는 점에 대해서는 신중히 접근해야 하며 이들을 성급히 판단하지는 말아야 한다. 심리 조종자들이 사람의 마음을 어떻게 조종하는지는 잘 몰라도 그것이 매우 교묘한 방식으로 이루어진다는 점만큼은 알고 있어야 한다. 우리 생각과는 달리 심리 조종자는 일반적인 윤리 차원을 벗어난다. 특히 우리가 생각하는 윤리와는 동떨어져 있다. 우리에게는 이미 기본적인 윤리 의식이 마음속 깊이 새겨져 있다. 가령 엄마는 자녀를 고통스럽게 할 수 없고, 의사나 치료사는 금전적, 혹은 정신적으로 환자를 이용할 수 없으며 남편은 평생 사랑하겠다고 약속한 아내를 정신적으로 학대할 수 없다고 믿는다. "무슨 그런 말을 해. 그가 나를 사랑하기 때문에 그런 거지. 늘 그렇게 말했거든. 정말이라니까. 그가 그렇게 말했다니까. 게다가 항상 그렇게 말했다니까." 이런 말을 들으면 우리는 약해질 수밖에 없다. 가까운 사람들이 우리를 조금씩 파멸로 이끌 수 있다는 생각 자체를 못하는 것이다.

죄책감을
강요한다

타인에게 죄책감을 강요하는 것은 심리 조종자들이 흔히 사용하는 수법이다. 심리 조종자는 다른 사람에게 책임을 전가해 죄책감을 느끼게 하고, 이를 활용해 자신의 이익을 도모한다.

죄책감을 매번 활용할 경우 끔찍한 피해를 입힐 수 있다. 심리 조종자는 심지어 우리가 저지르지 않은 실수에 대해서도 죄책감을 강요한다. 다음의 예들을 통해 의식적이든, 무의식적이든 심리 조종자가 흔히 사용하는 방법들을 살펴보려고 한다.

실제 잘못과 상상의 잘못

클라라의 엄마는 심리 조종자다. 클라라는 대도시의 병원에서 행정 업무를 본다. 한번은 클라라의 외할머니가 호흡기 문제로 도시의 외곽 지역에 입원한 적이 있다(클라라가 사는 도시에서 꽤 멀리 떨어진 곳이었다). 외할머니는 딸이 자주 병원에 찾아오지 않아 몹시 외로움을 느꼈다. 그 무렵 클라라의 엄마는 다른 치료를 받고 있었기 때문에 입원한 엄마를 자주 보러 갈 수 없었다. 클라라의 엄마는 클라라에게 전화를 걸어 하소연을 했다.

할머니가 많이 안 좋으시네. 병원에서 검사도 더 해야 하고, 어쩌면 수술을 받으셔야 할지도 몰라. 좋은 외과의가 있으면 소개시켜드리면 좋겠는데… 나이가 워낙 많으셔서… 네가 좀 알아봐줄래. 할머니를 돌봐줄 사람이 없을지. 너도 알다시피 나도 치료를 받고 있어서 지금은 아무것도 알아볼 수가 없거든.

클라라는 이 전화를 받고 엄마가 죄책감을 느끼고 있다는 사실을 깨달았다. 상황이 다급한 것도 아니었으므로 클라라는 다음과 같이 말했다. "엄마, 걱정하지 마세요. 다 잘될 거예요. 병원에 계시니 걱정할 거 없어요. 전문의들이 잘 돌봐드릴 거예요."

"그래도 네 할머니인데 걱정이 안 되니? 나는 꼼짝도 할 수 없으니 너라도 보살펴드려야지. 내가 할 수만 있다면 당장이라도 달려가겠지만 말이야."

"그런데 일하다 말고 할머니한테 가볼 수는 없잖아요. 유능한 전문의들이 할머니를 돌보고 계시니 걱정 마세요."

"할머니를 위해서도 네가 힘을 쓸 수 없다면 도대체 누굴 위해 뭘 할 수 있겠니?"

그때부터 클라라는 엄마의 죄책감이 자신에게 옮겨온 것을 느끼기 시작한다. 그 이후 심리 조종자인 엄마는 딸이 병원에서 일하고 있으니 당연히 환자를 헌신적으로 돌보는 일 정도는 충분히 해결할 수 있어야 한다고 끊임없이 암시한다. 클라라는 자신이 간호사가 아니라 엄마의 요구를 들어줄 수 없는 자신의 무능력을 절감할 수밖에 없게 된다. 클라라의 엄마는 딸에게 무리한 요구를 함으로써 자신의 책임을 딸에게 떠넘긴 것이다.

클라라의 엄마는 기회가 날 때마다 이러한 죄책감을 활용했다. 클라라는 몇 달 전에 열네 살 된 조카(심리 조종자인 엄마의 손녀)가 겪은 끔찍한 피해를 듣고 깜짝 놀랐다. 할아버지가 죽은 뒤 손녀는 밤마다 악몽에 시달렸다. 정신과 의사와 상담한 결과, 심리 조종자인 그녀의 할머니가 끊임없이 손녀에게 했던 말이 고통의 원인이었음을 알게 되었다.

"너를 세상에 태어나게 하려고 할아버지가 돌아가신 거야."

오직 이 한마디 때문에, 어린 소녀는 돌아가신 할아버지에 대한 죄책감을 떨쳐버리지 못하고 밤마다 자기가 저지르지도 않은 죄 때문에 악몽에 시달려야 했던 것이다.

클라라의 엄마는 매우 똑똑한 여자였다. 클라라에게도 끊임없이 늘 같은 말을 했다. "아! 내가 네 나이 때만 해도 이것도 할 수 있고, 저것도 할 수 있었는데." 클라라는 어릴 때부터 엄마에게 똑같은 말을 계속 들어야 했다. 글을 뒤늦게 깨친 것도 그 때문이었다. 그녀의 엄마는 딸과 자신을 끊임없이 비교하면서 마치 자신은 모든 재능을 지닌 사람처럼 행동했다. 그러면서 이런 지적이 마치 딸을 격려하는 말인 양 믿게 했다. 하지만 실제로는 딸의 행동과 결정을 우회적으로 비난하고 공격했던 것이다. 지속적인 비난 속에서 결국 클라라는 자신감을 잃고 능력을 제대로 발휘할 수 없게 되었다. 열네 살인 클라라의 사촌동생도 클라라의 엄마인 이모로부터 똑같은 말을 들었기 때문에 매사에 자신감이 없었다.

죄책감은 잘못을 저지른 사람이 느끼는 감정이다. 그런데 이 잘못은 실제 저지른 것일 수도 있고, 상상 속의 잘못일 때도 있다.

객관적인 현실의 죄책감은 중요한 사회 규범들을 어겼을 때, 예컨대 살인, 사기, 거짓말, 착취, 의도적 악행 등을 저질렀을 때 느끼게 마련이다.

한 사람의 신체적·정신적 발달은 그가 속한 사회·문화적 영향을 받아 이루어진다. 우리는 태어나자마자 가정과 사회의 생활양식, 모델, 처벌, 칭찬, 연설, 설명, 말로 이루어진 원칙 등 여러 규범들을 다양한 방식으로 습득한다. 가정 내에서는 사회의 문화적 규범을 터득한다. 자녀들은 어릴 때부터 부모가 제시하는 모델을 따르다 친구, 교사, 미디어 등 점차 좀 더 확대된 사회의 모델을 따르게 된다. 우리는 이렇게 선과 악의 개념을 터득한다.

정신분석학자들은 또한 오이디푸스 콤플렉스 때문에 죄책감을 느낀다고 주장한다. 살인자나 범죄자(예를 들어 강간범)들이 죄를 짓고도 아무런 죄책감을 느끼지 않으면 중환자 취급을 받는다. 그들은 타인에 대해 충동을 억제하지 못하기 때문에 사회적으로 매우 위험한 존재다. 죄책감은 사실 인간이라면 당연히 느껴야 할 건전하고 건강한 감정이다. 단지 죄책감이 지나치게 '주관적'인 경우 병적인 증상으로 발전할 위험이 있다. 이러한 죄책감은 무의식적인 행동을 통해 드러날 수 있으며 상상 속의 범죄로 공포심을 유발하거나 나아가 신경증을 일으키기도 한다. 이렇듯 죄책감은 심각한 정신병의 원인이 될 수도 있다.

'주관적인 잘못(자책감)'의 대표적인 예로는 부모나 형제자매의 마음에 상처를 주었다고 생각하는 것이다. 예컨대 다른 가족들에 비해 자신이 너무 잘났거나 부모의 사랑을 독차지했다고 느낄 때, 혹은 반대로 가족을 저버리고 배반하거나 나쁜 짓을 많이 했다고 생각할 때에도 자책하게 된다. 이러한 죄책감은 무의식 속에 깊이 남아 있는 경우가 많다. 그 때문에 부부관계 및 직장 내에서의 관계를 비롯해서 모든 주변 사람들과의 관계들이 삐걱거릴 수 있다. 그 결과 마음의 여유나 삶의 기쁨을 느끼지 못하게 된다. 급기야 자신을 과소평가하면서 자아 존중감에 상처를 입고 건강한 자신의 본성이나 순수한 자신의 의도조차 의심하게 된다. 그러면서 이 문제를 해결하기 위해 현실에서 도망치게 되고, 점점 더 아무런 반박도 못한 채 부당한 질책이나 대우를 그대로 받아들이게 된다(실제로 잘못을 저지르지도 않았는데도). 이러한 죄책감으로 인해 소화불량, 호흡곤란, 긴장감, 수면장애 혹은 지속적인 불안감 등 여러 증상이 나타날 수 있다.

그런데 놀라운 것은 이런 상상의 잘못으로 인한 죄책감 때문에 행복한 삶을 살고 싶고 상대와 좋은 관계를 유지하고 싶다는 욕구마저 잘못된 것으로 여기게 된다는 사실이다. 이러한 욕구를 잠깐 떠올리는 것만으로도 상대방에게 상처가 된다고 믿게 되는 것이다.

많은 사람들이 이와 같은 두 번째 유형의 죄책감을 느끼는데, 심리 조종자는 상대의 유형을 본능적으로 감지한다. 그는 상대에게 죄책감을 강요하고 이를 유지하여 상대방이 실제로 잘못했다고 믿게 만든다. 그때부터 우리는 혼란스러워질 수밖에 없다. 그런데 문제는 이러한 죄책감이 의식적인 것이 아니기 때문에 알아차리기 쉽지 않다는 것이다. 심리 조종자는 다음과 같은 논리를 활용한다.

아이에게 "너를 세상에 태어나게 하려고 할아버지가 돌아가신 거야"라고 말하면 아이는 죄책감을 깊이 느낄 수밖에 없다. 그러면서 이것을 원인과 결과의 당연한 논리처럼 받아들인다. 세 살밖에 안 된 아이는 실제 잘못과 상상 속의 잘못을 구별하지 못할 뿐만 아니라 어른의 말이 감히 잘못되었다고 생각지 못하기 때문에 그대로 이를 받아들인다. 사실 이러한 잘못된 논리는 나이에 상관없이 대부분의 사람들이 당연한 것으로 받아들일 수 있다.

실비는 심리 조종자인 엄마 때문에 심한 죄책감을 느꼈던 기억이 있다. 그녀의 엄마는 세 아이를 키우면서 하루에 10시간, 치과 의사로 일했다. 저녁 8시에나 아이들을 볼 수 있었는데, 아이들은 이 시간이 되면 엄마에게 하루 일과도 얘기하면서 여러 가지를 묻고 싶어 했다(하지만 그녀는 아이들의 질문에 답하는 걸 별로 좋아하지 않았다). 계속 "너 때문에 피곤해 죽겠다"라는 말만 되풀이했다. 거의 매일 그녀는 피곤하다는 불평만 늘어놓았는데, 그것도 피곤한 이유가 아이들 때문이라고 서슴없이 말했다. 그러면서 정작 자신이 하루 종일 20명도 넘는 환자들을 진찰했다는 사실은 잊어버린 것이다.

실비는 자신이 오랫동안 엄마에게 짐이 된다고 생각했다. 부모에게 짐이 된다는 생각은 쉽게 볼 수 있는 상상 속 잘못 중 하나다. 게다가 심리 조종자가 끊임없이 "너 때문에 피곤해 죽겠다!"라는 말을 되풀이했기 때문에 죄책감을 털어버릴 수 없었고, 자연히 그 사실을 진짜로 믿게 된 것이다. 실비는 10년이 지나서야 그녀의 엄마가 피곤했던 이유가 환자들 때문이었다는 사실을 깨달았다. 자기들처럼 조용하고 별 문제를 일으키지 않는 아이들과, 게다가 짧은 저녁 시간을 보냈는데 피곤하다는 건 생각해보면 있을 수 없는 일이었다. 심리 조종자인 그녀의 엄마는 늘 자신이 희생자인 것처럼 말했다. "너희 아빠 때문에 엄마가 얼마나 괴로웠는지 모를 거야. 좀 더 일찍 이혼하지 않은 것도 다 너희들을 위해서였다니까." 말하는 사람이야 자신의 심리 상태를 얘기했을 뿐이겠지만 이 말을 들은 아이들은 죄책감을 느낀다. 게다가 여기에는 책임을 회피하고 불쌍한 희생자 역할을 떠맡으려는 심리 조종자의 의도가 담겨 있다. 심리 조종자인 그녀는 1년에 여러 차례 아이들에게서 원하는 걸 얻어내기 위해 똑같은 불평을 늘어놓았다. 물론 다른 특징들도 보였지만(29가지 특징들) 상대에게 죄책감을 갖게 하는 것이야말로 가장 두드러지는 특징이었다. 그녀는 또한 실비의 아빠와 마음에도 없는 결혼을 한 이유는 임신했기 때문이라고 말했다. 이렇듯 '희생' 코드는 심리 조종자들이 흔히 활용하는 수단이다. "네가 휴가를 즐길 수 있는 건 엄마가 피곤한데도 진료실에 남아 환자들을 돌보기 때문이야…. 그렇다고 엄마 걱정은 하지 마. 엄마는 네가 여행 떠날 수 있는 것만으로도 기쁘니까."

심리 조종자는 상대를 불안하게 만들기 위해 일부러 큰 소리로 얘기한다. 실컷 불만을 토로해놓고 상대에게 신경 쓰지 말라는 식이다.

심리 조종자 부모는 자녀들에게 자신의 희생을 과장하면서 죄책감을 심어준다. "내가 이렇게 미친 듯이 일하는 것도 다 너희들이 원하는 것을 사주기 위해서야. 다 너희들을 위해서라고. 그래서 공부도 시키는 거고. 그러니 넌 6월 학기말 시험을 잘 봐야 해."

자녀가 어느 정도 커서 독립적인 태도를 보이면 심리 조종자인 부모는 '버림받았다'는 말을 활용한다. 누가 잘못한 것일까? 자녀들은 좀 더 독립적으로 결정하고, 행동하고, 사고하길 원한다. 스스로 삶을 책임지고 부모에게서 독립하기를 원한다. 이는 결코 잘못된 욕구가 아니다. 그런데 심리 조종자인 부모는 이러한 자녀의 욕구를 부당하다고 여긴다. 만일 자녀가 부모 없이 여행을 떠나고 독립해 살려고 하거나 제 시간에 집에 들어오지 않으면, 자녀를 배은망덕하고 부당하고, 심지어 잔인한 사람으로 몰아간다. 그러면서 자신들이 불행한 이유를 아이들에게 뒤집어씌우며 그들이 항상 부모 곁에서 자신을 돌봐야 한다고 주장한다.

당시 해외에 나가 살고 있는 조이스의 사촌이 조이스를 집으로 초대한 적이 있었다. 조이스는 스무 살이었는데, 세 아이 중 막내였다. 다른 두 언니 오빠는 이미 독립해서 살고 있었다. 사촌이 조이스의 부모님에게 조이스를 초대하겠다고 말하자 심리 조종자인 아버지가 소리를 질렀다.

"그럼 우리는 어떻게 하고?"

그래도 다행히 조이스는 부모님의 반박을 물리치고 한 달간 혼자서 여행을 떠날 수 있었다.

조이스는 말로는 자신이 원하는 걸 얼마든지 할 수 있고. 집을 비워도 문제될 게 없다고 단언했지만 실제 행동은 전혀 달랐다. 약혼한 남자친구와 한나절을 보낼 때조차 부모님께 거짓말을 해야 했다. 그녀는 거짓말과 위선적인 행동을 통해서만 자유롭게 행동할 수 있었다. 더욱 흥미로운 건 조이스가 자신의 삶이 부모와는 별개란 사실을 밝히기 두려워 이런 비뚤어진 전략을 사용했음을 전혀 인식하고 있지 못하다는 사실이었다. 부모를 방치한다는 죄책감을 느끼고 싶지 않았기 때문이다. 그녀는 용돈을 벌기 위한 아르바이트조차 마음대로 할 수 없었다. 이처럼 심리 조종자인 부모는 이미 다 큰 자녀를 가정 안에 붙들어둠으로써 밖에서 새롭게 경험을 쌓을 기회를 차단하고 이들의 진정한 독립을 방해한다. 부모의 대답은 늘 똑같다. "필요한 돈은 내가 충분히 벌고 있으니 돈이 부족하면 달라고 해. 과외나 아르바이트 때문에 시간 낭비하지 말고 시험공부나 열심히 해서 통과하란 말이야." 이 말은 얼핏 보기에는 꽤 합리적이고 논리적으로 보인다. 어쩌면 자녀의 입장에서도 더 편할 수 있기 때문에 별다른 주장을 하지 못하고 몇 년을 그대로 보내는 것이다.

조이스의 경우도 마찬가지였다. 죄책감과 의존성 간의 문제는 그녀가 토요일 밤, 오빠나 친한 친구들과 외출하려고 할 때면 드러났다. 비록 외출해도 좋다는 허락은 받았지만 매번 밤늦게 돌아오면 아버지가 거실에서 그녀를 기다리고 있었다. 그녀는 어쩔 수 없이 외출할 때마다 아버지의 잠을 방해하게 된 것이다. 게다가 아버지는 아내에게도 아이들이 밖에 나가 돌아오지도 않는데 속 편하게 잠만 잔다며 나무랐다. 이렇듯 심리 조종자는 두 가지 방법으로 상대에게 죄책감을 심어준다. 딸에게는 잘못된 행동을 지적하고, 아이들 앞에서 엄마에게 일장 연설을 늘어놓으면서 (사실 그녀의 엄마야말로 가장 정상적인 태도를 취하고 있었다) 죄책감을 느끼게 하는 것이다.

죄책감을 활용하는 심리 조종자는 때로 상황을 완전히 역전시키기도 한다. 예를 하나 들어보자. 샤를은 친구 부부에게 옷장을 하나 빌려주었다. 친구의 아내가 심리 조종자였다. 이 친구 부부는 샤를과 그의 가족이 살던 아파트로 이사를 왔는데, 옷장이 필요하다면서 그냥 한두 달만 더 둘 수 없겠냐고 물었다. 친구의 아내는 샤를에게 지금은 경제적 여유도 없으니 남편이 옷장을 새로 짜는 동안만 사용하겠다고 했다. 크게 문제될 게 없어 샤를은 그녀의 부탁을 들어주었다. 하지만 9개월이 지난 뒤에도 옷장을 돌려받지 못했다. 샤를 부부는 이 옷장이 필요해서 친구 부부에게 돌려달라고 했다. 친구에게 옷장을 직접 짜거나 새로 구입할 시간을 충분히 주었다고 생각했기 때문이었다. 결국 12개월이 지난 뒤, 돌아오는 주말에는 옷장을 직접 가지러 가겠다고 얘기했다. 그들이 아파트에 도착했을 때 친구 부부가 옷장을 전혀 비워놓지 않아 직접 옷들을 꺼내고 분리해야 했다. 친구는 회사에 가고 없었고, 집에는 그의 아내와 아이들만 있었기 때문이었다. 그다음 날 샤를의 친구는 샤를이 다녀가고 아내가 불같이 화를 내면서 이렇게 말했다고 전했다.

"말이 되기나 해. 불쑥 들이닥쳐서 옷들을 몽땅 바닥에 내던지고 말이야. 우리가 집에 있는 건 아랑곳하지 않고. 치마하고 양복들을 걸어둘 곳도 없는데. 당신 친구 아주 가관이던데!"

심리 조종자인 친구의 아내는 상황을 완전히 자기 마음대로 뒤바꿔버렸다. 두 부부 중 어느 쪽이 더 '친절했는지'를 떠올려보아야 한다. 상대를 많이 배려해주다 조금 제동을 걸려고 하면 갑자기 남을 배려할 줄 모르는 나쁜 사람이 되어버리거나 오히려 희생자가 될 수도 있다. 정말 놀랍지 않은가? 만일 언젠가 여러분이 이런 상황에 놓이거나 여러분이 저지르지 않은 잘못을 두고 죄책감을 안기는 사람을 만나면 그의 눈을 똑바로 쳐다보며 이런 질문을 던져보는 건 어떨까.

"그런데 우리 둘 중에 누가 도와주려 했던 거지? 너니 아니면 나니?"

실제 일어난 상황을 잘 돌아보면 충분히 답을 얻을 수 있다.

하지만 심리 조종자는 질문의 의도를 빤히 잘 알고 있으면서도 명확하게 답하려 들지 않을 것이다. 상대를 크게 도와준 일이 없기에 할 말을 잃고 당황하거나 혹은 자기도 당신을 도와줬다면서 상호성의 원칙을 들먹일 수도 있다. 그럴 때면 당신이 도움을 더 많이 받은 것 같냐고 되물어주는 것도 하나의 방법이 될 수 있다.

이중 구속

죄책감은 이중 구속의 상황에서 나타날 수 있다(전문가들은 이를 더블 블라인드라고 부른다). 이때 심리 조종자는 두 개의 상반된 메시지를 전달한다. 다시 말해 우리가 하나의 요구를 들어주면 어쩔 수 없이 다른 요구는 따를 수 없게 된다. 이러한 역설적인 상황을 바로 인지하지 못하면 몹시 당황스러운 상황에 놓일 수 있다. 그런데 대부분 우리는 이런 상황을 잘 알아채지 못한다.

이중 구속의 상황을 이해할 수 있는 좋은 예를 들어보자.

"당신이 그때그때 즉흥적으로 키스를 해주면 좋겠어."

하지만 당신이 어떻게 행동하든 상대는 불만족스러울 수밖에 없다. 당신이 키스를 하지 않아도 불만일 테고, 당신이 설사 키스를 한다 해도 그건 상대의 요구를 듣고 한 행동이기 때문에 즉흥적이지 않다고 반박할 것이다. 따라서 두 경우 모두 당신 잘못이 된다.

'이중 구속' 혹은 '더블 블라인드'는 심리 조종자들에게만 해당되는 얘기는 아니다. 우리도 의식하지 못한 채 이런 상황을 만들 때가 있다. 아내는 남편에게 열심히 일해서 돈을 '많이' 벌어오라고 하면서 정작 남편이 '너무' 늦게까지 일을 하면 얼굴을 볼 시간도 없다며 불평한다. 남편은 어느 장단에 춤을 춰야 할지 당황하게 된다. 어떤 메시지를 따라야 하는 걸까? 어떻게 행동하든 아내는 만족하지 못할 것이다. 남편이 알아서 '너무'와 '많이'의 한계를 정할 수밖에 없다. 문제는 그 균형점을 찾는 일일 것이다.

심리 조종자는 역설의 천재이기도 하다. 이중 구속은 종종 심리 조종자가 조종하려는 역설적인 과정의 일부일 때가 많다. 패트릭은 작은 호텔에서 야간 경비 일을 한다. 그는 몇 년 전부터 부부 사장의 말을 모두 들어야 했다. 그는 이중 구속에 관해 다음과 같이 얘기한다.

어느 화요일 저녁, 호텔 주인인 마르시알 씨가 나를 보러 와서는 혹시 일하다 무슨 소리를 듣지 않았냐고 물었어요. 거리 쪽 창문들이 온갖 낙서로 난리가 아니었던 거예요. 접수처에서는 그쪽 창문들이 보이지 않았기 때문에 나는 전혀 알 수가 없었죠. 그러고는 유리창이 얼마나 훼손되었는지 보려고 밖으로 나가 보니 그의 말대로 온통 낙서로 가득했어요. 마르시알 씨는 내게 다시 밤새 이상한 소리가 들리지 않았냐고 물었어요. 그제야 나는 그가 다른 생각이 있다는 걸 눈치채고는 대답했죠. "시릴 씨가 예전에 호텔에서 일할 때 사장님께서 그랬잖아요. 일하다 말고 밖에 나가지 않았으면 좋겠다고(시릴은 6개월 전에 야간 경비원으로 일을 하다 해고된 사람이었다. 호텔 사장은 그가 호텔 밖에 자주 나간다고 불평했다)."

패트릭은 사장이 항상 그런 식이라고, 아무것도 모르는 척하고 있지만 결국은 자신이 일하던 날 밤에 소동이 일어났음을 강조하려던 것이었다고 말했다. 하지만 패트릭이 근무하던 날 밤엔 밤새 아주 조용했고 사장은 주말에 호텔에 없었기 때문에 패트릭이 근무하던 날 밤 사건이 일어났다고 확신할 근거도 없다고 했다. 마르시알 씨는 그저 "자네가 일할 때 그런 일이 일어난 거요"라고 말함으로써 죄책감을 심어주려는 심사였던 것이다. 패트릭이 아무 소리도 못 들었다 해도 사장은 계속해서 뭔가 듣거나 보지 않았는지를 물었다. 그는 심지어 낙서하는 사람들을 보면 "어이, 여기서 그러지 말고 다른 데 가서 하시지"라고 말하라며 대응 방법을 알려주기까지 했다. 사장은 끝까지 자신의 생각을 굽히지 않고, 실제 어떤 일이 벌어졌는지 알기 위해 계속 말도 안 되는 소리를 떠들어댔다. 그에 따르면 3초도 걸리지 않았을 낙서 현장을 보기 위해 자리에서 일어나 문밖으로 나가야 했던 것이다. 마르시알 씨는 그에게 그렇게 행동해야 했다고 말하는 것이었다. 그는 그때 심리 조종자인 사장에게 두 가지 메시지를 전했다.

1. 시릴은 정당한 사유 없이 해고를 당했다(사실 시릴은 내부 사정을 너무 많이 알고 있었기에 마르시알에겐 불편한 존재였던 것이다).
2. 근무 중에 호텔 밖을 나가면 비난을 받을 거라는 사실을 알면서 어떤 선택을 해야 하는 걸까?
   - 거리로 나가본다. 어쩌면 누군가 낙서를 하고 있는 걸 목격

할 수 있다. 그러면 결국 일하는 중에 밖에 나갔다는 사장의
비난을 감수해야 한다.

- 마르시알 사장이 원하는 대로 자리에 그대로 남아 있는다.
이 경우 누가 낙서를 했는지 알 도리가 없다.

이러한 이중 구속의 상황에 놓이면 어떤 태도를 취하든 심리 조종
자는 당신을 비난할 것이다.

이러한 이중 구속의 상황은 패트릭이 마르시알 부부를 처음 대면
했을 때도 드러났다.

내가 호텔에서 일을 하기 시작한 지 한 달째 되었는데 여태 사장 부부와
는 전화로만 통화했어요. 사장 딸이 호텔에 오곤 했죠. 어느 날 저녁, 딸
이 남편과 함께 호텔에 왔어요. 마르시알 사장 부부를 로비에서 만나기
로 했거든요. 저도 그 사실을 알고 있었죠.

한 부부가 호텔에 들어와서는 접수처에 있는 나를 쳐다보지도 않고
곧바로 로비로 가는 거예요. 그 행동이 조금 이상하기도 했고 호텔 고객
도 아니라고 생각했기 때문에 나는 그들에게 방 번호를 물어보기 위해
다가갔죠. 그들이 딸에게 이야기를 하는 걸 보고 그제야 그들이 호텔 주
인이라는 걸 알게 되었어요. 호텔 주인이 드디어 모습을 드러낸 거예요.
4년이 지난 지금, 나는 그때 사장 부부가 '특공대원'처럼 등장해서 나를
테스트해보려 했다는 걸 자신 있게 말할 수 있어요. 접수처에 들르지 않
고 바로 호텔 로비로 들어가는 손님을 내가 어떻게 대하는지를 보고 싶

었던 거죠. 그러면서 동시에 만일 내가 호텔방 번호를 물으면 그들은 '우리가 이 호텔 주인이에요'라고 말하면서 보란 듯이 웃어버리려 했던 거예요. 그러면 나는 뭔가 잘못한 것 같은 생각에 당황하겠죠. 고용인이 호텔 주인에게 감히 이런 질문을 한다는 건 상상도 할 수 없으니까요.

실비는 심리 조종자였던 엄마가 독립적이지 않다며 자신을 비난했던 기억을 갖고 있다. 그런데 스물한 살이 되던 해에 그녀는 엄마에게 행선지를 알리지 않은 채 자동차를 몰고 친한 친구에게 간 적이 있었다. 그녀의 엄마는 친구에게 전화를 걸어 딸이 정말 그곳에 갔는지 물었다. 딸의 독자적인 행동을 받아들일 수 없었던 것이다. 실비가 평소보다 좀 늦게 집에 들어가면 "여기가 무슨 호텔이니"라며 비난했다. 우리는 이러한 사례를 통해 실비의 엄마가 상반된 두 개의 메시지를 전달하고 있다는 걸 알 수 있다. 어른처럼 독자적으로 행동할 줄 알아야 한다고 하면서 동시에 어린아이처럼 부모에게 행선지를 모두 보고해야 한다는 것이다. 스물한 살인 실비가 가족의 존재를 무시하지 않으면서 좀 더 자율적으로 행동하려는 것을 그녀의 엄마는 받아들이기 어려웠고, 잔인하고 배은망덕한 행동으로 취급했다.

심리 조종자는 자기만의 방식대로 상대가 아무런 잘못을 하지 않았는데도 잘못한 듯이 밀어붙여 도덕적 비난을 가하려고 한다. 잘못했다는 걸 애써 설득하려고 하면서 말이다. 마치 심리 조종자인 아버지가 자녀들에게 이렇게 말하는 것과 같다.

"너희들이 어디를 가기만 하면 네 엄마가 살이 찐다니까." 우리는 이에 대해 죄책감을 느낄 게 아니라 원인과 결과를 잘 따져볼 줄 알아야 한다. 심리 조종자가 원하는 대로 행동하면 상대를 조종하려는 그의 의도에 끌려가는 꼴이 되고 만다. 이중 구속의 상황을 잘 설명해 보여준 뒤 확실히 원하는 게 뭔지를 분명하게 물어봐야 한다. 심리 조종자가 한 번은 명확하게 자신의 의사를 밝히도록 해야 한다. 그렇다고 물론 그의 대답에 무조건 복종해야 한다는 의미는 아니다. 심리 조종자에게 문제의 부당함을 알리고 분명한 태도를 취하라고 요구할 수 있어야 한다는 것이다. 그러면서 우리를 마음대로 조정하려 들지 말라고 경고도 할 수 있다. 합리성이야말로 우리가 취해야 할 중요한 무기다. 심리 조종자에게 대항하기 위해 이를 어떻게 활용할지는 이 책의 마지막 장에서 다룰 예정이다.

심리 조종자와
책임감

포기

심리 조종자들은 종종 자신이 감당해야 할 (직업상 혹은 부모로서의) 특정한 역할이나 약속을 회피하거나 포기한다. 그러면서 자신의 책임을 타인이나 혹은 시스템(사회, 법, 기업, 상사 등등) 탓으로 돌린다. 겉모습과 달리 심리 조종자는 책임을 두려워한다.

셀린은 개인의 이익을 위해 결정권을 휘두르는 심리 조종자를 본 적이 있다. 셀린은 병원에서 수술 스케줄 조정과 감독 일을 한다. 첫 출근 날, 그녀는 수간호사인 마담 M과의 면담 약속이 있었다. 셀린은 다음과 같이 말했다.

혼자 병원 홀에 있었는데, 마담 M이 제게 왔어요. 당연히 저는 인사를 하려고 가까이 갔죠. 그런데 그녀가 나를 뚫어지게 볼 뿐 나를 알아보지 못하고 그냥 지나치는 거예요. 전날 분명히 면접까지 보았는데 말이죠. 그래서 좀 더 가까이 다가갔더니 장애물에 부딪치기라도 한 듯 나를 피해 곧바로 자기 사무실로 들어가 버리는 거예요(그때 그녀가 의도적으로 내 시선을 피하며 나를 완전히 무시하고 있다는 것을 알 수 있었죠). 나는 너무 당황해 인사과에 가서 혹시 채용이 취소된 게 아닌지 알아봐야겠다는 생각까지 하고 있었어요. 그런데 30분쯤 지나자 그녀가 아무 일도 없었다는 듯이 웃으면서 내게 다가와 "자, 제가 해야 할 일은 거의 끝냈으니, 당신이 이 일을 마저 해줬으면 해요"라고 말하더군요. 그러고는 "마담 K에게 당신 업무를 설명해주라고 말할게요. 제가 시간이 없어서요. 게다가 이미 이 일을 해보셨다니 별 문제는 없을 테고, 다들 당신이 경험이 많다고들 하더라고요."

마담 M은 팀의 새로운 책임자로 임명된 셀린에게 해당 작업을 설명해줄 의무가 있었다. 그런데 일이 많다는 핑계로 자기 일을 다른 동료에게 미루고, 셀린에게는 경험이 충분하니 혼자 알아서 하라고 말한 것이다. 얼마 지나지 않아 셀린은 마담 M이 자신의 업무를 책임지지 않는 사람임을 알아챌 수 있었다. 셀린이 한 달간 휴가를 보내고 온 날은 특히 더했다.

마담 M은 셀린에게 "시간이 없어서 그동안의 업무를 모두 보고할 순 없어요. 늦어도 4시에는 떠나야 하거든요"라고 말했다. 하지만 그녀는 그날 사무실에 남아 7시 30분까지 동료와 수다를 떨었다.

크리스마스 때가 되자 마담 M은 파티를 핑계로 일을 거르더니 셀린에게 아무 예고도 없이, 근무 시간조차 제대로 조정하지 않고 일을 맡긴 적이 있다. 크리스마스 날 독신인 직원은 쉬면서 정작 아이가 있는 직원은 나와 일을 하게 된 셈이다.

한 번은 셀린이 다음 수술 준비를 위해 뒤퐁 부인과의 예약 날짜를 정하려고 했다. 뒤퐁 부인은 그날 오후 1시에 비행기를 타야 했다.

마담 M은 셀린에게 "괜찮아요. 제가 쿼터 의사와 알아서 할게요. 저한테 예약 일을 맡아 하라고 해서 쿼터 의사를 기다리고 있어요."

이 말에 셀린은 "잘됐네요"라고 대답했다.

그런데 11시 30분이 되자 마담 M이 불쑥 나타나 "예약 일 좀 맡아줘요"라고 하고는 바로 사라져버리는 것이었다.

마담 M은 약속도 제대로 지키지 않았을 뿐만 아니라, 책임까지 전가한 셈이었다. 때로 그녀는 다른 팀원들에게는 알리지도 않은 채, 자기 이름이 아닌 다른 사람의 이름으로 글을 올리기도 했다.

이렇듯 심리 조종자들은 종종 책임을 회피하는 태도를 보인다. 때로는 인터뷰나 회의에 참석하지 않을 때도 있다.

회피

호의적이든 적대적이든 심리 조종자는 사람들과 직접 대면하는 걸 꺼린다. 그래야 회의나 연수에 참석하지 않아도 되고, 어떤 결정에 대해 자신의 입장을 드러내지 않아도 되며, 결과적으로 (갈등) 문제를 해결해야 한다는 책임감에서 자유로울 수 있기 때문이다.

심리 조종자는 회의, 연수, 저녁 약속은 물론, 다른 어떤 약속에 대해서도 자신의 의사를 분명히 밝히지 않는다. 항상 마지막 순간에 급한 일이 생겼다고 핑계를 대거나 제3자를 통해 불참 의사를 밝힌다. 시답잖은 변명을 늘어놓기도 한다. 자신을 가장 중요하게 생각하고 자신의 가치를 드러내는 일에만 열중하기 때문이다. 가령 "마담 E가 일이 많다며 앞으로 남은 모임에 참석하기 힘들다고 전해달래요. 사무실에 직원이 모자란다네요"와 같은 상황으로 불참 의사를 밝히는 마담 E처럼 말이다. 혹은 자신을 희생자로 만들기도 한다. "오! 어제는 일이 너무 많아서 저녁 모임에 가지 못했어요. 비서가 오늘 아침까지 마무리해야 할 서류를 한 아름 주고 가잖아요. 일을 다 끝내고 보니 밤 10시가 넘었지 뭐예요. 너무 지쳤고, 그때 가면 너무 늦을 것 같아서. 이해해주실 거죠?"

그렇다면, 심리 조종자는 괴로운 상황을 어떻게 모면할까?

1. 그런 자리에 참석하지 않는다.
2. 모임이 잡히면 초반에만 잠시 동석하고는 금세 자리를 뜬다. 혹은 연수 세미나도 첫날만 얼굴을 보이고, 다음 날부턴 오지 않는다.
3. 항상 늦게 나타나 다른 사람들을 기다리게 만든다.
4. 모임에 참석해 잠만 잔다(다른 참석자들에게 모욕감을 주면서).

5. 모임에 참석해도 그룹에서 진행되는 일에는 전혀 관심이 없다는 듯 옆 사람과 잡담만 한다.

6. 일을 나중으로 미룬다. "시간이 없어서", "잠 좀 자려고 그러니 날 좀 가만 내버려둬", "피곤해서 그래", "잠깐 기다려봐, 지금 라디오 듣고 있잖아"와 같은 핑계를 댄다. 아니면 문제 자체를 언급하지 않으려고 다른 변명을 늘어놓는다.

7. 자신이 직접 연관된 문제 상황도 해결하려고 하지 않는다. 예 컨대 회사 사장이면서도 다음과 같이 말하는 것이다. "자네 일에 관여하고 싶지 않네. 테일러 씨가 직접 나한테 그 얘기를 한 것도 아니고." 자기 고용인 중 한 명이 잘못해서 터진 갈등이기 때문이다.

8. 갑자기 하나의 주제에 대해 상대와 더 이상 얘기를 계속하고 싶어 하지 않는다. "당신하고는 소통이 안 돼요."

가로채기

심리 조종자는 다른 사람이 이루어낸 성과를 자기 것으로 가로채는 재주가 특출나다.

다음의 예는 심리 조종자들이 얼마나 뻔뻔한 반응을 보일 수 있는지를 보여준다.

패트릭은 자신이 일하는 호텔 부엌에서 개미가 많은 것을 보고는 끈끈이를 놓았다. 어느 날 저녁 그가 사장인 마르시알 씨와 단 둘이 있을 때 예전보다 개미가 훨씬 준 것 같다고 그에게 말했다. 그러자 사장이 대뜸 이렇게 말하는 것이었다.

"내가 개미 끈끈이를 갖다놓았는데, 그래서 훨씬 나아졌나 보군."

패트릭은 당황하면서 그걸 놓은 건 자기라고 말하지 않을 수 없었다. 그런데 정작 사장은 거짓말한 게 들통이 났는데도 천연덕스럽게 "아, 자네가 놓았나"라며 말을 바꾸었다. 며칠 후에도 냉방기 조절 문제로 비슷한 일이 있었다.

타인의 성과를 가로채는 행위가 항상 밝혀지는 것은 아니다. 언젠가 고객 서비스건으로 모 서비스 기업 창립자를 인터뷰한 적이 있다. 그녀는 인터뷰 내내 자신이 고객에게 직접 고안한 새로운 서비스를 제공하게 되어 무척 기쁘고, 고무적이라고 말했다. 그런데 그녀의 비서는 우연히 이 기사를 읽고 놀라지 않을 수 없었다. 자신이 혼자서 처음부터 끝까지 이 주목받는 서비스를 고안하고 추진했기 때문이었다. 사장은 서비스의 이름조차 알지 못했고, 당연히 인터뷰 내내 서비스의 업무 내용에 대해선 함구할 수밖에 없었다. 직접 그녀와의 통화를 원하는 고객이라도 생기면 이를 아주 교묘하게 피해갔다.

남에게 책임 돌리기

심리 조종자는 일이 뜻대로 진행되지 않을 때 그 책임을 타인에게 돌리는 재주가 뛰어나다. 바네사의 남편은 심리 조종자였는데, 그는 집에 사람들을 초대하는 걸 별로 좋아하지 않았다. 그러면서도 친구들한테는 바네사가 격주로 주말에 일을 하고, 업무시간도 복잡해 친구들을 초대하고 싶어도 그럴 수가 없다며 투덜거렸다. 사실 그는 여러 차례 초대를 받았기 때문에 이번에는 자신이 초대할 차례였는데도 차일피일 미루었던 것이다.

심리 조종자는 친구를 제멋대로 조종할 수 없다는 사실을 깨닫게 되면 "누가 널 화나게 만들었는데"라고 다그칠 수 있다. 친구가 생각을 바꿔 심리 조종자가 요구한 것을 거절해도 그는 친구가 자신의 의지로 거절할 수 있다는 사실을 인정하지 못하는 것이다.

다음의 예도 흥미롭다. 올리비에는 삼촌의 트랙터가 땅에 박히는 걸 보고 삼촌을 도우려고 했다. 그런데 문제는 트랙터가 꼼짝도 하지 않는 것이었다. 근처에 나뭇가지를 찾아도 보이지 않자 낡은 타이어로 트랙터를 꺼내보자고 삼촌에게 제안했다. 삼촌이 그러자고 하고는 트랙터에 올라타 움직여보려고 했다. 그때 갑자기 트랙터 타이어의 밸브가 빠져버렸다. 삼촌은 버럭 화를 냈다.

"세상에! 어떻게 이런 생각을 할 수 있지? 타이어를 가지고 뭘 할 수 있다고. 이것 좀 보라고. 완전 엉망이 되어버렸잖아. 참내."

삼촌은 끊임없이 조카가 바보 같은 제안을 했다면서 투덜거렸다. 자신이 조카의 제안을 거절할 수도 있었다는 사실은 언급조차 하지 않았다. 올리비에는 죄책감이 들어 수리비를 부담하겠다고 말하고 싶을 정도였다.

결정 유보

심리 조종자는 회의 자리에서 어떤 사안을 결정할 때 자신의 의견을 말하지 않고 뒤로 물러서는 경향이 있다. 그래야 책임을 회피할 수 있기 때문이다. "잘 모르겠어요", "원하는 대로 하세요", "당신이 뭘 하고 싶은지는 당신이 더 잘 알고 있을 거 아니에요", "내가 늘 당신 대신 결정을 내려야 하는 건 아니잖아요", "당신도 나만큼 충분히 결정을 잘할 수 있잖아요"라고 말하거나 아예 입을 다물고 조용히 지켜본다. 그러다 어떤 결정으로 일이 복잡해지거나 문제가 될 것 같으면 재빨리 책임을 회피한다. "그건 당신이 전문가니 당연히 심사숙고해서 결정했어야죠"라며 상대를 폄하하거나, "결정하기 전에 그 정도는 이미 알고 있었어야죠"라며 비난한다. 혹은 "내가 그렇게 힘들여서 고안한 계획인데 당신 때문에 완전히 엉망이 되었군. 제일 중요한 고객을 잃어버렸으니"라고 말할 수도 있다. 하지만 정작 일을 같이 한 동료들은 이번 일의 책임자인 그가 자신들의 요청에 적절히 응하지 않았다는 사실을 잘 알고 있다. 심리 조종자는 회의나 급한 일을 핑계로 어려운 문제를 해결해야 할 때 충분히 시간을 들이지 않았고, 그 때문에 동료들이 필요한 정보를 제때 받을 수 없었던 것이다. 게다가 동료들에게는 일을 추진하기 위해 필요한 결정 권한도 없었다.

상사가 심리 조종자인 경우 심한 스트레스에 시달릴 수 있다. 어떤 일을 계속해야 되는 건지, 아닌지 늘 불확실하고, 끊임없이 자신의 능력을 의심하게 된다. 다시 말해 이중 구속 상태에 놓인다. 만일 우리가 심리 조종자 대신 어떤 일을 결정하지 않으면 일 진행이 늦춰진 게 우리 잘못이 되고, 결국 무능력하다는 평가를 받을 위험이 있다. 그렇다고 일을 혼자 결정해 추진한 결과가 좋지 않아도 역시 우리 탓이 된다. 아울러 심리 조종자로서는 상대의 무능력을 입증할 절호의 기회를 갖게 되는 셈이다. 우리가 결정 권한을 가지고 있는 것도 아닌데, 혼란스러운 상황이 아닐 수 없다.

아내가 심리 조종자인 남편의 예를 들어보자. 남편이 운전하면서 조수석에 앉은 아내에게 지도를 보고 길을 봐달라고 부탁했다. 그 부인은 다음과 같이 답했다.

"나도 몰라. 당신이 알지, 내가 어떻게 알아. 당신, 이 길 잘 몰라?"

남편이 좌회전을 했는데 잘못된 길이었다. 그러자 아내가 큰 소리로 남편을 나무랐다.

"아! 이 길이 아닐 줄 알았다니까. 그냥 조용히 있는 게 좋을 것 같아 입을 다물었는데. 내가 뭐라고 하면 또 내 잘못이라고 할 테니까. 그런데 이번에도 내가 옳았네."

남편은 아내의 이런 말투를 백 번도 더 들어왔다.

심리 조종자는 결정 과정 자체를 방해하기도 한다. 그는 자기만 알고 있는 정보를 필요한 사람에게 알려주지 않는다. 어떤 문제에 대해서도 자신의 의사를 분명히 밝히지 않은 채 질문도 하지 않고 사람을 만나는 것도 피한다. 그가 같은 팀원이면 우리의 일처리가 형편없어 자기가 얼마나 고생하는지를 늘어놓을 것이다. 상황이 복잡혀진 책임을 모두 남에게 돌리는 것이다(비록 자신이 그런 결정을 하도록 강력하게 추진했다 해도). 심리 조종자는 우리가 어릴 때부터 믿고 있던 신념들을 활용하면서 혹시 실수라도 저지르면 책임감을 느끼게 만들려고 애쓴다. 우리 스스로 그런 결정을 하지 말았어야 했다고 후회하게 만들고, 바보 같은 행동이었다며 자책하게 만든다. 심리 조종자는 마치 자신은 진실만을 얘기하는 척하면서 우리를 끊임없이 불편하게 만든다. 결국 우리는 심한 죄책감을 느끼면서 자신의 무능력을 탓하게 된다. 물론 상황을 성찰하면서 자연스럽게 이런 생각을 할 수도 있지만 심리 조종자로 인해 문제가 더욱 심각해질 수 있다.

심리 조종자에게 대항할 수 있으려면 우리의 신념들을 되돌아보아야 한다. 책임감과 죄책감에 대해 생각을 정리해보아야 한다. 그렇지 않으면 심리 조종자의 공격에 아무런 반격도 못하고 당할 수 있다. 자신에 대한 생각들은 합리적이지 못할 때가 많다. 하지만 우리는 오래전부터 그렇게 믿고 있었기 때문에 어떤 사실을 객관적으로 바라보지 못할 수 있다. 심리 조종자로부터 스스로를 보호하려면 우리의 사고를 재정립할 필요가 있다. 심리 조종자는 자신이 원하는 대로 현실을 뒤바꾸는 탁월한 능력을 지니고 있다. 만일 우리가 올바르게 이를 파악하고 있지 못하면 그는 아주 쉽게 우리의 약한 점을 파고들어 자신의 생각을 관철시키고 우리를 불안하게 만들 수 있다.

중계자 활용

어떤 일에 대한 책임을 지지 않으려면 그 일과 관련된 사람들과 거리를 두면 그만이다. 심리 조종자는 이런 원리를 잘 알고 있기 때문에 필요한 정보를 얻거나 우리의 도움이 필요할 때면 우리를 직접 만나지 않고 중계자(물질적인 것일 수도 있고, 사람이 될 수도 있다)를 활용한다.

예를 들어 심리 조종자는 상대에게 어떤 일을 부탁할 때면 책상에 포스트 잇 같은 메모지를 붙여서 요구한다. 방금 전까지 같이 있었기에 얼마든지 직접 부탁할 수 있었는데도 말이다. 그렇게 함으로써 상대에게 반박할 기회를 주지 않는 것이다. 여러 멤버들 간에 효율적인 의사 소통을 위해 이런 방법을 사용하는 것과는 차원이 다르다.

베르나데트는 몇 주째 집에서 친구와 함께 지내고 있었다. 그 친구(심리 조종자)는 일자리와 함께 살 집도 찾고 있는 중이었다. 베르나데트는 같이 지내는 게 많이 불편했기 때문에 빨리 친구가 다른 곳으로 가주기만을 바라고 있었다. 마침내 친구는 방을 구해 나가게 되었고 둘은 떠나기 전날 같이 저녁을 먹었다. 친구는 새벽 기차로 떠날 예정이었고 베르나데트한테 불편을 끼치지 않겠다며 혼자 역에 가겠다고 했다. 다음 날 아침, 베르나데트는 거실에서 메모지 하나를 발견했다. 친구가 남긴 쪽지였다. 쪽지에는 고맙다는 메시지와 함께 "이달 10일에 다시 오는데, 너희 집에서 지내도 되니?"라는 문구가 적혀 있었다. 베르나데트는 친구의 전화번호를 알지 못했기 때문에 그 요청을 거절할 도리가 없었다. 어쩔 수 없이 친구를 다시 집으로 들일 수밖에 없었다. 그러자면 스케줄까지 바꿔야 할 판이다. 이렇듯 심리 조종자인 그 친구는 부탁을 하면서 상대방이 거절할 가능성을 아예 차단해버린 것이다.

심리 조종자들은 일반적으로 상대와 직접 얼굴을 대면하는 것보다 전화로 얘기하는 것을 더 선호한다. 반면 대부분의 사람들은 전화로 얘기하는 걸 오히려 더 불편해하며, 오래 고민하지 않고 답을 얘기하는 경향이 있다. 심리 조종자가 가장 자주 활용하는 중계자는 직장 동료, 배우자, 친구 혹은 가족이다. 이때 메시지를 전달하는 사람은 자신도 모르게 메시지의 '책임자'가 되곤 한다. 중계자는 조종자의 메시지를 보증하는 역할을 한다. 심리 조종자는 중계자를 내세움으로써 자신은 책임을 피하고 상대방은 요구를 거절할 수 없게 만든다. 패트릭의 예를 살펴보자.

패트릭은 앞에서 언급했듯이 마르시알 부부(둘 다 심리 조종자)의 호텔 직원이다. 패트릭은 마르시알 사장에게 여름 휴가 날짜를 알렸는데, 사장은 좀 더 살펴보겠다며 이틀 뒤에 만나자고 했다. 이틀 뒤 사장은 편지만 한 장 남기고 직접 만나러 오진 않았다. 휴가 일정은 문제될 게 없다고 적혀 있었다. 그런데 패트릭은 곧 자신이 공휴일 이틀 동안 근무했던 것에 대해 사장이 임금을 지불하지 않았음을 깨달았다. 하지만 사장을 만나기가 여의치 않았다. 이 문제는 사장이 직원들과 직접 만나 해결하기를 꺼리는 논쟁거리 중 하나였다.

사장은 종종 이런 방법을 활용했다. 게다가 휴가 결정 사안은 그다지 생각해볼 여지도 없는 일인데 사장은 시간을 최대한 끌었다. 비행기 티켓을 미리 예약하면 훨씬 저렴하게 살 수 있다는 것까지 너무 잘 알고 있으면서 말이다.

심리 조종자와
의사소통

심리치료 상담을 진행하다 보면 심리 조종자에 대해 종종 다음과 같이 말하는 걸 들을 수 있다. "그 사람하고는 소통하기가 어려워요", "왠지 그 사람의 말은 명확하질 않아요. 하나부터 열까지 다 미루어 짐작해야 하고", "말장난도 심하고 때로는 사실을 왜곡하기도 해요. 정서도 많이 불안정하고요", "애매모호하게 의사표현을 해놓고는 나중에 내가 제대로 못 알아들은 거라고 우겨요."

심리 조종자는 좀처럼 상대와 눈을 맞추고 얘기하는 법이 없다. 또한 자신의 감정이나 의견을 명확하게 표현하지 않는다. 그런데도 왠지 그는 자신이 무엇을 원하는지, 세상 돌아가는 일에 대해 어떻게 생각하는지, 주위 사람들을 어떻게 평가하는지를 끊임없이 얘기하는 것처럼 보인다('수줍음이 많은' 심리 조종자는 예외다). 심리 조종자와 대화를 할 때면 대부분의 시간 동안 우리는 그가 전하는 메시지의 언어적 표현은 물론 비언어적인 표현(목소리의 톤, 몸짓, 눈길, 태도, 등)을 열심히 '해석'하느라 바쁘단 사실을 깨닫게 된다. 이때 우리는 그를 잘 알고 있거나 이미 여러 차례 만났기 때문에 비언어적인 표현만으로도 그가 무슨 말을 하려는지 충분히 짐작할 수 있다. 예를 들어, 그가 며칠째 불만스러운 표정을 지으며 말을 하지 않을 때면 상대에게 죄책감을 심어주기 위한 것이라는 걸 잘 알 수 있다.

심리 조종자는 또한 상대의 말을 귀담아 듣지 않는다. 물론 일부러 흘려듣는 척해서 자신이 원하는 것을 얻으려 하는 경우도 있지만 이와는 다르다. 그는 자신의 생각이 보편적인 생각인 양 포장해 말한다. 얼핏 보면 그의 말이 논리적인 듯 보여도 대부분 잘못된 신념이나 개념에 근거를 둔 경우가 많다. 일단 그가 주장하기 시작하면 우리는 그의 말에 허점이 많다는 사실도 잊은 채 종종 무의미한 논쟁에 휘말린다. 그러면서 겉으로는 문제가 없어 보일지 몰라도 진정한 의미의 의사소통이 불가능하기 때문에 심한 불편을 겪게 된다.

불투명

먼저 올바른 의사소통의 기준을 정의한 다음, 그와 반대되는 잘못된 의사소통의 메커니즘을 알아보자.

발신자는 'A'라는 의도를 가지고 메시지를 수신자에게 전달한다. 발신자는 수신자가 자신의 의도 'A'를 올바르게 이해할 수 있도록 행동한다. 다시 말해, 의사소통의 첫 단계에서는 발신자가 메시지를 어떻게 표현해 전달하느냐가 매우 중요하다. 메시지는 주로 단어나 문장의 형태인 언어적 표현으로 전달되지만 때로 목소리의 톤, 몸짓, 시선 등 비언어적인 표현으로도 전달될 수 있다. 메시지는 단어들의 조합과 그 의미에 따라 이해되고 전달된다. 메시지의 의도는 항상 발신자의 내면이나 정신적인 면과 관련이 있다. 예를 들어, 메시지는 A라는 의도를 담고 있는데, 받아들인 메시지가 B인 이유는 발신자가 '간섭했기' 때문이다. '통신방해'라 불리는 이러한 '간섭 행위'는 불안감, 지나친 감정, 이전의 경험들, 편견, 문화, 불분명한 태도 같은 것 때문에 나타난다. 발신자가 이러한 불순물을 통제할 수 있어야 수신자에게 정확한 메시지를 표현할 수 있고, 수신자는 수신자대로 'A'라는 의도를 제대로 전달받을 수 있다.

이처럼 발신자의 의도와 수신자가 이해한 내용이 일치해야 올바른 의사소통이 이루어진다. 잘못된 의사소통은 발신자(이 경우는 우리가 앞서 본 것처럼 심리 조종자의 경우)나, 수신자(제대로 상대의 말을 듣지 않고 메시지를 해석하거나 편견을 갖는 경우) 어느 한쪽 때문이거나 쌍방의 잘못으로 생길 수 있다. 불명확한 메시지는 해석의 여지를 많이 남긴다. 의도가 제대로 표현되지 못한 경우를 살펴보자. 소통을 거부하는 것 또한 소통의 한 방식이다(아예 말을 하지 않거나 대답을 회피한다). 수신자는 이러한 의사소통을 '해석'해야 한다. 심리 조종자는 실제로 의도적으로 침묵할 때가 있다. 특히 회의에서 명확한 입장을 취하지 않으려고 침묵한다. 나중에 일어날 수 있는 피해를 책임지지 않으려고 결정 사안을 다른 사람들에게 떠넘긴다. 결과가 긍정적이면 "그것 보세요. 기다리지 않고 결정하길 잘했죠. 우리가 성공할 거라는 걸 잘 알고 있었어요"라고 말하며 사안에 암묵적으로 동의했기 때문에 입을 다물고 있었다는 인상을 준다. 자신의 의견을 분명히 밝히지 않거나 아예 침묵함으로써 언제든 자신의 행동을 유리하게 '해석'할 수 있다.

우리가 전달하려는 의도와 상대가 받아들인 것이 일치해야 올바른 의사소통이 이루어지는데, 그러려면 무엇보다 전달하려는 메시지를 분명히 밝혀야 한다. 그래야 상대가 다른 의문을 갖지 않는다. 누가, 언제, 어디서, 무엇을, 어떻게, 얼마나 등에 대해 명확하게 언급하는 것이 중요하다. 때로는 동료나 부하 직원에게 그것을 왜 요구하는지 명확하게 설명하고, 필요한 정보를 전달해야 한다. 그래야 효율적으로 자신의 의도를 충분히 이해시킬 수 있다. 정보가 부족하면 여러 의문이 생길 수 있다. "좋다고, 그런데 그걸 어디서 찾을 수 있지?", "오늘 오후 정확히 몇 시에 그게 필요하시죠?", "강의실을 준비하려면 몇 사람이 필요하죠?", "어떤 아들 얘기를 하는 거죠?" 의문 나는 점들을 자세히 물어야 잘못된 해석을 피할 수 있다. 좀 더 상대를 효율적으로 이해시키려면 질문을 명확하게 해야 한다. 명확하게 요구할 수 있어야 자유롭게 올바른 결정을 할 수 있다.

반면 심리 조종자들은 의도를 불분명하게 표현하고, 상대가 명확하게 표현한 것조차 잘못 받아들이고는 오히려 화를 낸다. 특히 심리 조종은 불분명한 분야에서 흔히 일어난다. 상대가 추가 정보를 요구하면 심리 조종자는 왜 그런 바보 같은 질문을 하냐며 마치 당연한 걸 물어본다는 식으로 삐딱한 태도를 보인다.

때로는 상대의 '관심'을 끌기 위해 정보를 다 밝히지 않고 일부만 줄 때도 있다. 프레드릭은 10년 동안 연락 한 번 없었던 옛 동료로부터 불쑥 전화를 받았다. 그 친구는 파리에 올 일이 있는데, 한 번 만날 수 있느냐고 물었다. 그러면서 슬쩍 괜찮은 일자리가 있다는 정보를 흘린다. 프레데릭은 무슨 일인지 궁금했지만 전화로는 자세히 알 수 없었다. 그런데 그는 만나서도 '사업'이라는 말만 되풀이할 뿐 명확하게 설명하지 않았다. 너무 궁금해진 프레데릭은 옛 동료가 가고 싶어 하는 곳들을 열심히 안내해주었다. 그는 처음에는 '사업'과 연관된 사람들을 만나는 거라고 둘러대다 나중에서야 자신의 목적을 드러냈다. 다단계 판매 책임자였던 그는 프레데릭을 피라미드 다단계 판매에 끌어들이려 했던 것이다.

이런 사람들이 '사업'이라는 이름으로 접근하며 회원을 모집하는 방식은 매우 흥미롭다. "우리는 온전히 당신을 위해 이렇게 연락하는 것입니다"라는 말을 듣고 프레데릭은 한참을 주춤하다 불안한 마음에 이 '사업'에 발을 들이지 않기로 결심했다.

의도적으로 명확한 설명을 회피한 또 다른 예를 살펴보자.

마르시알 씨(호텔 사장인 그는 심리 조종자다)는 호텔 직원인 패트릭에게 서류가 필요하다면서 사물함 열쇠를 가져오라고 했다. 마르시알 씨는 좀처럼 그 사물함을 여는 법이 없었다. 열쇠는 자신이 가지고 있거나 여러 군데에 놔둘 때도 있었다. 패트릭이 물었다.

"열쇠가 어디 있죠?"

"제자리에 있겠지(불분명한 답)."

"어디 있는지 모르겠는데요."

"패트릭, 자네가 우리 호텔에서 일한 지 얼마나 됐지?(상대에게 죄책감을 강요하면서 슬쩍 주제를 바꾼다)"

"사장님께서 열쇠를 만지지 말라고 해서 한 번도 사용한 적이 없는데요."

"그렇다 해도 어디에 있는지 정도는 이제 알고 있어야 하는 거 아닌가?(이중 구속)"

마르시알 씨는 그제야 아무 말 없이 서랍을 열어 열쇠를 꺼낸다.

마르시알은 그때까지 비밀리에 부쳤던 사안에 대해 알지 못한다고 나무라는데, 이게 바로 이중 구속이다(열쇠를 숨겨둔 곳을 알면 안 된다고 하면서 동시에 그게 어디에 있는지 알고 있어야 한다는 완전히 상반된 메시지를 전달하고 있다).

심리 조종자는 왜 종종 모호한 행동을 취하는 걸까?

- 자신의 행위를 감추고, 나중에라도 이 일로 공격당하는 상황을 피하기 위해.
- 권위를 내세우기 위해. 그렇게 함으로써 자신이 상대보다 더 많은 것을 알고 있다고 믿게 하기 위해.
- 언제든지 자기 의견을 바꾸고, 해석의 여지를 남기기 위해.
- 상대가 잘못 알고 있을 경우, 깎아내리기 위해.

- 책임을 지지 않기 위해.
- 알 수 없는 모호한 태도로 유혹하기 위해(때로 상대에게 환상을 심어준다).

그들은 어떻게 행동하는가?

1. 심리 조종자는 자신의 생각을 명확하게 밝히지 않고 말도 대충 얼버무린다. 항상 상대가 미루어 짐작하게 하거나 추측하게 만든다. 상대가 심리 조종자의 생각을 큰 소리로 표현하면 그제야 절대 그런 식으로 말한 게 아니라며 반박한다. 영화 〈이상한 사건〉의 한 장면을 예로 들어보자.

부장이 회계 부서 사람들을 백화점에 새로 부임한 사장(심리 조종자)에게 소개를 한다.

"회계부 직원들인 조세 씨, 마담 디투, 마담 라마르크입니다."

"회계 부서에서 일하는 분이 세 분인가요?" 사장은 의아하다는 듯 묻는다. 다른 말은 덧붙이지 않는다.

왜 이런 질문을 하는 걸까? 인원이 너무 많다는 건가 아니면 너무 적다는 건가? 누구도 사장이 왜 그런 질문을 했는지 몰라 아무 대답을 할 수 없었다.

2. 심리 조종자는 여러 해석이 가능한 모호한 문장을 사용한다.

"너희 남편, 요즘 좀 이상한 것 같지 않니?"

"이상하다고? 뭐가?"

"이상하지! 어떻게 말해야 할지…뭐랄까…. 어쨌든 이상하다니까."

"아니, 그런 것 같지 않은데."

"너야 모를 수도 있지…."

'이상하다'는 말이 내포하고 있는 모호함 때문에 처음에는 궁금증이 인다. 그러다 두 번째 단계에 이르러도 여전히 메시지가 모호하면 상대는 불편해지고 심지어 불안감마저 느끼게 된다. '말하지 않은 것'에 왠지 부정적인 메시지가 숨겨져 있는 것 같아 불안해지는 것이다. 이때부터 의심이 가는 사람에 대해 계속 관찰하게 된다(상대가 남편, 동료, 혹은 친구일 수도 있었다). 하지만 이런 의도를 가지고 보게 되면 어떻게든 이상한 면이나 잘못을 찾아내려고 애쓰게 마련이다. 이처럼 심리 조종자는 사람들 사이에 불화를 일으킬 수 있다.

실비는 어릴 적 친구를 몇 달째 만나지 못했다. 실비는 엄마에게 친구 얘기를 하면서 걱정이 된다고 말했다(그녀의 엄마는 심리 조종자 테스트 항목 30개 중 29개의 특성을 보였다).

"요즘 아네스가 왜 자주 나를 보러 오지 않는지 모르겠어요. 만나려고도 하지 않고 전화로만 얘기하려고 하니."

"네가 그 친구에게 어떻게 했기에…."

심리 조종자인 엄마는 억양이나 눈빛 혹은 태도로 자신이 마치 무언가를 잘 알고 있는 듯 행동한다. 그녀는 모호하게 표현함으로써 딸에게 죄책감을 심어준다. 실비는 심리 조종자인 엄마가 얼마든지 이유를 갖다댈 수 있음을 전혀 눈치채지 못한다. 실비는 이 문제로 몇 달을 끙끙거리다 친구에게 물어보았는데, 친구가 섭섭함이나 적대감 때문이 아니라 단지 회사일이 바빴기 때문에 연락하지 못했음을 알게 되었다. 매번 출장을 가는 바람에 자주 찾아올 수 없었다고 했다. 실비는 엄마의 말에 조금 걱정은 되었지만 심각하게 고민하진 않았다고 했다. 20년간의 우정이 단번에 사라지는 건 아니라고 생각했기 때문이다.

하지만 엄마가 마음대로 해석을 덧붙이며 개입하기 시작하면 불안지수가 20%를 넘어 90%까지 치솟았다고 했다. 심리 조종자가 개입함으로써 위로를 받는 게 아니라 오히려 불안감이 증폭된 것이다. 만일 이를 사실대로 얘기하면 실비의 엄마는 바로 자신을 방어하고 나설 것이다. "그때 내가 그런 의심이 든다고 했지, 꼭 그렇다고 했나?"라고.

심리 조종자는 자신의 의견을 모호하게 표현함으로써 언제든지 책임을 모면할 수 있다. 누군가 조금만 반박해도 그는 곧바로 입장을 바꿔 언제 그랬냐는 듯 행동한다. 따라서 희생자가 왜 그 당시 불안해했는지 일일이 설명하는 일은 매우 어렵다.

앞에서 언급한 백화점의 총 책임자의 예를 살펴보자. 그는 직원인 루이와 그의 아내에게 이렇게 말했다.

"사장 : 아이가 있어요?"

"여자 : 네."

"사장 : 자녀가 있으니 다행이에요. 언제 무슨 일이 있어날지 모르니 말이에요."

루이와 그의 부인은 사장의 말뜻을 잘 알아들을 수 없었기에 불안한 눈길로 서로를 바라보았다.

3. 심리 조종자는 상대가 특정 분야를 잘 알지 못하는 걸 이용하기 위해 때로 전문 용어를 사용하곤 한다(관심 분야나 직업 자체가 서로 다를 수 있기 때문에 얼마든지 가능하다). 그는 때로 고유명사, 장소, 전문 기호, 복잡한 의학 용어, 혹은 전문적인 내용을 언급하면서도 이에 대해 잘 설명해주진 않는다. 심리 조종자는 상대가 자신의 말을 잘 알아듣지 못하길 원한다. 그래야 자신이 유식하고 똑똑한 사람이라는 인상을 줄 수 있기 때문이다. 자기 혼자만 알아듣는 말을 중얼거릴 때도 많다.

만일 그가 언급한 '그 유명한 헤라클레이토스' 혹은 '1682년'이 무엇을 의미하는지 자세히 말해달라며 대화에 끼어들면 그는 어떻게 그런 걸 모르냐며 공개적으로 놀라움을 표시할 것이다.

"헤라클레이토스를 모르세요?"

"모르는데요."

"모른다고요?"

"네. 몰라요."

"헤라클레이토스에 대해 한 번도 들어본 적이 없어요?"

"뭐, 한 번쯤은 들어봤겠지만 별로 신경을 쓰지 않아서."

"어쨌든 의외네요."

"…."

"하긴 학교에서 제대로 배우는 게 없긴 하죠. 헤라클레이토스는 B.C. 500년 전에 살았던 위대한 철학자예요. 소크라테스만큼이나 유명했죠."

그 말은 당연히 우리가 헤라클레이토스쯤은 알고 있어야 한다는 걸 의미한다. 이 대화가 공개적으로 진행된다면 그 여파는 더 클 수밖에 없다.

그렇다고 이때 우리가 화를 낼 필요는 없다. 얼마든지 헤라클레이토스를 모를 수 있는데도 그는 당연히 알아야 할 것쯤으로 몰아세우려 한다. 겉으로는 사회의 교육 시스템 운운하지만 사실 개인의 자질을 문제 삼는 것이다.

사람들은 대개 공개적으로 질문하는 것을 꺼린다. 그런데도 질문하는 사람이 하나도 없으면 마치 나만 빼고 다들 설명을 이해하고 있는 걸로 생각하기 쉽다. 사실 극히 적은 사람들만이 추상적인 개념이 넘치는 세미나, 기사, 혹은 책들을 끝까지 따라가며 이해할 수 있다. 언젠가 나는 연수 참가자나 병원의 환자들에게 책을 주며 요약해보라고 하고는 그들의 반응을 살펴본 적이 있다(먼저 이 책을 매우 진지한 톤으로 읽어주었다). 책 제목이 흥미로워 인터넷으로 주문해서 읽었는데, 내용이 기대했던 것과 달라 몹시 실망스럽고, 불쾌하기까지 했다. 무엇보다 책 내용이 이해할 수 없을 정도로 너무 어려웠다. 문장 하나하나가 수수께끼 같았다. 나는 책의 일부를 읽어주고는 이게 뜻하는 바가 뭔지를 물었다. 대부분의 사람들은 책 내용을 전혀 이해할 수 없어 자신이 바보라도 된 양 머리를 쥐어뜯고 있었다. 그들은 저자의 능력은 문제 삼지 않고 단지 자신들의 이해력이 부족한 탓이라고만 생각하고 있었다. 이를 통해 우리는 현학적인 언어를 사용하면 누구라도 쉽게 상대를 곤경에 빠트릴 수 있다는 걸 알 수 있다. 게다가 우리들 대부분은 똑똑하고 박식한 상대방에게 불편함을 느끼는 동시에 매혹당하고 만다.

한 번은 연극과 교수가 자신의 지위를 활용해 20살에서 32살인 자기 과 학생들에게 '면박'을 준 일이 있다. 그 교수는 다분히 심리 조종자의 특성을 지니고 있었다. 학생들에게 담배 심부름도 시키고, 때로는 음료수를 사오라고도 했다. 이 장의 주제와 관련된 대화 내용을 살펴보자.

교수가 수업 시작 전에 한 신입생에게 말을 걸었다.

"카프리스 하나 갖다주시죠?"

"카프리스요?"

"네. 카프리스요."

"카프리스 드 디유(치즈 상표), 카프리스…. 어떤 카프리스를 말씀하시는 건지요?"

"카프리스가 뭔지 모른다고요?

"네."

"자, 그럼 그게 뭔지 볼까요?"

그러고서 그는 다른 학생들을 향해 묻는다.

"자, 『카프리스』가 누구의 작품이죠?"

아무도 대답하지 않는다.

"누가 『카프리스』를 썼는지 모른다고요? 이미 다 배웠는데, 알프레드 뭐세죠!"

그는 그러면서 좀 전의 그 학생을 돌아보며 유감스럽다는 표정으로 다시 반복해 말한다.

"아직까지 몰랐다고 하니…, 다시 말하지만 바로 알프레드 뭐세예요."

그러자 학생이 밝게 웃으며 조용히 대답했다.

"방금 선생님 덕분에 알프레드 뭐세가 『카프리스』를 썼다는 것도 알게 되었네요. 그런데 제가 이 과에 들어온 이유가 바로 모르는 걸 배우기 위해서입니다."

위의 모호한 문장을 자세히 살펴보자. 교수는 먼저 학생에게 "그것을 가져오세요"라고 얘기한 다음 곧바로 "카프리스"라고 덧붙였다. '그것'은 얼마든지 유명한 치즈일 수도 있고, 지금은 찾아보기 힘든 옛날 복장을 뜻할 수도 있다. 왜 그는 분명하게 "알프레드 뭐세의 작품인 『카프리스』 텍스트를 가져오세요"라고 하지 않았을까. 이렇게 분명히 요구하면 학생에게 면박을 줄 수 없기 때문이다. 교수는 자신의 존재감을 드러내기 위해 나머지 25명을 평가 절하한 것이다. 속으로는 은근히 그들이 모르고 있기를 바라면서, 겉으로는 학생들에게 알아야 할 것을 모른다며 면박을 준 것이다. 하지만 여기서 신입생은 교수에게 분명히 자신의 의견을 밝혔다. 학생들이 처음부터 모든 걸 다 알 수는 없으며, 모르는 것들을 배우기 위해 학교에 다니는 거라고.

심리 조종자는 왜 대화할 때 상대에게 정확한 정보를 제공하지 않는 걸까? 과연 누구를 위한 걸까?

우회해서 제안하기

심리 조종자는 자신의 요구를 분명히 밝히지 않는다. 대충 얼버무려 거절하기 어렵게 만든다.

"이번 주말 뭐해?"

"아직 잘 모르겠는데."

"잘됐다! 이번 주말에 이사를 하는데 좀 도와줬으면 해서."

다른 예를 들어보자.

심리 조종자가 언니에게 묻는다.

"토요일 아침에 자동차 쓸 거야?"

"아니, 안 쓸 거 같은데."

"잘됐다. 내가 써도 되지?"

"그건 좀…. 슈퍼에 장보러 갈지도 모르는데."

"잘됐네. 나도 한 달치 장을 봐야 하거든. 아이 자전거도 사고, 아이가 언니네 자전거를 본 이후로 계속 사달라고 조르잖아. 언니도 알지? 내가 거절을 잘 못한다는 거. 지난 주 내내 날 들들 볶더라니까. 자전거를 사줘야겠어. 내 말 무슨 뜻인지 알지?"

"그래."

"그러니까 괜찮다면 같이 장에 가자. 그럼 간단히 해결되니까. 나 데리러 올래?"

"…."

그는 부탁이 아니라 명령을 하고 있다. 그것도 아주 교묘한 방법으로. 처음에는 질문을 하는 듯 접근하지만 상대는 이미 뭔가 부탁할 거리가 있다는 걸 감지한다. 그런데 우리도 친구를 저녁에 초대하고 싶을 때 보통 이렇게 분명하지 않게 물어보곤 한다.

"이번 토요일 저녁에 뭐해?

"특별한 거 없는데."

"잘됐다. 우리 집에 저녁 먹으러 올래?"

보통 '이번 토요일 저녁에 뭐해요?'라는 질문만으로도 상대가 저녁 초대를 하고 있음을 쉽게 짐작할 수 있다. 물론 이때 상대를 조종하려는 의도는 없다. 토요일 저녁에 특별히 할 일이 없다고 해서 반드시 저녁을 먹으러 와야 하는 건 아니다. 얼마든지 정중하게 거절할 수 있다. 그런데 좀 전의 예에서 볼 수 있듯이 복잡해지려면 얼마든지 일이 복잡해질 수 있다. 따라서 이럴 때는 우회하지 말고 곧바로 물어보는 것이 바람직하다.

"이번 토요일 저녁에 우리 집에서 저녁을 같이 했으면 해요. 다른 친구 부부도 오기로 했고, 혹시 시간이 괜찮으면 올래요?"

혹은,

"여보세요? 나 조르주인데. 마틴하고 내가 너희 부부를 이번 토요일 저녁에 초대하려고 하는데 괜찮겠어?"

이처럼 올바른 의사소통은 우회하지 않고 곧바로 단번에 물어보지 에둘러 말하지 않는다. 다음은 전형적인 심리 조종자의 대화다.

"토요일에 일 안 하지?"

"안 하는데."

"공항에 우리 좀 데려다줄 수 있어?"

"좋아. 몇 시에?"

"뉴욕 행 비행기인데 7시 30분에 출발해."

"아침?"

"당연하지."

"아침 7시면 너무 이른데."

"괜찮겠어?"

"알았어. 좀 힘들겠지만 어쩔 수 없지. 알았어."

"오케이. 5시 10분에 우리 집에 와줘."

"잠깐만. 왜 5시 10분이지?"

"뉴욕에 가니까"

"그게 무슨 소리야. 잘 이해가 안 돼."

"생각해봐. 공항에 적어도 출발 두 시간 전에는 도착해야지. 잘 알면서 그래. 그나마 다행이라니까. 출발 3시간 전에 오라는 항공사도 있거든."

"세상에, 너무 이르다. 게다가 이번 주 내내 너무 일이 많아서 너무 피곤하거든."

"잠은 일요일에 자면 되잖아! 친구 사이에 왜 그래. 내가 뭐 매주

뉴욕에 가는 것도 아니고."

"그야 그렇지. 알았어. 5시 10분에 너희 집으로 갈게."

위의 대화는 매우 간단하지만 자세히 살펴보면 결코 평범한 대화가 아니라는 것을 알 수 있다.

먼저 첫 번째 물음은 닫힌 질문으로, 심리 조종자는 이미 그 답을 알고 있다. 만일 몰랐다면 "토요일에 일해?"라는 긍정문으로 물어봤을 것이다. 닫힌 질문은 '네'와 '아니오' 둘 중 하나의 답만 요구한다. 반대로 열린 질문은 대답하는 사람이 이야기를 얼마든지 끌고 갈 수 있고, 자신의 의견을 표현할 수도 있다.

그리고 두 번째 질문은 모호한 질문이다. 상대방은 아무 의심 없이 긍정적으로 대답하면서 말려든다. 조금씩 대화가 진전되면서 완전히 다른 이야기가 전개된다. 시간이 지나면서 모호했던 내용인 '언제'(출발 시간, 다시 말해 일어나야 할 시간)를 알게 된다. 이러한 추가 정보들이 등장하면서 문제가 완전히 달라진다. 만일 처음부터 이러한 정보들을 알고 있었다면 단번에 거절했을 것이다. 심리 조종자는 그 사실을 알고 있기에 처음부터 모든 걸 다 알려주지 않는다. 상대방이 조금씩 자기 계획에 말려들기를 기다린다. 한 연구 결과에 따르면 약속을 한 다음에 이를 다시 번복하기는 매우 어렵다고 한다. 비록 상황이 처음과 달라졌다 해도 번복하기가 쉽지 않다는 것이다. 심리 조종자는 이 연구 결과가 아니더라도 직감적으로 어떻게 처신해야 할지를 잘 알고 있다. 거절하는 것은 매우 단호한 행동이다. 심리 조종자로부터 심리적 압박을 받는다 해도 거절할 수 있어야 한다.

끝으로 심리 조종자가 모호하게 요구하는 예를 살펴보자. 이때 우리는 심리 조종자가 아무런 요구도 해오지 않았다고 믿는다. 다시 말해 심리 조종자의 요구를 들어준 게 아니라 우리가 스스로 알아서 행동한 거라고 생각하는 것이다.

영화 〈이상한 사건〉에서 미셸이 새 직원인 루이에게 묻는다.

"담배 피우세요?"

루이는 곧바로 담뱃갑을 꺼내 담배 하나를 건넨다. 사실 미셸이 루이에게 담배를 달라고 한 것은 아니다. 그런데 루이는 상사인 미셸에게 호의를 베풀기 위해 재빨리 담배를 꺼낸 것이다. 미셸은 "혹시 담배 하나 줄 수 있어요?"라고 두 번째 질문을 했어야 했다.

실베트(37살)는 심리 조종자인 언니가 종종 사용하는 전략에 대해 말했다. 그의 언니인 잔은 얼마 전 가벼운 자동차 접촉사고를 당해 차를 잠시 사용할 수 없게 되었다. 잔은 자기보다 한 살 위인 오빠에게 전화해서는 동생도 통화 내용을 같이 들을 수 있게 해달라고 요구한다. 그런 후 잔은 어린 남동생과 계속 아무렇지도 않은 듯 대화를 이어간다. "차가 완전히 망가졌어. 어떻게 해야 할지 모르겠어. 일하러 가야 하는데 지금 당장 수리할 돈도 넉넉지 않고…" 그녀가 이렇게 계속 이야기를 하자 놀란 오빠가 수화기를 붙들고 묻는다.

"어떻게 된 거야? 문제가 심각한 거야? 나한테 자동차를 빌려달라고 하지. 난 괜찮으니까 빌려줄게."

"아니야. 어떻게 오빠 차를 빌려달라고 해. 망가트릴까 봐 걱정도 되고, 차가 워낙 커서 운전하기도 쉽지 않고."

"운전 잘하면서 왜 그래? 걱정 마. 내가 책임질 테니 내 차 써."

"그럼 고맙지. 부탁하려던 건 아닌데. 그냥 내 문제를 말하다 보니까. 어쨌든 차를 빌려준다니 고마워!"

목표 달성!

패트릭이 호텔 카운터에서 일을 하고 있는데, 마르시알 사장이 지나가면서 큰 소리로 말했다.

"집 내부를 수리할 사람이 필요한데!"

그런데 패트릭은 이력서에 자신이 집수리를 좋아한다고 적어놓았던 적이 있다(마르시알은 그를 고용하기 전에 이미 이력서를 잘 살펴보았을 게 분명하다). 마르시알 사장은 직접 요구하지 않고도 패트릭이 먼저 집수리를 돕겠다고 나서게 만들었다. 오히려 패트릭은 사장을 도울 수 있다는 생각에 기꺼이 집을 수리해주었다.

정보를 얻기 위해 거짓말을 퍼트리다

심리 조종자는 그야말로 능숙하게 당신이나 당신 주위 사람들에 대해 정보를 얻어낼 줄 안다. 심리 조종자들이 흔히 사용하는 방법 중 하나가 바로 정보를 얻어내기 위해 거짓 정보를 흘리는 것이다.

그들은 특히 잘못된 정보를 섞어 질문을 한다.

예를 들어보자. 옆집 사람이 복도에서 이렇게 묻는다.

"이 아파트에 이사 온 지 얼마 안 되셨죠? 판사라고 하셨나요?"

그녀는 당신이 바로 '아니오'라고 대꾸할 질문을 한 것이다. 당신은 이렇게 대답한다. "아닌데요. 회계사인데요?"라고.

그들은 묻기 곤란하거나 직접 묻지 않았다면 절대 알 수 없을 내용을 담아 질문한다. 그러면 우리는 서둘러 아니라고 대꾸하고, 그러는 과정에서 결국 사실을 말하게 된다. "아니오, 제가 아닌데요"라고만 대답해도 되는데 굳이 사실을 이야기하게 되는 것이다.

심리 조종자는 어떤 사실을 알기 위해 거짓 정보를 넌지시 던짐으로써 "어떤 일을 하시죠?"라고 너무 빤한 질문을 하지 않아도 된다. 동시에 상대가 잘 모르는 일들에 대해 많이 알고 있는 듯한 인상을 주면서 자신의 권위를 내세울 기회를 얻기도 한다.

한 가지 예를 더 들어보자.

마르시알(심리 조종자며 호텔 사장)은 야간 경비원인 패트릭에게 묘한 공범의 분위기를 자아낸다.

"시릴이 월급을 올려달라고 했네. 자네가 그 사람한테 월급을 더 많이 받는다고 말했다지? 내 아내가 자넬 좀 보자고 하네. 이번 일은 다른 사람한테는 아무 말 하지 않았으면 해."

이번 대화에서는 공격적인 면이 전혀 드러나지 않는다. 오히려 신뢰의 분위기를 만들려고 애쓰는 듯이 보인다. 10분 뒤 패트릭과 마르시알의 아내는 홀에서 시릴의 월급 인상 요구에 대해 이야기를 나눈다. 그러면서 패트릭이 혹시 다른 곳에서도 일을 하는지 알아보려고 질문을 슬쩍 다른 곳으로 돌린다. 패트릭은 이를 간파하고는 모르는 척 행동한다. 조금 뒤, 동료인 시릴에게 혹시 월급 인상을 요구한 적이 있는지 물었는데, 그는 한 번도 사장 부부와 그런 얘기를 한 적이 없다고 말했다.

위의 일화를 통해, 우리는 심리 조종자가 상대방을 안심시키려고 일부러 공모의 분위기를 만든다는 것을 알 수 있다. 그리고 그는 자신을 괴롭히는 문제를 감추기 위해 거짓말도 할 수 있다. 이는 질문에 단지 잘못된 내용을 삽입하는 것보다 훨씬 교묘한 방법이다. 상대는 그 거짓말을 알아채지 못하고 아무런 의심 없이 별로 중요해 보이지 않는 정보들을 다 일러준다. 이것이야말로 심리 조종자가 알고 싶어 하는 정보이자 목표인 것이다.

마르시알 사장과 같은 심리 조종자는 자신의 의도를 어디까지 감출 수 있을까? 다음 일화는 매우 흥미로운 사실을 알려준다.

호텔의 한 직원이 바에서 몰래 위스키를 마신 뒤 위스키 병에 들키지 않을 정도로 위스키 대신 차를 부어놓았다. 한 동료가 패트릭에게 술맛이 이상하다며 잘못을 저지른 사람의 이름을 알려주었다. 어느 날 저녁 마르시알 사장이 와서는 묻는다.

"위스키 한 잔 하고 싶은걸! 한 잔 따라줄래요?"

패트릭은 곧바로 사장의 의도를 알아챘다. 왜냐하면 평소 그는 남에게 술을 따라달라고 하지 않고 혼자 따라 마시는 사람이었기 때문이었다. 패트릭이 위스키 병을 들자마자 사장은 술 색깔이 이상하다고 말한다. 그러면서 슬쩍 잘 모르겠느냐고 묻는다. 패트릭은 모르는 척하면서 두 번째 병을 집어 들고 서로 비교한다. 마르시알 사장은 각각의 위스키를 조금씩 맛보고는 바로 뱉어낸다. 술을 마시고 싶은 게 아니라 패트릭의 행동에서 뭔가 석연치 않은 구석이 있는지를 알아보고 싶었던 것이다. 그러면서 본인은 정작 아무것도 모르는 것처럼 행동함으로써 패트릭을 이 사건의 증인으로 삼고, 동시에 나중에 그를 비난할 수 있는 여지를 만들어놓는다.

한 가지 확실한 것은 바로 거짓 정보를 흘리는 게 그에게 아주 유용하다는 사실이다. 그러니 조심할 수밖에!

모호한 대답

로랑스와 델핀은(심리 조종자) 백화점 판매원이다. 델핀은 벌써 몇 년째 백화점에서 일을 하고 있다. 한번은 쉬는 시간에 동료인 로랑스에게 월급을 얼마나 받느냐고 물었다. 로랑스가 대답하자 델핀이 바로 반박한다.

"아! 나보다 더 많이 받네!(거짓말이다)"

로랑스는 믿어지지가 않아 그녀에게 얼마를 받느냐고 되묻는다. 델핀이 자기보다 더 많이 받는다고 짐작하고 있었기 때문이었다. 하지만 델핀은 기분 나쁜 듯이 대답한다.

"별로 말하고 싶지 않은데. 민감한 질문이라 쉽게 얘기할 수 있는 것도 아니고."

처음에 이런 사적인 질문을 한 사람이 바로 자신이었다는 걸 잊은 걸까. 델핀은 로랑스의 질문에 아무 대답도 하지 않음으로써 상대가 옳지 않다는 사실을 암시한다. 물론 이런 사적인 질문은 하지 않는 게 바람직하다. 하지만 당사자 둘 다 똑같은 입장에서 이런 얘기를 한다면 얼마든지 받아들일 수 있는 대화다. 그런데 한 사람만 얘기하고 다른 사람은 입을 다문다면 정보를 알려준 사람만 바보가 되는 것이다.

진실한 관계를 원하지만 상황에 따라 불편한 감정을 느끼는 경우가 있다. 앞서 언급한 연극과 교수와 한 학생의 대화를 살펴보자. 시험을 하루 종일 치르고 난 날 교수와 학생들이 레스토랑에서 만났다. 교수는 약속 시간보다 2시간이나 늦게 도착해 그제야 저녁을 시켜 먹기 시작했다. 학생들은 다들 기다리다 지쳐 집에 갈 준비를 하고 있었다. 다행히 한 여학생이 교수와 함께 있어주기로 했다. 그녀는 교수 앞에 자리를 잡고 앉으며 물었다.

"하루 종일 시험 감독 하시느라 고생 많으셨죠?"

이렇게 질문하면서 그녀는 교수가 자신의 하루가 어땠는지 조금은 얘기해줄 거라고 기대했다. 그런데 불쑥 교수가 "자네라면 어땠을 거 같나?"라고 되묻는 것이었다.

그녀는 매우 당황했고 불쾌한 기분까지 들었다. 하지만 좀 더 진솔한 대화를 시도해보았다.

"글쎄요. 힘들었을 것 같아요. 하루 종일 어두운 교실에 계셔야 했으니…."

"아, 그건 아무렇지도 않네!"

"아, 그래요?"

따분한 대화는 거기서 멈췄다. 교수는 "자네라면 어땠을 것 같나?"라고 되물음으로써 무슨 그런 바보 같은 질문을 하느냐는 뜻을 내보인 것이다.

"자네라면 어땠을 것 같나?"는 심리 조종자들이 종종 사용하는 질문이다. 자신의 생각은 내보이지 않으면서 상대의 생각을 되묻는다. 이런 질문은 어떤 정보도 주지 않으면서 건전한 대화를 이어가려는 상대를 불편하게 만든다. 위의 대화에서 학생은 심리 조종자의 질문에 이렇게 대답해야 했다. "제 생각이요? 저는 지금 선생님이 어떻게 생각하는지 알고 싶은걸요"라고. 그래야 질문하는 주체가 바뀐 것에 대해 자신이 불편해한다는 사실을 상대에게 알릴 수 있다. 이러한 대답의 논리를 '역 심리 조종'이라고 부른다.

심리 조종자가 어떻게 대답을 모호하게 할 수 있는지 두 가지 예를 통해 살펴보자.

예1

브누아 : "롤랑이 어제 서류 가지고 왔어?"

심리 조종자 : "아! 너도 잘 알겠지만 롤랑이야 늘 왔다 갔다 하지 뭐…."

브누아는 롤랑이 왔었는지에 대해 아무 정보도 얻지 못했다.

<u>예2</u>

플로랑은 비서인 기를 찾아 옆 사무실로 왔다가 심리 조종자인 한 동료에게 묻는다.

"기 못 봤어요? 어디 있는지 아세요?"

"뭐, 늘 있는 곳에 있겠죠."

심리 조종자는 기가 어디 있는지 알고는 있는 걸까? 그건 중요하지 않다. 그의 대답은 기가 어디 있는지 알고 있음을 암시하는 동시에 플로랑도 그런 것쯤은 예상할 수 있어야 하지 않느냐는 비난의 메시지를 내포하고 있다.

주제를 벗어난 의도

심리 조종자는 필요에 따라 대화의 화제를 완전히 바꿔버리기도 한다. 한두 문장으로 전혀 다른 말을 하면서 점차 대화의 주제에서 벗어난다. 그들은 언제 이런 행동을 할까?

1. 대화 주제에 대해 잘 모른다는 사실을 상대에게 들키고 싶지 않을 때.
2. 다른 사람이 대화를 자신보다 더 멋지게 풀어나갈 때.
3. 대화 주제가 자기 이미지를 실추시키거나 '위험하다'고 판단될 때.

4. 자신이 상대보다 우월하다는 사실을 증명할 수 없을 때. 자신의 논쟁이 별다른 관심을 끌지 못할 때.

5. 상대를 공격하거나 비난하고 무시하고 싶을 때.

한 사람이 예산 부족, 가계 빚, 혹은 중국의 경기 과열 문제가 우리나라 경제 성장에 끼치는 영향에 대해 설명하고 있었다고 가정해보자. 그런데 옆에 있던 심리 조종자가 갑자기 "경제가 다는 아니지! 인생에 돈만 있는 것도 아니고, 인간적인 면이 더 중요하지!"라고 말하며 끼어든다. 상대의 의견을 비판함과 동시에 대화의 흐름을 완전히 뒤바꿔버리는 것이다. 자신이 잘 알지 못하는 세계 경제에 대해 계속해서 토론하고 싶지 않았기 때문일 가능성이 높다.

심리 조종자는 상대의 의견을 잘 듣고 질문하면서 새로운 사실을 알아가려고 노력하기보다 오히려 상대가 전해주는 정보들을 부정하고, 심지어 그렇게 생각하는 상대를 평가절하하기까지 한다.

회사에서 업무 회의 혹은 학부모 모임, 혹은 세미나에 참석했다고 가정해보자. 그중 한 사람이 회의 주제와 관련된 매우 적절한 질문을 하고 있다.

이때 심리 조종자(회사의 사장, 학교장, 혹은 세미나 책임자)는 다음과 같이 대답한다.

1. 지금 그 얘기를 할 때가 아닙니다.

2. 그것에 대해서는 더 이상 논의할 시간이 없습니다.

3. 제 생각에 여기 모인 사람들은 그런 질문에는 별로 관심이 없을 것 같습니다.

4. 그게 중요하다고 생각하지 않는데요.

5. 그건 우리가 다루는 주제에서 많이 벗어나 있네요. 지금 한가하게 그런 거에 대답할 시간이 없어요.

6. 그건 다음에 살펴보기로 하죠. 그게 제일 중요한 건 아니니까요.

7. 그게 우리 문제와 무슨 관련이 있는지 모르겠는데요.

8. 우리가 지금 그 얘기를 하고 있는 건 아니지 않나요.

심리 조종자는 상대의 말과 의도를 완전히 뒤바꾸어버림으로써 대화를 다른 쪽으로 돌리는 재주가 탁월하다. 의사소통 분야에서는 이를 '해석'이라고 부른다.

프랑수아는 집 주인에게 임대 계약서를 새로 작성하자고 했다. 며칠 전에 집 주인(심리 조종자)이 그렇게 하자고 먼저 제안했으면서 이제 와서 완전히 딴 소리를 한다. "왜요? 절 믿지 못하겠어요?"라고.

심리 조종자는 제멋대로 상대의 의견을 해석함으로써 상대방을 불편하게 만든다. 영화 〈이상한 사건〉에서 심리 조종자인 사장은 콜린에게 이렇게 말한다.

"콜린 씨, 내가 당신을 좋아하지 않는다고요?"

"무슨 소리예요? 제가 언제 그런 말을 했죠? 우리가 자주 얼굴을 보지 않는다고만 했을 뿐인데요."

사장은 상대의 의견을 단순히 자기 식대로 이해한 걸까? 아니면 이와 같은 '해석'을 빌미로 거짓 정보를 전달해 상대의 마음을 알아보려는 계략일까?

일부 심리 조종자는 때로 어렵지 않게 거짓을 설파하고, 주제에서 벗어난 질문을 한다. 심리 조종자가 사용하는 여러 유형의 전략 가운데 건전하지 못한 의사소통의 유형을 파악할 수 있어야 한다.

불화의 씨를
뿌린다

심리 조종자는 주변에 의심이나 불화의 씨를 뿌리면서 상대를 꼭두각시처럼 조종한다. 극소수의 사람들만이 그의 치밀한 수법을 알아챌 수 있다. 만일 어떤 그룹에 새 멤버가 등장한 이후로 차츰 분열되는 양상이 나타난다면 의문을 제기해봐야 한다.

분위기도 좋고 사람들 관계도 원만하던 그룹이 어느 순간 조금씩 불편해지거나(의심이 되고, 오해가 생기면), 혹은 "전에는 잘 지냈는데", "무슨 일인지 모르겠어"라는 말을 자주 듣게 된다면 원인 제공자가 누구인지 찾아내야 한다.

기업 내에서도 이런 문제들이 종종 발생할 수 있다. 특히 상하관계가 분명할 때는 더더욱 심한데, 심리 조종자가 새로운 팀장으로 임명될 경우 몇 달 사이 팀원들 간에 불화가 생길 수 있다. 왜 그런 걸까?

재정파트의 최고 책임자인 마담 D는 특별부서의 회계를 앙투아네트(회사간부)에게 일임했다. 그러나 곧 앙투아네트는 마담 D가 자기 모르게 부서 내에 다른 동료에게도 이 일을 일임했음을 알게 된다. 앙투아네트는 갑자기 자신이 무시당하고, 심지어 배반당했다는 생각까지 들었다. 이후 그녀는 같은 부서의 다른 동료들과도 불편해졌다. 상대도 당연히 불편해질 수밖에 없었다.

의심을 조장한다

불화를 조장하는 가장 좋은 방법은 의심을 하도록 만드는 것이다. 심리 조종자는 "아무래도 네 남편한테 여자가 있는 것 같아. 그래도 가족인 내가 먼저 얘기해주는 게 나을 것 같아서!"라는 한마디 말로 자신의 목적을 달성한다. 이 말의 역설은 상대방의 행복을 원한다면서 정신적으로는 큰 상처를 준다는 데 있다. 심리 조종자는 늘 이런 거짓 논리를 활용한다. 가족 아닌 다른 사람에게 이 끔찍한 소식을 들었다면 얼마나 힘들었겠냐며 챙겨주는 척한다. 당사자는 충격적인 사실에 혼이 빠져 정작 상처를 준 심리 조종자를 탓할 수 없게 된다.

직장에서 벌어지는 다른 예를 들어보자. 심리 조종자는 "나라고 모든 걸 할 수 있는 건 아니에요! 각자 맡은 일을 책임지고 하는 거죠. 마리도 그러던데, 당신이 서류를 너무 늦게 처리해서 힘들다고.

다른 사람한테 피해가 가지 않게 자기 일은 알아서 해야죠"라고 말한다. 만일 당신이 동료인 마리와 오랫동안 아주 좋은 관계를 유지하고 있었다면 어떤 생각이 들까? 그녀가 당신한테 직접 얘기하지 않고 남 앞에서 당신을 비난했다는 건가? 그렇다면 당신은 당연히 그녀에게 실망하고, 믿을 사람은 아무도 없다고 생각할 수 있다.

이런 상황에서는 무엇보다 믿고 있던 사람을 끝까지 신뢰하는 것이 중요하다. 그래도 의심이 생기면 스스로에게 질문을 던져보자. 당신에게 그렇게 말하는 사람은 과연 책임을 다하는 사람인가? 그녀는 당신으로 인해 다른 사람들이 피해를 보고 있다며 당신에게 죄책감을 안긴다. 그런데 만일 문제의 그녀가 책임을 다하는 사람도 아니고, 게다가 당신 자신은 정작 마리와 아무 문제없이 잘 지내고 있다면 그녀가 심리 조종자라는 사실을 금세 알아채야 한다. 그럼에도 불구하고 당신은 마리에게 서운한 마음이 들 것이다. "사람들이 그러는데…"라는 말에 흔들릴 수 있다. 의심이 완전히 사라지지 않는다면 마리에게 직접 가서 확인하는 게 바람직하다. 심리 조종자가 마리의 의도를 제 마음대로 왜곡해 당신에게 거짓말을 했을 게 분명하기 때문이다. 조금이라도 의심이 가거나 예전처럼 자연스럽게 대하기 어렵다면 "나에 대해서 그렇게 말한 게 맞아?"라고 확실히 물어보는 것이 좋다. 그래야 심리 조종자가 부서나 가족 혹은 친구들 사이에서 만들어낸 의심들을 제거할 수 있다.

마지막으로 그 사실을 단정적으로 얘기하지 말고 의심스럽다는 식으로 질문을 던지는 것이 좋다. 클라라의 예를 들어보자.

클라라는 회사에 급한 일이 생겨 휴가 도중 남편만 남겨두고 혼자 집으로 돌아와야 했다. 클라라의 엄마(심리·조종자)는 늘 그래왔듯이 그녀에게 집에 돌아오자마자 전화를 하라고 요구했다. 하지만 클라라가 며칠이 지나서야 전화를 하자 엄마가 화를 내며 말했다. "도대체 어떻게 된 거야? 별장에 네 친구 이사벨하고 남편만 남겨두고 오다니!" 클라라는 "엄마가 상관할 문제 아니에요"라고 대꾸하고는 전화를 끊었다.

그런데 몇 분 뒤 가슴이 답답해지면서 피로감이 한꺼번에 몰려왔다. 이어 머릿속이 복잡해지고, 아무리 이성적으로 생각하려고 해도 온갖 상상을 떨쳐버릴 수 없었다. 한 번도 남편을 의심해본 적이 없던 그녀였는데, 순간 참을 수 없는 질투심에 휩싸였다. 그다음 날에도 여전히 힘들어 결국 남편에게 전화를 걸어 집에 돌아오라고 요구했다.

심리 조종자는 실제 사실을 흐트러트려 의심하게 만든다. 사실 클라라의 남편은 별장에 이사벨과 단둘이 남아 있는 게 아니라 다른 친구 네 명과 함께 있었다. 클라라는 남편이 자신의 친구와 부적절한 관계를 맺을 거라고 생각지 않지만 자신도 모르게 심리 조종자의 계략에 넘어간 것이다. 심리 조종자는 질투하지 않는 게 오히려 이상하다고 부추긴다.

이 일화를 통해 우리는 심리 조종자와 가까이 지내면 (오래 또는 자주) 매우 위험하다는 사실을 알 수 있다. 아무리 우리가 조심을 한다 해도 의심스러운 말을 들으면 일단 뇌는 제멋대로 해석하기 시작한다. 게다가 이런 말들에는 감정이 실려 있기 때문에 완전히 잊어버리기 어렵고, 우리의 감정과 정서에 큰 영향을 끼친다. 누군가 이런 말을 했다고 가정해보자. "네가 있어서 다행이야. 네가 없었다면 네 남편이 지금처럼 성공하지 못했을 거야." 이런 말은 언뜻 상대를 칭찬하는 것처럼 보이지만 결국 비하하는 메시지를 담고 있다(네가 물론 괜찮긴 한데, 형편없는 남편을 선택한 걸 보면 문제가 있는지도 모르겠어). 우리는 이런 말을 들으면 화를 내거나 변명을 늘어놓으며 얼버무리게 된다. 처음에는 별로 신경을 쓰지 않다가도 비슷한 상황이 계속되면 이전의 말들과 겹치면서 결국 상대를 의심하게 되기 때문에 매우 위험한 지적이 아닐 수 없다.

심리 조종자는 몇 달, 심지어 몇 년에 걸쳐서라도 그룹 내에 이러한 불화를 조성할 수 있다. 문제의 원인을 파악하지 못하면 언젠가는 그룹 멤버들이 그 피해를 고스란히 당할 수 있다. 사람들 간의 대립과 분열, 멤버들에 대한 비하, 연대감 부족, 신경질적 우울증과 갈등에 대한 예민한 반응 등이 나타날 수 있다.

심리 조종자는 자신이 그룹의 리더나 책임자가 아닌데도 회원들이 적극적으로 의견을 밝히지 않을 때면 종종 앞에 나서서 그룹을 제멋대로 휘두르고, 내키는 대로 행동한다. 그러면서 마치 멤버들끼리 다들 친밀하게 잘 지내는 것처럼 분위기를 몰아간다. "우리는 한 가족이나 다름없으니까, 다들 편하게 이름 부르고 친하게 지내죠." 혹은 "서로 신뢰하면서 지내요"라면서 동료에게 개인 사물함 열쇠를 빌려서는 자신의 물건을 가져다놓곤 한다. 때로는 다 같이 쓰는 사무실에 자신의 물건을 가져다 놓거나 어차피 해야 할 서비스를 온갖 생색을 내면서 하고 필요에 따라서는 아첨이나 칭찬도 아끼지 않는다. 그러면서 가령 기업이념이나 공동업무를 거들먹거리며 경계를 풀고 편한 환경을 만들려고 한다.

이렇게 되면서 동료들은 심리 조종자의 의도를 전혀 인식하지 못한 채 조종을 당하게 된다. 그러면서 감정적으로 의존관계가 성립된다. 조종을 당하는 사람이 이와 같은 사실을 깨닫기란 다음의 두 가지 이유로 매우 어렵다. 첫째 그는 심리 조종에 대해 잘 알지 못하고, 둘째 심리 조종자의 교활한 수법에 대해서는 더더욱 모르기 때문이다(심리 조종자의 특성을 모르기 때문에 그가 활용하는 수법 또한 알아보기 힘들다). 이는 지능이나 인식 능력, 혹은 신중한 성격과는 관련이 없다. 사람들은 보통 자신이 조종을 당하고 있다는 사실조차 짐작하지 못한다. 심리 조종자는 '서로 도와야 한다'는 도덕적 규범을 앞세우기 때문에 더더욱 그의 의도를 알아채기 힘들다.

여기서 벗어나려면 심리 조종자에게 이용당한 것을 절대 부끄러워하지 말아야 한다. 그리고 심리 조종자에게서 벗어나기 위한 다음의 두 가지 방법을 숙지할 필요가 있다.

1. 충격 요법
2. 점진적 요법

다음의 상황을 살펴보자. 심리 조종자가 팀에서 세력을 행사한다고 가정해보자. 이 사실을 깨달았을 땐 이미 팀내 분위기가 예전같지 않음을 감지할 수 있을 것이다. 몇몇 동료들은 이로 인해 힘들어할 수도 있다. 하지만 그 이유가 자신들이 무능하거나 일을 잘 처리하지 못해서가 아니라는 사실은 잘 깨닫지 못한다. 즉 그룹 안에 심리 조종자가 있기 때문이라는 사실을 인식하지 못한다. 극히 일부 사람들만이 심리 조종자의 수법을 알고 있기 때문에 대부분 상황을 객관적으로 파악하기란 힘들다. 불화가 심해지기 전까지는 가까운 동료의 마음을 언짢게 하고 싶지 않을 것이다.

충격 요법을 실행하려면 직장 밖에서 두서너 시간을 할애해 동료를 만나야 한다.

먼저 그에게 심리 조종자의 특징 리스트를 주의 깊게 읽어보라고 권한다. 이때 책 제목은 감추고 보여주는 게 좋다. 그가 리스트를 다 읽고 나면, 혹시 주위 사람들 중에서 이러한 행동이나 태도를 취하는 사람이 있는지 말해보라고 권유해보라. 그는 아마 리스트의 1/3만 읽고도 누구를 가리키는지 찾아낼 것이다. 당신과 동료 둘이 동시에 같은 사람을 지목할 경우, 심리 조종자에 대해 자세히 설명해주고 바로 그 사람이 심리 조종자의 특성을 지니고 있다고 얘기해준다.

두 번째 단계에서는 그의 행동으로 어떤 결과들이 발생했는지를 이야기한다. 팀원들끼리 서로 의심하고 불편해하는 분위기에 대해서도 함께 이야기를 나눠본다.

마지막으로 더 이상 심리 조종자의 함정에 빠지지 않기 위해 함께 명확한 전략들을 세운다. 동시에 그때그때의 공격에 대항하기 위해 역 조종의 방법도 얘기해본다.

상대방에게 리스트를 보여주기 전에 왜 심리 조종자라는 말을 언급하지 말아야 하는 걸까? 심리 조종을 당한 당사자가 리스트를 읽는 동안, 문제가 되는 사람의 성격을 직접 분석하고 판별하도록 내버려두기 위해서다. 스스로 결론을 내려야 더 잘 받아들일 수 있다. 때로 이 사실을 깨닫는 게 매우 고통스러울 수 있다. 좀 더 효과적인 성과를 보기 위해서는 충분한 시간을 두고 새로운 사실과 생각들을 받아들이도록 해야 한다.

두 번째, 점진적 요법은 동료 앞에서 심리 조종자의 수법들을 지적하고 그때그때 저지시키는 것이다. 그런데 잘못하면 당신이 마치 타인의 부정적인 면만을 들춰내 비난하는 사람으로 보일 수 있다. 그러면 오히려 당신이 비난을 받고, 정작 심리 조종자는 합법적인 희생자가 될 위험이 있다. 이 경우 심리 조종을 당한 다른 동료들이 심리 조종자를 옹호할 수도 있다. 이 방법은 일상의 문제들을 해결하기에는 너무 더디기 때문에 효율적이지 못하다.

반면 동료들이 당신의 '진단'에 호응하지 않을 경우, 심리 조종자의 수법을 점진적으로 지적하고 처리하는 방법이 오히려 유용할 수 있다. 만일 당신이 상대하는 사람이 심리 조종자가 확실하다면 이런 노력들은 그의 저항에 부딪칠 수 있다는 걸 명심해야 한다.

가족 중에 심리 조종자가 있을 경우, 나머지 가족 멤버들에게 이 사실을 알리는 과정은 매우 힘들 수 있다. 특히 엄마나 아빠가 심리 조종자일 때 더욱 힘들 것이다(사실 아빠나 엄마가 심리 조종자라는 사실을 고백하기는 쉽지 않다). 숨겨진 갈등 관계나 불만이 드러나면서 그로 인한 피해를 입지 않으려면 가족들 간에 충분한 대화를 나누는 것이 매우 중요하다.

우정 관계를 위협한다

부부 중 한 사람이 심리 조종자인 경우 종종 상대 배우자 주변에 사람이 남아 있지 못한 것을 볼 수 있다. 친구나 가족들이 점점 그에게서 멀어지는 것이다.

심리 조종자는 배우자가 친구들과 좋은 관계를 유지하도록 내버려두지 않는다. 특히 부부가 만나기 전에 각자 알고 지내던 친구들일 경우 더 심하다. 물론 대놓고 그러진 않는다. 그러면서 동시에 배우자에게 친구가 많지 않다면서 비난하기도 한다(이중 구속).

예를 들어보자.

"우리 집에 사람들이 잘 놀러오지 않는 게 당연한지도 몰라. 당신하고 얘기하는 게 뭐가 재미있겠어." 실제 존재하지도 않는 문제의 책임을 상대에게 떠넘기고 있다는 사실을 바로 알아챌 수 있어야 한다. 이때 상대를 비난하는 당사자 역시 책임이 있다는 걸 잊지 말아야 한다. 왜냐하면 대화란 혼자서 이끌어가는 게 아니기 때문이다.

심리 조종자는 배우자 주변의 사람들을 떠나가게 하려고 여러 태도들을 취한다. 예를 들어 사람들을 만날 때마다 불친절하게 대한다.

- 사람들을 공격해서 매번 그들이 자신의 의견을 말할 때는 정당함을 증명하게 만든다.
- 공적인 자리에서 상대의 체면을 깎아내린다.
- 어떤 주제에 관해 얘기해도 입을 다물고 가만히 있거나 지루한 표정을 짓는다.
- 그들이 빨리 자리를 떠났으면 하는 표정을 짓는다.
- 친구들이 있는데도 자리에서 일어나 다른 곳으로 가버린다.

때로는 건방진 태도로 대화를 나눈다.

- "당신 친구들, 별로 재미없는 것 같아. 얘기를 들어도 전혀 신이 나질 않으니 말이야."
- "솔직히 실망했다니까. 당신이 좀 더 괜찮은 친구들을 만난다고 생각했거든."
- "당신 친구들이 얘기하는 걸 듣고 있으면 당신이 얘기한 사람들하고 전혀 다른 사람들 같던데."

복잡한 주제에 대해 얘기를 나눌 때면 이렇게 소리친다. "마틴, 그녀한테 들을 얘기가 뭐 있다고 그래. 완전 바보 같던데."

차츰 사람들을 만나는 게 불편해지면서 피하게 되고, 결국 혼자만 남아 외톨이가 된다.

사랑을 위협하다

심리 조종자는 대개 원만한 부부 관계를 오래 유지하지 못한다. 이혼을 하거나(심리 조종자 문제가 아니어도 이혼하는 부부들은 얼마든지 있다) 사람들 보는 앞에서 종종 다투고, 때로는 둘이 같이 있는 것만으로도 불편해한다. 화목하지 못한 심리 조종자 부부는 더 나아가 자기들 주변의 화목한 가정과 부부 사이를 질투하곤 한다.

　예를 들어보자. "아니, 왜 벌써 가려고? (이미 밤 12시 20분이었는데) 와이프가 오라고 했다고 쪼르르 달려가고 그래. 외출도 자유롭게 못 하는 거야?" 그는 단지 시간이 늦어서 집에 들어가려 했던 것뿐이다. 아내가 친구(심리 조종자) 집에 전화를 걸어 빨리 들어오라고 하지도 않았다. 심리 조종자는 남자답지 못하다는 말로 상황을 자기 마음대로 해석해버린다. 부부간의 사랑이나 서로를 걱정하는 마음 따위는 그에게 별로 중요하지 않다. 그는 심리 조종자인 친구 앞에서 아내의 말을 따르는 꼭두각시처럼 보이고 싶지 않기에 순간 주춤한다. 이때 두 가지 태도가 가능하다. 좀 더 남아 있거나(아내에게 매여 사는 것이 아니라는 걸 증명해 보이려고) 혹은 집에 가야 할 변명거리를 대는 것이다. 그런데 이러한 상황이 자주 벌어진다고 가정해보자. 아내는 남편 없이 혼자 저녁을 먹는 시간이 늘면서 결국 불평하게 될 것이다. 심리 조종자는 이처럼 간접적으로 다른 부부의 행복을 방해할 수 있다.

　심리 조종자인 한 여자는 주말과 평일 저녁에 전 남편을 차지하는 데 성공했다. 그는 아무 대가없이 전 와이프의 집에 가서 여러 일을 거들어주었다. 현재의 아내인 마릴린은 남편이 집을 자주 비우는 바람에 혼자 보내는 시간이 길어지면서, 집안일도 엉망이 되어가자 전 부인의 조종을 당하고 있는 거라며 그녀가 사용하는 메커니즘을 자세히 설명해주었다. 그는 다행히 자신이 전 와이프의 부탁을 거절하지 못한다는 걸 깨닫고는 관계를 청산하기로 결심했다.

심리 조종자는 부부와 대화할 때 유달리 한 사람만 상대함으로써 남은 사람의 존재를 완전히 무시할 수 있다. 다음의 대화를 살펴보자. 심리 조종자는 부부에게 이렇게 말한다. "(엘리베이터 문이 열리자 한 사람만 바라보면서) 빨리 들어와. 널 기다리고 있었어", 혹은 "원하면 얼마든지 수영장 사용해도 좋아(이때도 남편만 바라보면서 얘기한다)." 그런데 수영장을 사용하고 싶은 사람은 정작 그의 아내였다.

심리 조종자는 커플 간에 의심과 불화를 심어주기 위해 질투의 감정마저 불러일으킨다. 예를 들어보자.

한 여자 동료가 루에게 다가와 말한다.

"이상해. 벌써 3주째 아닌가. 주말에 네 남편이 너를 보러 오지 않은 거 말이야. 그렇게 먼 거리도 아닌데. 주말에 아내하고 아이들 보러 300킬로미터 정도는 충분히 달려올 수 있는 거 아닌가?"

"그렇긴 해. 그런데 왜 그런 말을 꺼내는 건데?"

"아니, 그냥. 네 남편이 가정에 별로 신경을 쓰는 것 같지 않고 책임감도 없는 것 같아서. 잘은 모르겠지만, 아내를 사랑한다면 적어도 주말은 함께 보내야 하는 거 아니야? (갑자기 가족 전체에 대해 이야기하다 주제를 그녀에게로 돌린다.)"

"일이 워낙 많아서 매주 우리를 보러 올 수가 없겠지." 루의 말투가 점점 퉁명스러워진다.

"알아. 그래도 그렇지. 일 때문이란 게. 어쨌든 좀 이상해…."

루는 아무 대답도 하지 않는다(그러면서 속으로 혼란스러워지기 시작한다). 그때 심리 조종자가 한마디 덧붙인다.

"넌 아무렇지도 않아? 이상하지 않아?" 루는 그제야 그녀의 의도를 이해하고는 묻는다.

"왜? 그 사람한테 애인이라도 생겼을까 봐?"

그러면 심리 조종자는 곧바로 대답한다.

"아니! 내가 뭐 그런 말 하려는 건 아니야. 그냥 조금 이상하다고. 널 보니 좀 안됐다는 생각도 들고. 그게 다야! (그러면서 갑자기 연민의 감정을 느낀다는 듯 이야기하지만 실은 당황하면서 얼버무린다.)"

만일 루가 다른 사람을 불안하게 만드는 심리 조종자의 수법을 알았다면 즉각적으로 이렇게 대답했을 것이다. "그래, 그런데 왜 그런 말을 하는데?"라고 묻는 대신에 "왜? 내 남편 보고 싶어?" 혹은 "좀 조용히 있자"라고 반박해서 심리 조종자의 의도를 아예 차단할 것이다. 그래야 상대를 불안하게 만들려는 계략을 실행에 옮기지 못할 것이다. 루는 부드럽게 반박하고, 웃으면서 혹은 유머를 곁들여가며 그런 건 아무 상관없다고 말했어야 했다.

심리 조종자 부모는 종종 성인이 된 자녀가 이성 친구를 만나는 걸 방해할 수 있다. 한 심리 조종자는 아들이 여자 친구를 소개할 때마다 마음에 들어 하지 않았다. 아들이 오랫동안 심리 조종자인 엄마의 의견과 감정을 따르도록 길들여졌다고 상상해보자. 아들은 매번 엄마가 자기 여자 친구에 대해 어떻게 생각하는지 물어보게 될 것이다. 이때 엄마가 보이는 반응을 짐작해보자.

예1

"엄마가 그런 여자들 잘 아는데, 분명 네 돈 보고 사귀는 걸 거야."

그러면서 같은 여자라서 더 잘 안다는 식으로 덧붙인다. 결국 아들은 여자 친구가 자신의 조건을 보고 사귀려 한다고 믿게 된다.

예2

"그래, 친절하긴 하네. 그런데 그 아이, 우리 집 환경하고는 잘 안 맞는 것 같아. 하긴 뭐, 네가 그 애하고 결혼하겠다는 것도 아니고."

심리 조종자인 엄마는 아들의 모험을 걱정하는 것처럼 행동한다. 그러면서 결혼 얘기로 화제를 돌리면서 아들의 여자 친구를 며느리로는 탐탁지 않게 생각한다는 자신의 뜻을 넌지시 알린다.

예3

"엄마, 어떤 거 같아요?"

엄마는 아무 대답도 하지 않는다.

"왜 아무 대답도 없으세요?"

"네가 선택했는데 뭐(엄마는 어깨를 으쓱해 보인다)."

"별로 마음에 안 들어요?"

"참하긴 한데…. 그렇다고 너무 쉽게 넘어가지는 마. 그게 다야…."

엄마의 대답은 결국 아들의 머릿속에 불신을 심어준다. 지금까지는 한 번도 여자 친구를 의심해보지 않았다.

예4

"이런 말을 해서 미안한데, 넌 훨씬 더 좋은 여자를 만날 수 있을 거야."

그녀는 아들을 칭찬하면서 결국 여자 친구를 폄하하고 있다. 대부분의 부모들처럼 자기 아들이 훨씬 낫다고 생각한다. 그 어떤 여자도 아들만 못하다고 생각하는 게 문제일 뿐이다.

심리 조종자와
폄하

심리 조종자는 자신이 우월하다는 환상을 심어주기 위해 종종 상대를 폄하하고 무시한다. 그러면서 이를 위해 온갖 수단을 동원한다. 직설적인 비난이나 교묘한 빈정거림은 물론, 경우에 따라서는 상대를 완전히 무시하거나 공격을 하기도 한다.

심리 조종자는 이렇듯 상대의 인성과 자질 모든 것을 의심하게 만든다.

직설적인 비난

심리 조종자는 늘 상대를 비난한다. 때로는 장점까지도 단점처럼 지적하는 놀라운 재주를 지녔다.

바네사는 전 남편과 헤어지기 전까지 항상 비난을 들어야 했다. 한번은 바네사가 노란색 상의와 까만 바지 한 벌을 마트에서 샀다며 남편(심리 조종자)에게 보여주었다. 남편은 바네사를 보자마자 큰 소리로 비난했다.

"그거 입고 밖에 나가면 사람들이 당신한테 광대 같다고 쑥덕거릴 것 같은데."

"그러면 어때. 내 맘에 들면 되지(역 심리 조종)."

바네사의 남편은 그 후에도 광대 얘기를 들을 때마다, 광대들은 다 그런 식으로 옷을 입는다고 빈정거렸다.

그 밖에도 종종 아내를 무시했다.

"하여간 당신은 머리가 너무 나쁘다니까. 고양이도 당신보다는 똑똑하겠다."

그는 아내가 늦게 들어오는 날이면 여지없이 그녀의 기분을 거스르는 말들을 했다.

하루는 바네사 부부가 친구들을 초대했다(심리 조종자는 아내의 친구들은 초대하지 않고 항상 자기 친구들만 불렀다). 그는 혼자 대화를 주도해 나갔다. 그가 의학 상식에 어긋나는 얘기를 하는데도, 아무도, 심지어 간호사인 바네사조차 끼어들지 못했다. 어쩌다 바네사가 자기 일 얘기나 건강에 관한 이야기를 꺼내면 곧바로 대꾸했다.

"그건 그렇고, 당신 다른 얘기 좀 할 수 없어!"라고.

누구나 요리를 하다 보면 계란을 너무 오래 삶는다거나, 냄비를 불에 올려놓고 잊어버린다거나 끓는 물에 파스타를 넣고 깜빡할 수 있다. 바네사도 가끔 이런 실수를 저질렀는데, 식탁을 다 차려놓고 잊어버린 게 있어 요리를 더 하는 경우가 있었다. 그럴 때면 심리 조종자는 그녀의 이런 작은 실수도 놓치지 않고 지적했다.

"당신, 왜 그렇게 조심성이 없어. 하여튼 제대로 할 줄 아는 게 하나도 없다니까" 그럴 때 바네사가 못마땅한 목소리로 대꾸라도 하면 그는 음식에 손 하나 대지 않고 곧바로 자리에서 일어나 침실로 들어갔다. 그녀 혼자 자신의 실수를 곱씹으며 밥을 먹을 수밖에 ….

심리 조종자는 확실하지 않은 사실을 놓고 상대를 끊임없이 비난할 때가 많다. 그럴 때마다 상대방은 자신이 실제 저지르지 않은 잘못이나 실수들 때문에 죄책감을 느끼게 된다. 그는 부정적인 말들을 끊임없이 되풀이한다. "당신 정말 형편없는 당신 삼촌을 꼭 닮았군! (그 삼촌은 정신병원에서 생을 마감했다.) "당신은 너무 이기적이야", "당신 정말 형편없다니까", "남자를 제대로 보살필 줄을 몰라", "당신은 당신 아빠를 완전히 빼닮았어", "어쩜 그리도 공격적이지!"(심리 조종자를 상대하는데 어떤 태도를 취할 수 있단 말인가), "정말 못생겼다니까", "넌 절대 성공하지 못할걸", "머리 좋다는 게 다가 아닌 게 얼마나 다행인지" 등등.

이런 말들을 오랜 시간 끊임없이 듣다 보면 누구도 자신의 가치를 의심하게 된다. 특히 인성이 막 형성되는 시기인 유년기에 이런 비난을 지속적으로 접하면 자존감을 회복하기 어려울 것이다. 그 영향은 어른이 되어서까지 지속될 수밖에 없다. 심리치료 학자들에 의하면 어릴 때부터 칭찬을 듣지 못하고, 항상 부정적인 말만 듣고 자란 이들은 자신감이 부족하고, 자신을 신뢰하지 못한다고 한다. 따라서 끊임없이 자신의 가치를 스스로 인정하고, 다른 사람들만큼 자신도 많은 장점을 지니고 있다는 사실을 의식하려고 계속 노력해야 한다. 예전의 잘못된 생각들을 버리고 마음을 다스려야 한다.

심리 조종자는 상대를 완전히 다른 사람으로 만들어버리는 놀라운 재주가 있다. 비록 어릴 때 비난을 많이 듣지 않고 자란 이들조차 심리 조종자와 가까이하면 몇 달이 채 안 돼 자신의 능력을 의심하게 될 수 있다. 연구결과에 따르면 많은 심리 조종자들은 자신이 던진 비난이 상대에게 얼마나 큰 피해를 주는지 잘 의식하지 못한다. 오히려 자신은 그런 비난들과는 전혀 관련이 없다고 생각하게 만든다. 하지만 자세히 관찰하면 심리 조종자들은 상대의 행동을 비난하지만 정작 자신이 그런 행동을 하고 있는 것을 볼 수 있다. 심리학자들은 이를 '투사' 혹은 '투영'이라고 부른다. 심리 조종자는 타인에게 자신의 행동을 투영한다. 예를 들어보자. 그는 상대에게 "왜 그렇게 공격적이야"라고 비난하지만 정작 자신이 상대를 공격하고, 비아냥거리고, 죄책감을 느끼게 하고, 말보다 표정으로 공격성을 드러내는 걸 볼 수 있다. 또 "넌 하여간 한 남자와 제대로 지내지 못한다니까"라고 비난하지만 실제 자기 자신이야말로 여러 차례 이혼하고 여러 남자들을 쉽게 만나왔다. 바네사의 남편은 혼자선 요리 하나도 제대로 못하면서 아내를 비난해왔다.

설사 심리 조종자로부터 심한 비난을 받아도 귀담아 듣지 말아야 한다. 평소에 당신을 진심으로 아껴주는 이들의 지적에만 귀를 기울이면 된다. 다만 심리 조종자 역시 '당신을 위해서'라고 말을 꺼내기 때문에 조심해야 한다. 빈정거림이나 모호한 비난을 진심과 애정이 담긴 명확하고 건설적인 비판과 혼동해선 안 된다. 과연 누가 그런 비판을 하는지도 잘 관찰해야 한다.

완벽에 대한 환상

우리가 아무리 슈퍼맨이나 원더우먼처럼 완벽하게 행동해도 심리 조종자는 어떻게든 작은 실수나 잘못을 들춰내 우리의 자신감을 흔들어놓는다.

대부분의 사람들은 각자의 분야에서 자신의 능력을 발휘하며 잘 지낸다. 건전한 직업 정신을 가지고 힘써 일하고, 자녀들을 애써 교육하고, 그들의 행복을 위해 최선을 다한다. 그러면서 사회에 도움이 되는 삶을 살려고 노력하고, 그런 자신의 모습에 자부심을 느낀다. 주위 사람들도 그런 우리의 자질과 능력을 알아보고 서로를 존중해준다.

그런데 당신 주변에 딱 한 사람만이 당신이 저지르는 아주 작은 실수를 들춰내고 비난하는 걸 목격할 수 있다. 그는 당신이 완벽한 사람이 아니라는 사실을 상기시키려고 끊임없이 노력한다. 정작 당신은 한 번도 스스로 완벽한 사람이라고 말한 적이 없다. 그가 바로 심리 조종자인 것이다. 그는 당신이 도와줬던 일들은 거론하지 않고 그 대신 아주 작은 실수까지 들춰내 비난한다. 예를 들어 그가 상사일 경우, 그는 부하 직원들 바로 옆에 서 있다가 보고서의 틀린 철자를 지적하거나 다 풀지 못한 공식을 지적하면서 빈정거린다. 십 년 넘게 한 곳에서 아무 문제없이 일을 해온 직원들이 새로 등장한 책임자(심리 조종자)의 비난을 감수해야 하는 것이다. 지금까지 맡은 일을 완벽하게 해냈기 때문에 조금도 부서에 해를 끼친 적이 없는데도 말이다.

셀린은 책임자인 마담 M(심리 조종자)이 없을 때, 몇 달 분량의 서비스 자재를 주문했다. 처음 하는 일이었지만 자재 종목을 꼼꼼히 챙겼고, 스스로도 잘 해냈다고 생각했다. 그런데 마담 M이 돌아오자마자 툭 하고 한마디 던지는 것이다. "갈레트 데 루아Galette des Rois(왕의 갈레트란 뜻으로 1월 6일 공현절을 기리는 축제음식—옮긴이)를 담을 작은 종이접시는 잊어버렸네요"라고.

또 다른 예로 패트릭은 10년 전 런던의 한 호텔에서 야간 접수 담당자로 일을 했을 때 비슷한 대우를 받았다. 여름 바캉스 시즌 마지막 날이었다. 호텔 매니저인 마담 F(심리 조종자)는 조용히 패트릭을 불러 다음 시즌에는 야간 접수 담당자를 고용하지 않을 거라고 말했다. 바로 다음 날부터 호텔에 나오지 말라는 통보를 내린 것이었다. 패트릭은 통보가 너무 늦은 것이 아니냐며 화를 냈다. 하지만 마담 F는 자신의 결정을 다음과 같이 정당화했다.

"하지만 당신이 지각할 때마다 매번 마담 카르통(다른 접수 담당자)이 그걸 감당할 수는 없지 않나요? 당신이 툴루즈까지 통근하는 것까지 호텔이 책임져야 하는 것도 아니고(그녀는 패트릭이 종종 툴루즈까지 왕복한다는 걸 알고, 그의 사생활에 관한 정보를 활용한 것이다)."

패트릭은 설명하길 "딱 한 번 기차가 고장 나는 바람에 지각을 한 적이 있어요. 그녀가 말한 건 바로 그때 그 일 한 번뿐이에요. 기차가 한 시간 반 동안 꼼짝하지 않아 가까이 사는 한 승객을 통해 호텔 동료에게 내가 조금 늦을 거라고 전화해달라고 부탁했죠. 그에게 사례까지 하면서 부탁을 했는데 결국 그가 전화를 걸지 않았던 거예요". 패트릭은 그 일에 대해 모두 마담 F에게 이야기했지만 그녀는 "호텔이 책임질 일은 아니지요"라는 말만 되풀이할 뿐이었다. "1년 반 동안 딱 한 번 지각했던 거예요. 그러는 그녀는 종종 전화로 내게 추가 근무를 부탁하고도 급여조차 지급하지 않았으면서 말이에요."

"거짓 왕국에선 심리 조종자들이 왕인 셈이죠!" 패트릭이 힘주어 말했다.

또 다른 예를 살펴보자. 9년이 넘도록 궂은 집안일에 아이들을 헌신적으로 돌봐온 한 엄마가 있다. 그녀는 마침내 용기를 내서 토요일 아침 1시간 30분 동안 요가를 배우고 싶다고 남편에게 선언했다. 그런데 남편으로부터 책임감이 없다는 비난만 돌아왔다. 그는 먼저 아내의 결정에 놀랐는데, 특히 자신을 위해 시간을 투자하겠다는 말에 화가 났다. 그는 아내에게 이기적이라고 공격하면서 "나하고 아이들은 어쩌라고? 우리를 내버려두겠다고?"라며 반박했다. 그녀는 새롭게 자신감을 회복하고 있었기 때문에 남편에게 아이들은 토요일 아침 다들 운동을 배우기로 했다며 자신 있게 대답했다.

심리 조종자는 당신이 전에 갖고 있던 생각을 절대 바꾸지 말 것을 강요한다. 그래야 자기한테 유리하다는 걸 잘 알고 있기 때문이다. 심리 조종자인 한 여자가 전 남편을 비난했다. "아! 당신, 언젠 커플은 떨어져 사는 게 낫다더니 이혼하고 나선 많이 달라졌네. 또 다른 '예쁜' 여자와 같이 살고 있으니 말이야." 그렇게 말함으로써 그녀 자신을 '예쁜' 여자로 만들었다. 다시 말해 상대를 비난하면서 동시에 자신을 치켜세운 것이다.

카트린과 스테파니는 파리에 있는 대형 회계사무실에서 비서로 일하고 있다. 카트린은 휴가 기간 동안 보르도에 있는 가족과 함께 지낼 계획이었다. 스테파니(심리 조종자)는 카트린과 같은 기간에 휴가를 신청했다. 그러면서 보르도 남쪽에 있는 아르카손의 자기 별장에 가고 싶어 했다. 과연 우연의 일치일까! 그때까지 카트린은 스테파니와 별로 친하지 않았는데, 갑자기 같이 떠나자고 제안을 하는 것이다.

"카트린, 너 이번 토요일에 차로 보르도에 간다고 했지?(닫힌 질문)"

"응." 카트린은 아무 생각 없이 대답했다.

"너무 잘됐다! 나도 같이 가면 좋겠다(이것은 묻는 것이 아니다)."

"그게…."

"같은 지방에 가는데 따로 갈 필요 없잖아, 바보처럼. 장시간 차를 몰고 가는데 말벗이 있는 게 더 좋을 테고. 안 그래?(자신이 지금 부탁하고 있다는 사실을 무마시키는 논리다)."

"그렇긴 하지…." 카트린은 머뭇거린다.

"도착하면서 보르도 역에 내려주기만 하면 돼. 바닷가에서 주말을 보내고 싶으면 하루 머물다 가도 좋고. 꽤 좋은 곳이거든." 스테파니는 신나 얘기를 계속한다(그녀는 카트린을 자기가 사는 아르카손까지 끌고 가고 싶었던 것이다).

"고맙긴 한데, 나는 가족들한테 가봐야 해서 그럴 수는 없고. 6개월째 만나질 못했거든."

"그래. 그건 너 좋을 대로 해. 그런데 몇 시에 떠날 거야?"

"아직 모르겠어." 카트린은 여전히 마음 내키지 않아 얼버무렸다.

"일찍 떠나는 게 좋을 텐데. 차가 막힐지 모르니까."

"음…." 카트린이 주저한다.

휴가를 떠나기 이틀 전 목요일, 카트린은 테제베(프랑스의 고속 철도—옮긴이)로 가는 게 여러모로 편할 것 같아 차로 가지 않기로 하고 이를 금요일 아침에 스테파니에게 전했다. 그러자 그녀는 갑자기 화를 버럭 냈다.

"세상에, 말도 안 돼. 어떻게 그럴 수 있어! 나한테 같이 가면 덜 피곤할 거라고 해놓고 지금 와서 그렇게 얘기하면 어쩌라고! 너 때문에 지금 기차표를 끊어야 하잖아. 자리도 없을지 모르는데!"

상황을 완전히 뒤바꿔버리는 심리 조종자의 실력이 놀라울 뿐이다. 그녀의 주장에 따르면 카트린이 말도 안 되는 이기적인 방법으로 계획을 제멋대로 바꿔 상대를 불편하게 만들었다는 것이다.

일반적인 통념으로 판단한다

"오직 바보만이 자기 생각을 바꾸지 않는다"라는 속담이 있다. 생각을 바꾸지 않으면 우리만 바보가 될 뿐이다.

심리 조종자들은 도덕적이든 아니든, 원칙, 속담, 그리고 흔한 명언들을 제 마음대로 활용할 줄 안다. 특히 자신의 이익을 취하고, 타인의 생각을 조종하기 위해 활용한다. 이는 이미 앞에서 죄책감을 다루면서 살펴보았다.

제르맹(31살)은 어릴 적 친구(심리 조종자)를 우연히 만났다. 서로 일상적인 안부 인사를 하고 나자 그녀가 제르맹에게 결혼했느냐고 물었다. 그가 아니라고 하자 그녀는 갑자기 불쌍하다는 표정을 지으며 "오! 부모님들이 걱정이 많으시겠다. 실망도 하시고"라고 말했다. 1년이 지나 둘이 다시 만났을 때도 그녀는 똑같은 질문을 했다. 제르맹의 대답에 그녀는 똑같은 반응을 보였다. "세상에 부모님이 얼마나 실망이 크실까?" 제르맹은 순간 화도 나고, 불쾌감마저 느껴져 자기 부모님은 사생활에 전혀 개의치 않는다고, 자신의 결정을 그대로 존중해주신다고 대꾸했다.

그녀는 한마디의 말로 그 나이에 결혼을 하지 않는 건 이상한 일이라는 사실을 암시한 것이다. 그러면서 그의 결정 때문에 부모님이 얼마나 상심이 크겠냐고 질책한 것이다. 그녀는 자기 맘대로 사회 통념을 내세워 자식의 도리를 다하고 제대로 사람 구실을 하려면 당연히 결혼을 해야 한다는 자기 생각을 강요하고 있다.

결혼한 부부에게 아이가 없을 때 그들은 종종 죄책감을 느낀다. 특히 옆에서 끊임없이 관심을 보일 경우 더욱 심한 압박감을 느낄 수 있다. 물론 일반 사람들도(심리 조종자가 아닌) '왜 결혼하지 않느냐', '왜 아이가 아직 없느냐'고 물을 수 있다. 하지만 결혼을 하면 아이를 갖는 게 자연스럽다고 믿는 일반적인 사람들도 상대방이 자신의 생각과 다르다는 이유로 상대를 비난하거나 함부로 평가하진 않는다(좀 더 나은 배우자를 만나기를 기대하고 있거나 부부간에 갈등문제가 있을 수도 있고, 성불구자일 수도 있으며, 질병을 앓고 있을 수도 있다고 생각하기 때문이다).

반면 심리 조종자는 직접적으로 당신을 비난하는 표현을 하지 않아도 어떻게든 당신을 비난하고야 만다. "80킬로로 달리다니 도대체 생각이 있는 건지. 저런 속도로 운전을 하다니, 참내"라면서 다들 자기와 같은 생각인 것처럼 말한다. 사실 그는 당신이 고속도로에서 80킬로로 느리게 운전을 하고 있다는 걸 알고 있었던 것이다.

클라라 엄마의 예를 들어보자. 이미 앞에서 그녀는 여러 차례 심리 조종자의 행동을 보였다고 언급한 적이 있다. 그녀는 딸 부부에게 전화를 걸 때 자동응답기가 돌아가는 걸 도저히 받아들이지 못했다. 하지만 그들은 매일 전화를 걸어 사생활에 개입하고, 둘만의 오붓한 시간을 방해하는 엄마에 대응하기 위해 어쩔 수 없이 그런 결정을 한 것이었다. 클라라의 엄마는 자동응답기에 다음의 메시지를 남겼다. "너희들, 집에 있으면서 전화를 안 받고 자동응답기를 켜놓으면 어쩌자고. 자동안내가 다 끝난 뒤에나 전화를 받으니… 어쨌든 사람들은 이런 걸 별로 좋아하지 않는다는 걸 모르니."

그래도 아무 대답이 없자 그녀는 매일 저녁 9시 30분에 전화를 걸기 시작했다. 그 시간에는 집에 없다는 변명을 할 수 없기 때문이었다.

심리 조종자들은 사회적으로 용인되거나 자기가 상상해낸 통상적인 원칙들을 활용해 둘 사이에서 벌어지는 일에 대한 책임에서 비켜간다. 그럼에도 불구하고 우리는 심리 조종자가 주입하는 메시지는 알아채는 것이다. 심리 조종자는 자주 친구나 동료, 배우자 혹은 가족들에 대해 비판한다. 그런 비난을 듣다 보면 상대는 책임져야 할 일이 아닌데도 부담을 느끼게 된다. 게다가 그들이 실제로 잘못을 저지른 경우는 매우 드물다.

영화 〈이상한 사건〉의 대화를 살펴보자.

A(심리 조종자)_ "그 사람, 자네 친군가?"

B_ "네."

A_ "그 친구 좀 바보 같지 않나?"

B_ "아뇨, 왜요?"

A_ "경마하는 사람들 좀 그렇잖나. 안 그런가?"

심리 조종자는 언젠가 B가 경마하는 걸 본 적이 있다. 한 번에 두 마리의 토끼를 잡는 셈이랄까?

빈정거림

빈정거림은 아주 섬세한 공격의 한 방식으로, 상대에게 뼈 있는 메시지를 전달할 때 쓰인다. 빈정거림과 유머는 그 목적은 물론 강도나 내용도 다르다. 유머는 미소 짓게 하거나 유쾌한 웃음을 선사하지만 빈정거림은 상대에게 상처를 준다. 심리 조종자는 빈정거리며 말을 하고는 상대가 기분 나빠하면 농담도 못하냐고 대꾸한다. 그런데 갑자기 빈정거림으로 받아들인 것이 농담이었다고 말하는 바람에 상대는 당황할 수밖에 없다. 영화 〈이상한 사건〉에서처럼 심리 조종자가 동료에게 이렇게 말한다. "루이, 내가 자네를 루이라고 부르는 건 콜린이라고 부르는 것보다는 덜 끔찍하기 때문이야"(그 직원의 이름은 루이 콜린이다)라고 말한다. 과연 농담 삼아 한 말일까, 아니면 빈정거린 걸까? 그는 동료의 이름을 가지고 제멋대로 놀린 것이다. 또 한 번은 심리 조종자가 루이 콜린에게 담배를 하나 달라고 한다. 그는 담배를 받아 입에 물었다가 이내 뱉어내더니 "뭐, 이런 담배가 다 있어?"라고 투덜거리며 담배를 멀리 던져버린다.

상대를 비난하면서 불편하게 만드는 또 다른 빈정거림을 살펴보자. 심리 조종자는 루이 콜린의 집에 들어가자마자 묻는다.

"여기 방이 몇 개지요?"

"두 개요."

"몇 평방미터라고?"

"60평방미터요."

"아, 그래요? 발코니까지 포함해서 그렇겠죠. 그런데, 전화 좀 하려고 하는데 어디 있나요?"

루이가 그에게 전화가 있는 곳을 알려준다. 심리 조종자는 옆방에서 전화를 하고는 돌아와 큰 소리로 말한다.

"무선 전화가 아니라 천만 다행이네요. 전화선 덕분에 길을 잃어버리지 않고 여기까지 찾아왔으니."

심리 조종자는 이 집이 매우 좁다는 걸 이런 식으로 빈정거리고 있다. 집주인인 루이는 상대의 말을 결코 '유머'로 받아들이지 않았다.

카린은 보조 간호사다. 그녀는 같은 부서에서 일하는 수간호사 때문에 힘든 시간을 보내야 했다. 카린은 뒤말 씨가 입원해 있는 정형외과에서 일을 하고 있었다. 이틀에 한 번꼴로 그의 붕대를 교체해주어야 하는데, 좀 더 일을 요령 있게 하려고 목욕하고 난 다음에 붕대를 갈아주곤 했다. 월요일에 붕대를 교체했기 때문에 수요일인 오늘 교체할 날이었다. 한 동료가 뒤말 씨를 씻기고 치료를 하려고 욕실로 데리고 간 사이 회진(여섯 명의 의사)이 있었다. 심리 조종자인 수간호원은 뒤말 씨가 병실에 없는 걸 보고 놀라며 막 입원실로 들어오고 있는 카린에게 물었다.

"뒤말 씨는 어디 있죠?"

"욕실이요." 카린이 대답했다.

"아, 그래요! 그렇군요. 오늘 퇴원하는 날인가요. 당신이 그의 어리광도 받아주고, 너무 공을 들이는군요(어딘지 조롱하는 듯하면서 기분이 나쁘다는 듯한 말투다).

"무슨 말씀이세요. 환자들은 매일 씻는데요."

"아, 당신은요?(당신은 매일 씻느냐고 물은 것이다)"심리 조종자가 반박한다.

"저도 그렇죠!"카린은 냉정하게 대답한다(심리 조종에 저항하기 위해 오히려 역 공격을 한다).

심리 조종자는 상대방의 무지를 가장 잘 활용한다

심리 조종자는 상대방의 무지나 경험 부족을 집중 공략하면서 자신의 우월성을 부각시킨다.

패트릭의 경우를 살펴보자. 앞에서도 언급했지만 패트릭은 런던의 한 호텔에서 일했다. 그가 처음 야간 근무를 할 때의 일이다. 한 고객이 맥주를 주문했다. 여 지배인이 패트릭에게 쟁반과 잔이 있는 곳을 일러주었다. 패트릭은 맥주잔을 쟁반에 받쳐 서빙하려고 했다. 그런데 지배인이 뒤에 딱 버티고 서 있다가 손님에게 말을 걸었다.

"저, 손님, 맥주는 거품이 많게 따라 드릴까요? 아니면 적게 해드릴까요? 지금 서빙하는 분을 좀 양해해주세요. 경험이 없어서요(여지배인은 손님의 답은 기다리지도 않는다)."

사실 그 고객은 맥주에 거품이 많든 적든 아무 상관이 없었다. 하지만 심리 조종자에게는 직원이 맥주 서빙과 같은 간단한 일조차 제대로 못한다는 사실을 각인시키는 절호의 기회였던 것이다. 그런데 자기 호텔 이미지를 생각하면 결코 좋은 지적은 아니었다. 과연 누구에게 이익이 되는 행동이었을까?

심리 조종자는 또한 다음과 같은 말들로 상대방의 입을 아예 막아버리기도 한다.

- "당신도 알다시피 내가 여기서 일한 지 15년은 되었다고."
- "너도 결혼하면 다 알게 될 거야."
- "네가 아이를 갖게 되면 그때 다시 이야기하자꾸나."
- "너도 내 나이가 되어보면 알 거야."
- "어디, 네가 더 행복해질지 두고 보자고."

이러한 거짓 예견들은 우리가 원치 않는 운명에서 벗어나지 못할 거라는 사실을 깔고 있다. 이는 심리 조종자가 겪은 힘든 경험들이 다른 사람들에게 교훈이 될 수 있다는 환상을 갖게 한다. 하지만 우리가 그런 일을 반드시 겪으란 법은 없다. 또한 모든 사람이 같은 생각, 원칙들을 지니고 있는 것도 아닐 뿐만 아니라 다들 똑같은 목표나 경험을 지니고 있는 것도 아니다. 왜 이미 정해진 길을 따라가야 하는 걸까? 심리 조종자가 예고한 그 길은 늘 복병이 숨어 있으면서 불행한 길이다. 우리는 과연 이 사실을 알아챘을까? 살면서 해결해야 할 여러 문제들과 맞서 싸우고, 좀 더 긍정적이며 행복한 미래를 만들어가라고 우리를 격려하는 대신, 그는 부정적인 면만을 받아들이라고 강요한다. 하지만 그것은 심리 조종자 자신의 경험일 뿐이다. 그는 자신의 경험이 상대에게 교훈이 된다는 사실을 드러내면서 자기 말이 얼마나 중요한지를 상대에게 피력하고 싶은 것이다. 하지만 이런 권위에 아무 생각 없이 따르게 되는 상황을 경계해야 한다. 상대가 연장자이거나, 혹은 아버지나 엄마일 때 우리는 아무런 비판 없이 그의 말을 받아들이는 경향이 있다. 그런데 그들의 삶이 과연 본받을 만한가? 그렇다면 다행이다. 그가 어떤 분야에서 정말 성공했다면 그의 충고를 따를 수도 있을 것이다. 하지만 단지 "결혼하면 다 알게 될 거야"라는 한마디 때문에, 당신이 결혼하면 힘든 시기가 찾아올 거라 믿으며 기다리고 있을 이유는 없지 않는가?

당신이 만일 동료에게 회사의 시스템을 새롭게 정비해보자고 제안하면 그는 곧바로 "당신도 알겠지만 이 회사는 내가 너무 잘 알아요. 벌써 15년째 일을 하고 있으니"라면서 당신의 말을 끊으려고 할 것이다. 그러면서 동시에 그녀가 모든 걸 다 시도해봤지만 현재의 조직 체계는 나아지지 않았음을 말하고 싶은 것이다. 주로 새로운 변화를 달가워하지 않는 사람들이 이렇게 반응한다. 그들은 동료들의 새로운 발견이나 교훈에 열려 있지 않다. 오래전부터 자신들이 해온 방식을 고수하고는 더 이상 바꾸려 하지 않는 것이다. 10년, 15년이라는 시간이 흐르면서 많은 것이 달라지고, 사람들도 변하고 있다. 하지만 그들은 여전히 이 사실을 받아들이려 하지 않는다. 아이들 교육도 마찬가지다. 여러 심리학 연구와 새로운 정보들 덕분에 우리는 예전과 다르게 행동한다. 다시 말해, 누군가 우리에게 "너도 아이를 갖게 되면 알게 될 거야"라고 말할지 몰라도, 우리는 얼마든지 아이를 갖기 전에 요즘의 아이들이 어떻게 지내는지, 아이들을 어떻게 달리 교육할 수 있는지에 대해 정보를 얻을 수 있다. 심리 조종자는 단지 이런 말들을 통해 오직 자신의 경험만이 가치 있고, 자신의 경험만이 상대에게 지식을 제공할 수 있다고 말하는 것이다.

물론 이렇게 말하는 모든 사람들이 심리 조종자인 것은 아니다 (심리 조종자는 앞에서 열거한 30가지 특성으로 쉽게 판별할 수 있다).

심리 조종자는 때로 우리의 지식이나 상식을 무시하다가도 지나치게 신봉하는가 하면 마치 우리가 세상의 모든 지식을 다 알고 있어야 한다는 듯 얘길 하기도 한다.

예를 들어보자. 심리 조종자가 몇몇 친구들과 테이블에 모여 앉아 얘기를 하는 중이었다. 그는 아이 교육에 대한 자신의 의견(사실은 일반적인 생각들)을 말하면서 멜라니 클라인Mélanie Klein의 작업에 관한 이야기를 하기 시작했다. 그러자 앞에 앉아 있던 한 사람이 얼굴을 찡그리며 멜라니 클라인이 누구냐고 물었다.

"멜라니 클라인을 몰라?" 심리 조종자는 꽤 놀라는 표정을 지으며 되묻는다.

"모르는데."

"정말 멜라니 클라인을 모른다고?" 그는 반복해 묻는다.

"몰라."

"세상에, 말도 안 돼. 정말 그녀가 누구인지 모른다는 말이야?" 심리 조종자는 다시 한 번 강조한다.

"모른다고. 내가 모른다고 했잖아." 상대는 점점 화를 내기 시작한다.

"세상에, 이거 정말 실망인걸. 아무리 그래도 그렇게 유명한 사람을 …."

"그러니까 그 사람이 누구인지 가르쳐달라고." 상대는 결국 부탁하기까지 했다.

"좋아. 그녀는 유명한 아동 심리학자야. 프로이드만큼이나 유명하지. 그녀가 쓴 책들도 여러 권이고."

심리 조종자는 여러 차례 놀라는 반응을 보이면서 상대를 폄하한다. 이는 우리가 모르는 주제를 강조함으로써 진행된다. 사실 이 주제는 극소수의 의사들만이 알고 있는 전문 분야와 관련된다. 심리학자, 심리운동학자, 정신분석가들에게도 제대로 알려지지 않은 인물인데 일반인들이 모르는 것은 당연하다. 그녀는 심리 조종자의 생각과 달리 프로이드만큼 유명하지도 않다. 설사 멜라니 클라인이 프로이드만큼 유명하다고 해도 그건 다른 차원의 문제다. 우리가 피카소에 대해 이야기를 나누고 있었다고 가정해보자. 상대가 피카소를 알지 못한다고 하면 물론 조금 놀라긴 하겠지만 그렇다고 상대를 폄하하지는 않을 것이다. 멜라니 클라인을 알지 못한다고 무지한 사람으로 취급하고, 더 나아가 교육받지 못한 무식한 사람으로 여기지는 않을 것이다.

심리 조종자는 잘 알려지지 않은 사람의 이름이나 전문 기술 분야의 용어, 혹은 러시아어, 독일어 같은 외국어를 언급하면서도 같은 효과를 노린다. 그는 상대가 당연히 알아들을 거라 생각하는지 어떤 해석이나 설명도 덧붙이지 않은 채 말한다. 교육을 받고 제대로 공부한 사람이라면 당연히 알아들을 것이라 상정하는 것이다. 이 때문에 우리는 스스로 교양이 부족한 것은 아닌지 의심하게 되고 심지어 자신이 머리가 나쁘다고까지 여기게 된다. 영화 〈이상한 사건〉에서 심리 조종자는 동료와 친구들이 모인 테이블 앞에서 독일어로 시를 읊기 시작한다. 그러고는 한 사람을 향해 "살로메라면 그 반대를 얘기하지 못할걸"이라고 툭 던진다.

어떤 사람이 "다들 알겠지만"으로 말을 시작하는데 그다음 나온 말이 처음 듣는 말이라면 누구든 당황할 것이다. 내가 "다들 알고 있겠지만, 보석은 매우 귀하고 또 값비싸죠"라고 말한다고 놀라는 사람은 아마 없을 것이다. 그런데 "제일 비싼 루비는 비르마니산이야"라고 말하는 것과 "다들 알겠지만 제일 비싼 루비는 당연히 비르마니산이지"라고 말하는 것은 매우 다르다. 전자는 단순히 정보를 전달하는 것인 반면, 후자는 다들 이미 알고 있는 사실을 다시 한 번 언급하는 것이다. 여기 제시한 예는 단지 일화이며 중요하진 않다. 그런데 업무나 시사와 관련된 대화에서 이런 태도를 보인다면 어떠할지 상상해보라. 우리는 결코 편안한 마음으로 대화에 참여하지 못할 것이다.

이 장에서 상대를 폄하하는 다른 방식들도 함께 다뤘어도 좋았을 것 같다. 심리 조종자는 직접적인 비난 외에도 상대의 자질이나 인성에 의심을 품게 하고 상대의 무지를 교묘하게 공격할 때 여러 수단을 사용한다.

- 거짓 이야기들을 늘어놓음으로써 자기 자신을 부각시킨다.
- 앞장에서 살펴보았듯이 말이 아닌 태도로 흘려듣는다.
- 상대가 함께 있다는 사실을 '잊어버리고', 더 심하게는 아예 존재감을 무시한다. 예를 들어 인사를 건네지 않고 안부도 묻지 않는다. 한마디 말도 하지 않고, 쳐다보지도 않는다.
- 매번 다른 사람의 말을 끊는다.
- 질문을 하고는 바로 대답을 강요한다.

불쌍한
심리 조종자!

카리스마를 지닌 심리 조종자도 필요에 따라 희생자처럼 굴어 상대에게 연민을 자아낸다.

심리 조종자는 때로 없는 문제까지 부풀려가며 불평을 늘어놓는다.

- 주변 사람들이 까다롭다고 불평한다.
- 일이 너무 많다고 불평한다.
- 건강 문제를 심각하게 부풀린다.

까다로운 주변 사람들…

"자크가 세미나가 있다면서 또 지방에 갔어. 이번에도 나 혼자 아이들을 돌보게 생겼어."

"이번에 같이 일하게 된 비서들이 하나같이 무능하다니까. 그러니 나 혼자 일처리를 다하게 생겼지 뭐야."

"도저히 그들의 말을 믿을 수가 없다니까."

"그들은 나한테 하나도 도움이 안 돼."

"난 하여간 사람 복이 지지리도 없다니까."

"사람들이 너무 이기적이라 다른 사람들 문제는 별로 신경 쓰지 않아."

"내가 할 수 있는 건 다 했어. 그는 완전히 고집쟁이거나 바보인 게 틀림없어. 잘 모르겠어. 내 말은 도대체 들으려 하질 않으니."

"그 많은 사람들 중에 의지할 사람이 하나도 없다니."

"살다 보면 이 세상에 너 혼자라는 사실을 알게 될 거야."

"여기서는 나 혼자 다 한다니까. 아무도 날 도와주질 않아."

우리도 한 번쯤 주변 사람들에 대해 이런 불평을 한 적이 있을 것이다. 실제로 위의 상황들이 겹쳐서 일어났을 수도 있다.

심리 조종자의 말만 들으면 그가 정말 염치없고, 무능력한 주위 사람들 때문에 피해를 본다고 생각할 수 있다.

실비는 휴가를 떠난 엄마(심리 조종자)를 위해 정신없이 집안일이며 여러 행정 처리를 도맡아 해야 했다. 우편물도 일일이 뜯어서 내용을 확인하고, 소송 중인 사건을 처리하기 위해 전화도 걸고, 은행 업무까지 봐야 했다. 실비는 일단 마음먹으면 꼼꼼하게 일을 처리하는 성격이라 이 모든 문제들을 깔끔하게 처리했다. 하지만 휴가에서 돌아온 엄마는 실비의 언니에게 대놓고 "도대체 실비를 믿을 수가 있어야지"라며 질책했다. 발코니에 있는 화초에 물을 주는 걸 잊어버렸다는 것이었다. 과연 불쌍한 엄마는 딸한테 아무 도움도 받지 못한 걸까.

과중한 업무

누구나 밀린 일들로 정신없이 바쁠 때가 있다. 그런데 심리 조종자들은 자신이 스스로 나서서 일들을 맡아놓고는, 그 일을 핑계로 늘 피곤하다고 불평하면서, 정작 해야 할 일을 하지 못한다.

마담 L은 몇 년 전에 은퇴한 이후로 편안한 노후를 보내고 있다. 하지만 그녀는 언제나 할 일이 태산 같아서 너무 힘들고 피곤하다며 끊임없이 불평한다. 하루는 아들이 엄마에게 그렇게 피곤하면서 어떻게 예술학교에서 강의를 듣고, 친구들과 영화도 자주 볼 수 있느냐고 물었다. 게다가 일이 많으면 편지 답장을 조금 늦게 할 수도 있는 거라고 덧붙였다. 그런 것들은 꼭 해야 하는 건 아니라고. 여가를 즐기는 걸 엄마는 마치 숙제를 하는 것처럼 얘기하는데, 잘 이해할 수 없다고 지적했다. 마담 L은 이 말에 얼굴을 찌푸리며 화를 냈다.

심리 조종자는 자신에게 주어진 행운이나 기회마저 불평할 때가 있다. 심리 조종자들인 기업 대표나 가게 주인, 혹은 지프차나 경주

마 주인들은 끊임없이 고용인과 납품업자들에게 돈이 없다며 투덜거린다. 어떻게 하면 고용인에게 월급을 적게 주고, 결제금을 늦게 줄 수 있을지 고민하며 불평만 한다. 그러면서 본인은 돈이 없어서 소형차만 몬다며 투덜거린다. 그러나 이건 전시용일 뿐 자동차 한 대가 또 있다. 그의 재정 상태를 알 수 없는 사람들은 이 말에 속아 물품 값을 깎아주거나 임금 인상을 요구하지 못하게 된다.

심리 조종자는 여행을 떠나는 친구에게 이렇게 말한다. "넌 하여간 남부럽지 않게 산다니까", 혹은 "우리 집 남편하고는 그런 여행은 꿈도 꿀 수 없다니까." 그러면서 자신이 최근 부동산에 투자하고, 신차를 구입하거나 주식을 사들인 것은 절대로 말하지 않는다. 자신을 불쌍한 사람으로 만드는 재주가 있다.

물론 누구나 일시적으로 경제 사정이 나빠서 걱정거리를 얘기할 수는 있다. 부자들도 돈 문제로 고생할 수 있다. 하지만 문제는 이들이 지나칠 정도로 끊임없이 불평을 늘어놓는 데 있다.

영화 〈이상한 사건〉에 등장하는 백화점 매니저(심리 조종자)는 그의 동료 둘(그들이 양복도 잘 다려놓았다)이 반질반질하게 닦아놓은 구두를 신으며 투덜거린다. "사장이 그놈의 만찬에 참석해야 한다면서 날 완전히 귀찮게 한다니까." 그런데 그의 동료들은 만찬에 초대받지도 못했고 저녁에 오믈렛이나 먹어야 했다.

심리 조종자는 반드시 자신의 이익을 챙긴다는 사실을 잊지 말아야 한다. 그는 여러 불만을 늘어놓으며 상대를 속이면서 결국 상대로부터 아무리 작은 도움이라도 얻어내곤 한다.

건강 문제

심리 조종자는 몸이 아플 때는 거의 죽을 것처럼 투덜거린다. 매번 자신의 병을 부풀린다. 수술을 받은 게 아니라 수술을 받을 뻔했다고 말하고, 단순한 이상 증세가 아니라 암이 의심된다고 말하는 식이다. 머리가 조금만 아파도 왜 그런지 모르겠다며 자리에 드러눕는다. 심장병을 앓고 있는 환자일 경우, 조금만 가슴이 답답해도 소리를 지른다. "아! 내 심장, 심장…"이라며 숨이 넘어갈 듯 비명을 지른다.

어떤 병이든 자신이 환자라는 사실은 그에게 참을 수 없는 아주 심각한 문제다. 반면 상대가 병에 걸린 경우는 전혀 그렇지 않다.

바네사는 요통과 좌골신경통으로 우울증에 시달렸다. 남편(심리 조종자)은 이런 아내의 고통을 전혀 이해하지 못했으며 오히려 증상을 과장하고 있다며 그녀를 조금도 도와주지 않았다. 그녀는 집에서 혼자 힘으로 움직여야 했다. 심리 조종자는 겨우 평소만큼만 도와줄 뿐이었다. 그런데 요통으로 고생하는 친구한테는 하루에 두 번이나 전화를 걸어 안부를 물었다. "그 친구가 허리가 아파서 꼼짝할 수 없다네", "불쌍하게도 요통 때문에 바닥에서 잠을 잔다니…."

심리 조종자인 여자가 27살 된 아들에게 보내는 편지를 살펴보자.

네게 할 말이 있어서 직장에 전화를 걸었더니 자동응답기만 돌아가더구나.

　1. 이번 여름, 별장에 가려고 해.

2. 휴가 떠나기 전에 아파트 창문 블라인드를 내려뒀어. 침대 시트랑 쿠션색깔이 햇빛에 바랠까 봐. 혹시 네가 엄마 집에 일하러 와서 블라인드를 올렸으면 꼭 내려주고 가렴. 엄마는 7월 17일에나 도착하니까. 그리고 도둑이 들지 모르니 덧문 잠그는 것도 잊지 말고.

3. 주말에 많이 아팠단다. 배가 너무나 아파서 먹을 걸 사러 나가지도 못했지. 침대에 누워 3일이나 꼼짝을 못했어. 벌써 10일째 기운이 없고, 건강도 많이 나빠진 것 같아. 누구하고도 얘길 나눌 수가 없구나. 어제는 새벽 2시에 너한테 전화를 다 할 뻔했다니까. 너무 아파 눈을 감을 수가 없었거든. 아무래도 의사에게 가봐야겠구나.

– 네가 뭘 하고 지내는지, 네가 어디에 있는지, 소식 좀 다오. 다음에 전화할 땐 엄마 속상하게 하지 말고. 요즘 같아선 모든 게 두렵기만 하구나.

사랑하는 내 아들에게
엄마가

추신;

이제는 너와 잘 지내고 싶단다. 지금까지 네 외할아버지, 아버지, 외삼촌들 때문에 너무 힘든 일만 겪어서 그런지 이제 내게는 너밖에 없단다. 엄마에게는 너만이 삶의 유일한 희망이란다. 네 외할머니가 지금 엄마 나이에 돌아가셨지. 그래선지 더욱 네가 생각나고 이렇게 매달리게 되는구나. 네 곁에 있어주고 싶구나. 너를 사랑하는 마음을 달리 표현할 길이 없단다.

이에 아들이 용기를 내어 회답했다.

엄마 보셔요.

1. 그렇게 아픈데 왜 바로 병원에 가지 않는지 이해할 수가 없어요. 당연히 그러셨어야죠. 지금도 늦지 않았어요. 빨리 의사한테 가보세요. 게다가 엄마 친구 분한테 곧 죽을 것 같다고 말씀하셨다면서요.

2. 말도 제대로 할 수 없고, 손님 초대도 모두 취소하고, 주말에 누워만 지냈다고 하시니 아무리 생각해도 상태가 심각한 것 같아요. 그러니 누구에게라도 연락해서 심리적 안정을 줄 수 있는 사람을 찾아보세요. 그래야 지금 같은 상태에서 벗어나실 수 있을 것 같아요.

만일 엄마의 상태가 많이 심각하지 않으면 제 편지를 계속 읽어보세요.

3. 이제는 저와 잘 지내고 싶다고 하셨죠. 그야말로 아주 이상적인 바람이죠. 저 역시 엄마와 같은 생각이에요. 정말 그러길 바라신다면 몇 가지 조언을 드리고 싶네요. 먼저 엄마의 바람을 실현하기 위해 가능한 모든 방법을 시도해보세요. 지금까지 엄마의 행동을 다시 한 번 돌아보시길 부탁드려요. 혹시 주위 사람들과 지내면서 그들의 마음을 조종하려고 하지 않으셨는지 돌아보셨으면 해요. 지속적으로 상대에게 엄마가 원하는 규칙을 정해놓고 엄마의 사정만 늘어놓으며 상대에게 연민을 강요하고, 제3자를 통해 잘못된 정보를 흘리거나 엄마가 원하는 것을 얻기 위해 부당하게 자선을 베풀라고 간청하고, 상대를 이용하려고만 들진 않으셨는지 한 번 돌아봐주세요. 상대에게 죄의식을 강요하는 그런 행동들을 하진 않으셨는지 말이에요. '엄마가 말씀하셨듯이 외할머니가 돌아가신 나이가 되셨으니.'

제가 엄마의 몸과 마음을 병들게 한다며 오늘 당장이라도 죽을 것 같다고 으름장을 놓으시면서 늘 상처가 되는 말들을 쉬지 않고 쏟아내셨잖아요.

4. 외할머니가 늘 말씀하셨던 '생존하기 위해'라는 말을 엄마도 항상 저에게 하셨지요. 하지만 할머니는 남성우월주의가 지배적이던 아프리카 식민지에서 사셨다는 걸 잊지 마셔야 해요. 할머니가 일찍 돌아가신 건 그런 특별한 상황들 때문이었지요. 게다가 할머니는 항상 상대를 조종하려 들고 죄책감을 강요하고 끊임없이 불안정한 심리 상태를 보이셨던 할아버지와 함께 사셨어요. 할머니는 그런 남편과 꼼짝없이 살면서 모든 악영향을 견뎌내야 했죠. 그러면서 고통스러운 함정에 자신을 내버려 두셨던 거예요. 그래서 할머니가 일찍 돌아가신 거라고 생각해요. 저는 절대 할머니처럼 살지 않을 거예요. 누구에게도 제 개인의 행복을 방해하도록 내버려두지 않을 거예요. 너무 소중한 삶이니까요. 저는 행복하게 살 수 있어요. 그럴 수 있다고 굳게 믿고 있어요.

엄마 건강은 너무 걱정하지 마세요. 예전과 달리 의술도 많이 발달했고, 평균 수명도 점점 길어지고 있으니까요. 엄마는 아무 문제없이 노년을 즐길 수 있을 거예요. 무엇보다 엄마를 사랑하는 가족, 이웃들이 돕고 있잖아요. 엄마는 온전히 엄마 자신이라는 사실을 잊지 마세요. 외할머니처럼 고통받아야 할 이유가 하나도 없어요. 엄마는 할머니가 아니에요. 할머니를 닮지도 않았고요. 인자하고 똑똑했던 할머니도 자기 딸이 자신의 삶을 그대로 닮기를 바라진 않으실 거예요. 엄마가 오래도록 행복하게 산다고 할머니를 결코 '배반'하는 건 아니에요.

5. 엄마는 종종 저를 위해 산다고 말하시죠. 매우 고마운 말이고, 감사

할 뿐이지요.

하지만 엄마가 말했듯이 친구들과 만나 즐겁게 지내고, 좋은 사람들과 얘기도 나누며 행복해하고, 따뜻한 곳으로 여행도 가고, 편안한 아파트에 아름다운 시골 별장도 있고, 무엇보다 경제적 걱정 없이 편안하게 노년을 즐기고 계시잖아요. 자유를 누리고 계시잖아요.

그러니 엄마가 지금까지 제게 했던 말들이—엄마가 오직 저만을 위해 엄마의 불행하고도 끔찍한 삶을 이어가고 있다는, 그래서 제가 죄책감을 느껴야 할 그런 말들이—완전히 거짓이거나 아니면 그런 행복한 시간들을 잊고 계신 건 아닌지 모르겠어요. 저는 두 번째 생각이 맞다고 생각해요.

아파트 블라인드는 건드리지 않았어요. 아파트 안은 신발을 벗고 다녔어요. 그러니 안심하세요. 카펫은 조금도 더럽히지 않았으니까요.

저는 아주 잘 지내고 있어요. 새로 들어간 회사가 일이 좀 힘들긴 해도 일이 마음에 들어요.

제가 엄마를 사랑한다는 것 잊지 마세요. 건강 조심하시고요.

아들 로익

추신;

제 직장으로 연락하지 않으셨으면 해요. 엄마도 잘 아실 거예요. 회사에서 엄마 전화를 받으면 편안하게 얘기할 수 없다는 거 말이에요.

우체국 파업도 끝났고, 제 집 전화도 고장 나지 않았어요. 그러니 집에 있을 때 연락 주세요. 가능하면 '새벽 2시' 전에 연락주시면 좋고요.

상황에 따라
행동과 태도를 바꾼다

"정말 지겨워. 계속 이렇게 일할 수는 없어. 한 사람 더 있어야 일이 굴러가지. 책임자에게 이를 제안하자고요!" 계산원인 베로니크는 회사에 불만을 토로하겠다고 큰소리쳤다. 하지만 윗사람들과 모여 회의를 할 때면 그녀는 입을 딱 다물고 아무런 문제도 제기하지 않는 것이다. 결국 매장 담당 직원이 대신 총대를 멨다.

"베로니크가 어제 계산원이 둘뿐이라 힘들다고 하던데요. 혹시 한 명 더 채용할 수 없을까요? 안 그래, 베로니크?"

"내가? 그런 말 한 적 없는데." 베로니크는 의아하다는 표정으로 대답했다.

"어제 오후에 우리한테 분명히 그렇게 말했잖아요." 직원이 다시 기억을 상기시켰다.

"전혀 아닌데요. 전에 셋이 일할 때가 더 수월했다고는 했죠. 어쨌든 추가 근무수당을 받고 있으니 문제될 건 없어요. 괜찮아요. 고객들이 너무 오래 기다릴까 봐 좀 그렇지만."

매장 담당 직원들과 다른 계산원은 어이가 없었다. 그들이 잘못 이해한 걸까? 그녀가 씩씩 거리면서 불평하던 걸 잘못 알아들은 걸까?

심리 조종자는 이렇듯 상황을 자신이 원하는 대로 바꿔버리는 재주가 뛰어나다. 때로는 너무 확신에 차서 말하기 때문에 오히려 상대방이 거짓말을 한다는 의심을 받을 수도 있다.

심리 조종자는 자신의 의견을 정당화하기 위해 확신을 가지고 주장한다. "네가 잘못 알아들은 거야", "내 말은 잘 듣지 않았군", "왜 그렇게 생각하는지 알 수가 없는걸." 혹은 "내 말을 완전 잘못 해석했네." 그는 오히려 황당하다는 표정을 지을 것이다.

물론 우리도 얼마든지 생각을 바꿀 수 있다. 하지만 적어도 자신이 했던 말을 부정하진 않는다. 예전에는 'A'라고 생각했다가도 그 사이에 여러 일들로 인해 생각이 'B'로 바뀔 수는 있다. 하지만 심리 조종자는 자신이 'A'라고 생각했다는 사실 자체를 부인한다. 심지어 상대에게 잘못 들은 거라며 뒤집어씌우기까지 한다.

그가 거짓말을 하는 걸까? 심리 조종자의 행동이나 표정을 잘 살펴보면 거짓말을 하는 것처럼 보이진 않는다. 정말로 예전에도 그런 생각을 했던 것처럼 보인다. 그가 의식적으로 거짓말을 하고 있는 게 아니라는 의미다.

그는 자신이 했던 말을 고집스럽게 부인한다. 그러다 보면 서로 모순되는 말들이 튀어나올 때도 있다. 심리 조종자는 자신의 잘못을 절대 인정하지 않기 때문에 자연스레 공격적인 태도를 취하게 된다. 상황이 어떠하든 그는 항상 자신이 옳다는 걸 증명하려고 한다.

베로니크의 경우, 그녀는 어떻게든 책임자에게 좋은 인상을 남겨야 했다. 그래서 불쑥 자기 의견과 행동을 바꾼 것이다.

로익의 엄마는 매번 전화를 받을 때마다 목소리가 다르다. 어떤 때는 목소리를 알아보기 힘들 정도다. 갑자기 목소리가 날카로워지거나 애교 섞인 목소리를 낼 때도 있다. 길게 "여보세요" 하고는 억지웃음을 지으면서 대화를 이어가는 것이다. 그런데 다른 사람들 앞에 있을 때면 완전히 달라진다. 물론 우리도 여러 사람들 앞에선 좀 더 조심하고, 친절하게 대하려고 노력한다. 하지만 그렇다고 로익의 엄마처럼 완전히 돌변하지는 않는다.

내성적인 심리 조종자 한 명을 아는데, 그는 사람들을 만나면 항상 환심을 사려고 안달이었다. 특히 여자들과 인사를 나눌 때면 여러 차례 뺨에 입을 맞추면서 지나치게 친절한 태도를 취했다. 하지만 사람들 앞에서 밝게 웃다가도 마지막 초대 손님이 문을 닫고 나서면 바로 태도가 돌변하는 것이었다. 오직 가족들만이 그의 이런 가면 게임을 눈치채 알고 있다.

55살 된 한 환자를 상담한 적이 있다. 그녀가 겪은 일들 역시 심리 조종자와의 고통스러운 관계를 잘 보여준다. 그녀는 의사의 충고대로 스트레스를 줄이려고 정신 집중(근육 이완) 훈련을 받으려고 했다. 그때까지 그녀는 한 번도 사회에 나가 일을 해본 적이 없는,

봉사 활동만 열심히 해온 온순한 여자였다. 중산층 출신인 그녀는 30년 전, 자기보다 더 가난한 집안의 남자와 결혼을 했다. 처음 몇 번의 상담을 통해 나는 그녀에 대해 많은 정보를 얻을 수 있었다. 스트레스의 원인을 정확하게 파악했기 때문에 정신 집중 효과의 기본 원칙들을 알려줄 수 있을 거라고 기대했다. 그녀는 그때까지 항우울제와 신경안정제(진정제)를 처방받은 적은 있어도 심리치료사를 찾아온 것은 처음이었다. 그녀는 상담하면서 스스로 자신에 대해 편하게 말을 할 수 있다는 사실을 놀라워했다. 그런데 그녀가 "저는 행복하기 위한 모든 조건을 다 갖춘 셈이에요"라고 말하는 모습을 보면서 정작 본인은 왜 스트레스를 받는지 모른다는 사실에 주목하지 않을 수 없었다. 행복할 수 있는 조건을 모두 갖추었다고 하면서도 원만하지 못한 부부 사이를 보여주는 그런 일화들을 계속 덧붙이는 것이었다. 그러다 감정에 휩싸이자 점차 남편에 대해 놀랄 만한 사실들을 털어놓기 시작했다. 그녀는 중간에 세 번이나 "절 믿으세요? 제 말을 이해하시겠어요? 지금까지 누구에게도 이런 말을 해본 적이 없어요"라고 강조했다. 나는 재빨리 그녀가 처한 상황을 이해할 수 있었다. 그녀의 남편은 매우 위험한 심리 조종자였던 것이다.

첫 상담부터 그녀의 남편이 심리 조종자의 전형적인 특징들을 지니고 있다는 걸 알 수 있었다(이 장에 해당하는 내용만 얘기하겠다). 오래전부터 남편은 아내를 구타하고 아이들 앞에서 아내를 창녀 취급해왔다. 그러다 집 밖으로 나오면 안에서 벌어지는 일들을 암시할 만한 어떤 말이나 태도도 취하지 않았다. 그녀는 결국 울음을 터트리면서 가장 친한 친구에게조차 아무 얘기도 할 수 없었다고 했다. 아무도 자신을 믿지 못할 거라고 생각했기 때문이었다. 그러면서 "남편은 밖에서는 너무 친절하고, 잘 웃고, 예의 바르며, 사교적이거든요. 제 친구들은 제가 얼마나 좋은 남자와 결혼했는지 모른다며 부러워했어요. 이해하시겠어요? 그러니 제가 어떻게 진실을 얘기할 수 있겠어요? 어떻게 남편이 집에서는 폭군으로 돌변한다고 말을 할 수가 있겠어요?"

그녀는 그야말로 가혹한 감옥살이를 하고 있었다. 그런 경우는 극히 드물었다. 그녀는 제대로 된 교육을 끝까지 받아본 적이 없어 일을 할 수도 없었다. 게다가 남편은 쉬지 않고 그녀에게 아무것도 할 줄 모르는 바보라며 비난을 일삼았다. 만일 남편만 아니었다면 그녀는 무엇이라도 배웠을 것이다. 그녀는 워낙 자신감이 부족하고 수동적인 성격이었기 때문에 스스로 아무리 배워도 소용이 없을 거라며 체념했다. 남편 말대로 그가 알아서 충분히 가족이 먹고살 정도는 번다고 생각했다. 그녀는 나를 만나러 올 때 수표 한 장만 달랑 들고 왔다. 남편은 사용 용도가 확실한 것에만 돈을 주기 때문에 정신 집중 훈련을 하겠다고 자신 있게 돈을 요구할 수 없었다. 남편에게는 두세 번 개인 상담을 받은 다음, 좀 더 저렴한 단체 상담에 등록하겠다고 말했다.

개인 상담 두세 번만으로는 그녀에게 단체 수업을 권할 수는 없었다. 적어도 여섯 번에서 일곱 번은 더 개인 상담을 받기로 했다. 하지만 네 번째 상담을 하면서 그녀는 남편이 개인 비용과 단체 비용을 알고 있기 때문에 위험하다고 말했다. 비용 차이를 모르고 넘어갈 사람이 아니었다. 왜 바로 그룹 수업에 참가하지 않는지 의아하게 생각하면서 언제든 그녀에게 수표를 주지 않겠다고 나올 수 있었다.

결국 예상했던 일이 벌어졌다. 하루는 그녀가 내게 전화를 걸어 언니와 휴가를 가기로 했다며 상담 약속을 미뤘다. 그 후 다시는 나를 찾아오지 않았다.

가면을 쓰고 다른 사람들을 조종하며 사는 사람들, 즉 심리 조종자를 주로 대하는 직종으로는 심리치료사와 변호사를 들 수 있다. 그들은 심리 조종자를 알아보는 데 탁월한 능력이 있다. 하지만 그들도 심리 조종자의 주변 환경을 잘 모르면 상황을 제대로 파악하지 못할 수 있다. 심리 조종자는 쉽게 주변 사람들의 호감을 사면서 다른 사람을 매료시킬 수 있기 때문이다.

지키지 않는 약속

사실 심리 조종자는 거의 약속을 하지 않는다. 약속한다는 말을 결코 밖으로 내뱉지 않는다. 나중에 "약속한 적 없는데"라는 말로 얼마든지 상황을 뒤집을 수 있기 때문이다.

셀린의 동료인 마담 M(심리 조종자)은 입원 수속 담당 책임자다. 그녀는 직원 평가에 대해 이야기하기 시작했다. 셀린과 다른 두 책임자에게 직원 평가를 함께하자고 제안했다. 여기까지는 별 문제가 없었다.

몇 주 후, 마담 M은 세 동료에게 조금은 건방진 목소리로 말했다. "아! 결국은 나 혼자 직원 평가를 했어. 다들 시간이 없다고들 해서."

왜 마담 M은 동료들과 직원 평가를 같이 하지 않은 걸까? 셀린과 그녀의 동료들은 직원평가에 동참하지 않았기 때문에 각각의 직원에 대해 그녀가 어떻게 근무평가를 내렸는지 알 수 없다. 마담 M은 완벽하게 자신의 힘을 굳히기 위해 말도 안 되는 이유를 내세우면서 다른 사람의 의견을 참고하지 않은 것이다.

브뤼노는 막 이사 간 원룸의 수도배관을 수리하면서 주인(심리 조종자)에게 이 사실을 알렸다. 수리 비용은 생각보다 훨씬 비쌌고, 이 얘기를 들은 주인은 비용의 절반을 부담하겠다고 했다. 관례대로라면 배관 공사는 원래 주인이 전액을 다 부담해야 하는 것이었다. 어쨌든 브뤼노는 수리 비용을 본인이 먼저 내고 몇 주가 지나도 주인이 자기 몫의 비용을 주지 않자 그에게 약속했던 걸 상기시켰다. 그러자 주인은 화를 내면서 다음과 같이 말했다.

"정말 말도 안 돼요. 혼자 알아서 하겠다고 하고는 이제 와서 나한테 비용을 부담하라고 하다니."

"하지만 그때는 같이 부담하겠다고 하셨잖아요."

"그 얘기는 나중에 다시 하죠." 그녀가 얼버무렸다.

브뤼노는 여러 차례 독촉한 뒤에야 약속받았던 금액을 받아낼 수 있었다. 그 후 3년 뒤 주인은 브뤼노에게 계약서에 새로 서명하자고 해놓고도 넉 달이 지나도록 관련 서류를 보내주지 않았다. 거리에서 우연히 만나도 브뤼노를 못 본 척하기에 결국 그는 그녀 집 앞에서 기다렸다 만났다. 브뤼노는 깜짝 놀라는 그녀를 보며 계약서를 달라고 했다.

"아니, 저를 못 믿으시는 거예요?" 그녀가 당황스러워하며 물었다.

"정식으로 서명한 서류를 받았으면 해서요."

"지금 바빠서 그러니 다음에 다시 만나 얘기하죠." 그녀는 화를 버럭 내면서 돌아섰다.

그들이 다시 만났을 때 주인은 브뤼노에게 지난 번 준 계약서 사본을 왜 돌려주지 않느냐고 물었다. 그러면서 브뤼노가 아주 예의 바르고 괜찮은 사람인 줄 알았는데 거칠고 공격적으로 얘기하는 거 보고 많이 놀랐다고 했다.

위의 예에서 볼 수 있듯이 주인은 자신이 한 약속에 대해서는 개의치 않고 심리 조종자들이 흔히 사용하는 질문을 던졌다. "저를 믿지 못하세요?" 보통은 순진하게도 갈등을 피하려고 "당연히 믿죠"라고 서둘러 대답들을 한다. 이때 우리는 이중 실수를 저지르는 것이다. 절대 먼저 "당연히 믿죠"라고 대답하지 말아야 한다. 그 순간 심리 조종자는 우리에게 온갖 논리를 들이대며 쉽사리 '서로 믿는데 무슨 문제가 있느냐'고 말해버리기 때문이다. 둘째, 절대 그를 믿지 말아야 한다. 자신을 보호하는 방법에 대해서는 뒤에서 더 살펴보기로 하자. 중요한 것은 모든 약속을 문서로 남겨야 한다는 사실이다. 그것도 바로 우리 앞에서 직접 작성하게 하거나 우리가 직접 작성해야 한다(위의 예만 보아도 그 필요성을 알 수 있을 것이다). 브뤼노는 이러한 상황에서 문서로 남겼으면 한다며 적절하게 대응했다. 예를 들어 전문 분야에서는 "모든 것을 명확하게 하기 위해 문서로 남겼으면 해요"라고 대답할 수 있다(절대 공격적인 투로 말할 필요가 없다). 혹은 "우리가 서로 한 약속을 잊지 않으려면 문서로 남기는 게 좋겠어요"라고 아주 친절한 목소리로 말하자.

끝으로 심리 조종자는 자신이 한 말이나 약속을 지키지 않아도 미안해하지 않는다는 사실을 기억해야 한다. 우리가 그의 행동(약속을 지키지 않거나 책임을 회피하고, 상대를 기다리게 하거나 상대방의 일을 존중하지 않는)을 지적하면 그는 자신을 변명할 이유들을 얼마든지 가지고 있다. 가장 흔히 사용하는 게 일이 너무 많아 바쁘다는 거다. 그리고 다른 사람을 돌봐야 했다거나 자신이 누군가(누군가가 자신을 못 가게 붙들었다거나)의 혹은 무엇인가(상대가 너무 멀리 살기 때문에, 도로 사정이 엉망이라, 길을 잘못 들어서)의 희생자라는 사실을 강조하는 식이다. 상대에게 설명을 하거나 미안하다는 말을 하지 않으려고 그는 거짓말을 하거나(의심이 가는) "자신을 믿어야 한다"는 말을 늘어놓는다.

상대의 요구를
고려하지 않는다

심리 조종자는 상대의 권리, 요구, 바람을 고려하지 않는다. 그는 아주 교묘하게 모든 걸 강요한다. 우리가 그의 부족한 점을 지적하면 그는 절대 그렇지 않다고 호들갑을 떨 것이다. 그러면서 자신의 의견을 주장하기 위한 거짓 증거들을 댈 것이다. 그가 하는 말과 실제 상황은 전혀 다르다. 이타주의자를 자처하는 심리 조종자는 결정적으로 상대의 지적에 거의 초주검이 되고 상대가 배은망덕하다며 자신이 마치 희생자가 된 듯 행동한다. 때로 눈물을 보이기도 하고, 상대가 자신의 사랑과 관심을 하나도 이해하지 못한다며 투덜댈 것이다. 아무리 그에게 그게 아니라 말해도 소용이 없으며, 그는 늘 주어진 상황을 이용하려 들 것이다.

심리 조종자가 정말 관심 있어 하는 건 바로 자기 자신일 뿐이다. 누군가 중국여행 다녀온 얘기를 꺼내면 그는 곧바로 중국 음식을 좋아한다며 끼어들 것이다. 자신과 조금만 관계가 있어도 어떻게든 대화에 참여하려고 한다. 그러다 누군가 자신이 잘 모르는 주제에 대해 이야기하면 그는 더 이상 귀담아 듣지 않고, (물론 이때도 상대의 마음에 들려고 듣는 척을 할 수는 있다) 곧바로 화제를 바꾸거나 옆 사람과 완전히 다른 이야기를 하기 시작할 것이다. 식사 도중이든 회의 도중이든 개의치 않을 것이다.

한 번은 초대받은 사람(심리 조종자)이 갑자기 집주인에게 아르헨티나에서 사진을 찍었는데 보겠느냐고 물었다. 그때 거실에 있던 사람들은 다들 초대 손님 중 한 사람이 사라예보에서 취재해온 내용에 심취해 있었다. 심리 조종자는 유고슬라비아 전쟁에 관심이 없었다기보다 자기 말고 다른 사람이 사람들의 관심을 독차지하는 게 못마땅했다. 이렇듯 심리 조종자는 자신이 대화의 중심에 서지 못하거나 상황을 장악하지 못하면 바로 불안감을 느끼고 무력해지면서 어떻게든 상대의 관심을 자신에게 돌리려고 한다. 수줍음이 많은 심리 조종자를 제외하고 대부분의 심리 조종자는 다른 사람들이 비록 자기 얘기에 흥미를 느끼지 않아도 대화의 중심이 되려고 애쓴다. 자신이 멋진 사람으로 보여야 한다는 일종의 강박증이 있다. 어디를 가든 없어서는 안 될 중요한 사람이 되고 싶어 하고, 중요한 정보는 되도록 혼자만 알고 있어서 다른 사람들이 자신을 찾도록 유인한다 (예를 들어 필요한 사람의 연락처를 주지 않는다). 이처럼 인정받고자 하는 욕구는 전화 통화를 통해서도 드러난다. 다들 자신의 목소리를 알아봐야 하는 것이다. 가족도, 친한 친구도 아닌 누군가가 6개월에서 10개월쯤 소식을 전혀 전하지 않다가 불쑥 전화를 걸어 "안녕. 나야"라고 하면 기분이 어떨까? 심리 조종자는 상대가 늘 자신을 생각이라도 해야 한다는 듯 즉각 자신의 목소리를 알아보기를 원한다.

심리 조종자는 자신의 이미지를 매우 좋아한다. 심리 조종을 할 때 특히 겉모습, 심지어 옷차림이나 액세서리가 큰 역할을 한다는 사실을 기억해야 한다. 그는 단지 상대에게 자신의 모습이 어떠냐고 묻는 것처럼 보이지만 결국 스스로 자신의 이미지를 과시하고 싶은 것이다. "이번에 넥타이 하나 새로 장만했는데, 어때?"라고 묻고는 대답할 시간도 주지 않고 곧바로 "멋지지!"라고 대답하는 식이다. 때로는 상대가 아무 대답이 없으면 여러 차례 "어? 어떤데?"라며 다그쳐 묻기도 한다. 그러면 상대는 어쩔 수 없이 그가 듣고 싶어 하는 대답을 할 수밖에 없다.

심리 조종자는 상대에게 자신의 생각을 털어놓도록 끊임없이 재촉한다. 좀 더 심각한 문제도 마찬가지다. 그렇다고 그가 진심으로 상대의 의견을 듣고 싶어서 그러는 건 아니다. 겉으로는 상대의 의견을 묻는 듯하지만 속으로는 이미 결코 달라지지 않을 자신의 생각을, 자신이 원하는 생각을 가지고 있다.

일반적으로 그는 자신의 생각을 결코 양보하지 않는다. 이는 직장생활에서 흔히 볼 수 있다. 그는 겉으로는 어떤 일을 열린 자세로 제안하는 듯하면서도 결국 자신이 원하는 대로 상대가 결정하도록 모든 수단과 방법을 동원한다. 그러면서 자신은 매우 개방적이고 유연한 생각을 가진 듯 행동한다. 또한 자신의 이익에 합당할 때에만 상대의 의견을 받아들인다. 주위의 사람들은 한참이 지난 뒤에야 그가 다른 사람들에게 보인 호의적인 태도 역시 자신의 이익을 위해서였다는 걸 알게 된다. 심리 조종자는 자기중심적이지만 그렇다고 반드시 이기적인 것만은 아니다. 일부 심리 조종자 중에는 이타주의자도 있다. 그들은 끊임없이 상대의 재능이나 소질을 칭찬한다. 하지만 결국 이를 이용해 자신의 힘을 행사하려고 한다.

로익은 심리 조종자인 엄마의 자기중심적인 면에 대해 자세히 말했다(심리 조종자인 그의 엄마는 심리 조종자의 30가지 특성 중 26가지를 보였다). 로익은 엄마가 아주 오랫동안 사무실에 본인 사진 한 장만 가지고 있는 것을 보고 재미있어 하며 그 이유를 물은 적이 있다. 그녀는 액자를 손에 들고 한참을 쳐다보다, 자기가 가지고 있는 사진 중에 제일 예쁜 사진이라고 대꾸했다. 며칠 후 그녀는 조금 민망했는지 슬그머니 좀 더 가족적인 사진으로 바꿨다.

또 한 번은 그녀가 아들인 로익에게 지난번 휴가 때 바캉스 클럽 사람들이 다들 자기한테만 관심을 보인다며 자랑한 적이 있다. "글쎄, 다들 나하고 점심을 같이 먹자며 부르는 거야. 완전 스타가 된 것 같았지." 그런데 가족이나 친구, 동료들이 모여 있을 때면 항상 그녀가 먼저 나서서 큰 소리로 인사하고, 사람들의 시선을 끌려고 애쓴다는 걸 로익은 알고 있었다. 로익이 말했다. "엄마는 엄마 자신밖에 모르는 것 같아요. 엄마 목소리밖에 안 들리죠. 엄마는 다른 사람들에게 별 관심이 없어요."

선택적 난청

심리 조종자인 로익의 엄마는 스스로 너그러운 사람이라고 떠들어대지만 결코 다른 사람의 요구를 고려하거나 그럴 필요조차 느끼지 않는 사람이다. 하루는 그녀가 친구들 모임에서 과거 알코올 중독으로 고생했던 친구에게 와인 한 잔을 권한 적이 있다. 친구는 알코올 중독에 또다시 빠질 것을 우려해 이를 거절했다. 그런데도 로익의 엄마는 계속 고집을 피웠다. "유감인걸. 이 와인을 마시지 못하다니. 이 치즈랑 정말 잘 어울리는데!"

로익이 어렸을 때의 일이다. 그가 외출해서 화장실에 가려고 할 때면 매번 "좀 참을 수 없어?"라고 말했다. 그는 점점 그 상황에 길들여지면서 정말 다급할 때에만 화장실에 가도 되냐고 묻게 되었다. 하지만 엄마의 대답은 늘 "좀 참을 수 없어"였다.

심리 조종자는 말로는 다른 사람을 많이 배려한다고 하면서 전혀 그들의 요구를 고려하지 않는다.

그런데도 사람들은 그런 심리 조종자를 지나치게 배려하며 그의 요구를 대부분 거절하지 못한다. 그는 결국 상대에게 자신이 원하는 것을 모두 얻어내지만 상대는 아무런 부탁도 하지 못하는 상황이 되는 것이다. 상대에게 어떤 요구를 하면 나중에 결국 신세를 갚아야 한다는 부담 때문일 것이다. 그런데 심리 조종자는 반대로 상대의 요구를 고려하겠다고 다짐하고도 종종 잊어버린다.

심리 조종자의 말과 행동은 매우 다르다. 그는 먼저 나서서 상대에게 원하는 게 있으면 모두 다 부탁하라고 한다. 하지만 정작 상대가 어떤 요구를 하면 끝까지 들어주지 않고 버티다 마지막에 가서나 겨우 행동으로 옮긴다.

마갈리는 심리 조종자인 마담 A와 함께 일했다. 마담 A는 은퇴하는 직장 동료의 선물을 살 때마다 자신이 얼마를 부담했는지를 큰소리로 알렸다(일반적으로 다른 사람들보다 많이 부담했다). 그녀는 평소에는 폄하하곤 하던 은퇴하는 동료를 갑자기 추켜세우면서 자신이 왜 그렇게 '너그럽게' 회비를 내는지를 정당화한다. 그녀는 이런 경우처럼 상황에 따라 종종 자신의 의견을 잘 바꾼다. 마갈리와 다른 동료들은 자주 태도를 바꾸면서, 평소와 달리 지나치게 친절을 베푸는 그녀가 불편했다. 마갈리는 심리 조종자인 마담 A가 퇴직자에게 '너그러움'을 보이는 까닭이 자신이 은퇴할 때 그대로 돌려 받기 위한 거라는 사실을 잘 알고 있었다.

회비 모금은 마갈리가 맡아 했는데, 종종 선물을 사다 보면 모자라는 금액을 먼저 지불해야 할 때가 있었다. 마담 A만은 유일하게 자신이 낸 금액을 밝히면서도 정작 모금을 할 때면 수중에 돈이 없다며 피하곤 했다. 수표에 서명할 시간도 없다면서 재빨리 자리를 떠나는 것이다. 마갈리는 나중에 회비를 달라고 독촉해야 했는데, 그때마다 마담 A는 왜 매번 돈 얘기만 하냐며 속물스럽다는 듯 투덜거렸다. 마담 A는 결국 한 달이 지난 뒤 "지금은 여유가 없네"라면서 약속한 금액보다 적게 납부했다.

이처럼 심리 조종자는 말로는 상대의 요구를 받아들이지만 언제나 그 약속을 어긴다는 것을 알 수 있다.

또 다른 예를 들어보자. 앞에서 언급했던 마담 M의 경우다.

수간호사인 셀린은 한 주가 끝나갈 무렵 아버지가 돌아가셨다는 소식을 듣는다. 셀린은 혼자 조용히 지내고 싶었다. 월요일과 화요일은 일이 많다는 걸 잘 알고 있었기 때문에 마담 M에게 수요일과 목요일에 휴가를 내겠다고 말했다.

마담 M은 "15일 수요일은 괜찮은데, 목요일엔 출근해야겠어요. 왜냐하면 회의가 있어서 내가 자리를 비워야 하거든요. 저녁에 교대해줄게요."

그러나 셀린은 16일 목요일 아침 10시에 도착해 저녁 10시까지 일을 해야 했다. 마담 M을 잠시 스치듯 만났는데, 그녀는 늘 그랬듯이 머리와 배가 아프다고 계속 투덜거리며 불평하다 저녁 8시에 사라졌다.

이 일화는 앞서 얘기했던 심리 조종자의 또 다른 특성들을 보여준다. 마담 M은 상대에게 죄의식을 강요하고, 논리적 이유를 내세워 상대에게 일하러 나오게 만들고, 그러면서 자신은 몸이 아프다는 핑계로 약속을 어긴 책임에서 벗어난 것이다.

마담 M의 자기중심적 성향은 특히 셀린이 아버지를 떠나보내면서 더 두드러지게 나타났다. 마담 M은 동료의 부탁과 필요를 완전히 무시했다.

좀 더 미묘한 예를 들어보겠다. 심리 조종자는 순식간에 다른 사람의 아이디어를 자기 것으로 도용한다. 그는 마치 상대가 자신의 의견을 표현하지 않은 것처럼 말한다. 상대의 욕구와 생각, 의견들을 자기 것으로 만들어 상대의 존재를 완전히 부정하는 것이다. 심리 조종자는 이렇게 말한다. "그건, 그래, 나도 알아", "내가 지금 막 하려는 말이었는데, 당신이 상기시켜줬네요", "자네가 정말 그 얘기를 내게 하려고 했는지 의심스러운걸", "저도 그걸 알고 있다는 거 잘 아시잖아요." 혹은 "물론이지, 당연한 일이지." 그는 자신도 똑같은 생각을 하고 있었다고 말하면서 타인의 생각을 제멋대로 활용한다.

심리 조종자는 이렇듯 상대의 필요나 권리, 요구 등을 무시하면서 상대를 전혀 존중하지 않는다. 그는 자신의 생각을 당연한 듯 상대에게 강요하고, 주변 사람들의 사생활에 관여하고, 참견한다. 그는 그렇게 하는 게 다 모두의 행복을 위한 것이라고 합리화한다. 그의 논리가 워낙 합리적이라 쉽게 그의 주장에 빠져들고, 그가 원하는 대로, 그가 세상을 바라보는 대로 따라가게 된다. 그는 또한 종종 상대에게 새로운 시도를 잘 하고 있다고 격려하고, 마치 그 일을 상대가 스스로 선택한 것처럼 믿게 만든다.

당신을 포함해 4~5명으로 이루어진 그룹이 있다고 가정해보자. 그중 장 밥티스트는 매우 친절한 가면을 쓴 심리 조종자다. 다음 대화를 들어보자.

장_ "어디 가서 먹을까?"

로라_ "중국 식당이 어떨까?"

장_ "그래. 나도 좋아."

당신_ "나는 크레프 먹고 싶은데."

장_ "어제도 그렇고 그제도 가지 않았어?"

당신_ "응, 그런데 크레프가 정말 좋더라구."

장_ "그렇다고 두 번이나 똑같은 곳에 가는 건 좀 바보 같잖아."

당신_ "뭐, 어때. 내가 좋으면 그만이지."

장_ "거긴 다음에 갈 기회가 있을 거야. 평소 가지 않는 곳에 가서 특별한 저녁 먹고 싶지 않아?"

조세핀_ "난 중국 식당이 좋아."

장_ "나도 알아. 다들 중국 요리 좋아하지. 근데 그건 별로 특별하지 않아. 거긴 언제든 원하면 갈 수 있잖아. 그러니까…. 중국 식당이나 크레프, 또는 피자보다 좀 더 오리지널한 곳이 있을걸. 맨날 가던 곳 말고."

당신_ "어디 제안하고 싶은 곳 있어?"

장_ "글쎄…. 인도 식당은 어떨지."

당신_ "그래, 안 될 것도 없지."

장_ "너희들 인도 식당에 자주 가?"

조세핀_ "아니, 자주 안 가."

장_ "거 봐, 그게 더 오리지널하지. 게다가 맛도 있으면서 값도 비싸지 않잖아."

당신_ "그래, 거기 가면 좀 색다르겠다."

위의 그룹은 이렇게 해서 심리 조종자(여기서는 장 밥티스트)가 이미 원하는 식당을 미리 정해놓았다는 사실을 눈치채지 못한 채 인도 식당으로 향하게 된다. 다른 사람들이 '맛 좋은' 식당을 찾고 있을 때 그는 '색다른 경험'을 내세워 교묘하게 주제를 바꿔놓았다. 당신을 포함한 그룹 멤버들은 처음의 생각을 잊어버리고, 그때까지 별로 중요하지 않았던 '색다른 식당'이라는 조건을 받아들인 것이다. 이들이 '자주 가지 않는다'는 말에 수긍을 하게 함으로써 자신의 의견을 공고히 한다. 그야말로 그의 의견이 단번에 아주 색다른 선택이 되는 것이다. 그룹 멤버 중에 인도 요리를 싫어하는 사람이 있지 않는 한, 다들 이 선택을 받아들일 것이다. 뭔가 독특한 게 없으면 대화에서 가치가 없게 된다. 대부분의 사람들은 그 증거를 대려고 하지 않을 것이다. 심리 조종자는 모든 제안을 다 받아들일 것처럼 행동하지만 사실은 자신의 원칙을 내세우고, 그것을 너무도 명확한 사회적 행동규범처럼 보이게 한다. 다시 말해 음식은 '특별해야 한다.' 이때 그는 다른 사람의 필요나 권리, 요구 등을 완전히 무시한다.

5분 전에!

심리 조종자들이 상대에게 무언가를 부탁하고, 명령하거나 어떤 행동을 시킬 때는 항상 마지막 순간까지 기다렸다 말한다.

왜 이렇게 행동하는 걸까? 세 가지 이유를 들어보자.

- 일단 잊고 있다가 생각이 났는데, 그 사실을 고백하지 않는다.
- 자기 욕구를 만족시키는 데 너무 몰입했기 때문에 다른 사람의 욕구를 완전히 잊어버린다. 그야말로 자기중심적인 태도다.
- 그렇게 함으로써 상대가 반대 의견을 내지 못하게 한다. 상대에게 의견을 얘기할 여유도, 대답할 시간을 주지 않는다. 토론 자체를 막아버리는 것이다.

심리 조종자는 대개 모임에 늦게 도착한다. 사람을 기다리게 만들고도 미안하다는 말도 제대로 하지 않는다. 누군가 불평을 하면 그는 막 나오려고 하는데 급한 일이 생겨 어쩔 수 없었다고 변명만 늘어놓을 뿐이다. 때로 상대의 불평을 들으며 기분 나쁜 표정까지 짓는다. 자기가 먼저 만나자고 했으면서 오히려 상대가 어쩔 수 없는 자신의 처지를 이해해야 한다는 듯 "그럼, 오지 말걸 그랬나"라며 반박한다. 심리 조종자는 때로 프로그램을 완전히 바꿔버려 심각한 상황으로 몰고 간다. 이미 다른 사람들은 사전에 약속한 것에 맞추어 자세하게 모든 걸 생각해두고 있는데 말이다. 친구들과의 만남이나 직장 내 회의 도중 이런 일이 발생할 수 있다.

예를 들어 심리 조종자는 친구와 식당에 가서 함께 저녁을 먹기로 약속했으면서 친구의 집으로 음식을 싸들고 올 때가 있다. 친구는 당황스럽긴 하지만 그렇다고 식당에 가자고 고집을 피울 수가 없다. 어쩔 수 없이 식탁을 차리고, 와인을 내오고, 부엌을 오가며 음식 준비를 하고 설거지를 할 수밖에 없다. 심리 조종자는 친구의 집에서 조용히 식사를 하고 싶었기 때문에 친구가 번거로운 일을 어떻게 받아들일지엔 별로 관심이 없었다. 심리학에서 이런 과정을 '협상 시작(개시)'이라고 한다. 상대에게는 심리 조종자의 요구를 충족시킬 만한 여러 조건이 이미 갖춰져 있기 때문에 결국 그의 요구를 받아들이게 된다. 마지막 순간에 처음의 조건들은 사라지고, 상대는 이 상황을 수용하게 되는 것이다. 만일 처음부터 심리 조종자가 구체적으로 제안했다면 상대는 결코 받아들이지 않았을 것이다. 심리 조종자가 상황을 바꾸고 불시에 집으로 들이닥쳤기 때문에 친구는 자신이 음식 차리기가 귀찮아서 밖에서 먹으려고 했던 애초의 사실을 잊어버리게 된다. 심리 조종자가 처음부터 자신의 의도를 얘기했다면 친구는 아마 저녁식사를 다른 날로 연기했을 것이다.

이렇듯 심리 조종자들은 종종 마지막 순간에 생각을 바꾼다. 그는 무엇을 미리 계획하지 않고, 충동적으로 일을 처리한다. 모든 걸 자신의 필요에 맞추고, 자기한테 이로운 쪽으로 행동한다. 약속을 잊어버리고, 결정을 번복하고, 심지어 만나자는 약속도 수시로 바꾼다. 자신의 상황이 가장 중요하기 때문에 만일 상대가 합리적인 이유를 대며 그의 생각을 받아들이지 않으면 화를 내기도 한다. 식당에 가는 대신, 친구 집에서 식사를 하기로 마음먹은 심리 조종자는 아마 퇴근하면서 갑자기 피곤함을 느꼈을 것이다. 그는 자기중심적인 사람이라 친구에게 전화를 걸어 계획을 바꾸자는 말도 하지 않는다. 그는 단지 시내에 나가 저녁을 먹고 싶지 않았던 것이다. 친구가 뭘 원하는지는 고려하지 않았다.

그는 종종 상대와 함께 한 결정들도 잊어버린다. 물론 우리도 종종 그럴 수 있다. 부끄러울 것까진 없지만 당황스러운 일임에는 틀림없다. 하지만 심리 조종자는 자신이 무언가를 잊어버렸다고 인정하는 걸 너무 싫어한다. 차라리 거짓말을 하거나, 다른 사람의 탓으로 돌리거나 다른 일 때문이라고 변명한다. 그는 자신이 완벽한 사람이길 원하고(물론 자신에게 유리할 때만 그렇지만) 누구에게든 자신의 약한 모습을 보이는 걸 꺼린다. 그는 어떤 사실을 잊어버리고도 알고 있었다고 말하고 단지 상황이 달라진 거라고 변명한다.

잘릴(심리 조종자며 22살 학생)은 친구인 파스칼에게 다음 날 8시 30분에 테니스를 치자고 제안했다. 다음 날 약속한 시간에 파스칼이 그의 집에 갔는데 잘릴이 집에 없었다. 하는 수 없이 혼자 테니스 코트로 간 파스칼은 그곳에서 잘릴의 친구를 만나 잘릴이 테니스를 치자고 해놓고는 가끔 상대를 바람맞힌다는 얘길 들었다. 파스칼은 그제야 잘릴이 이미 그런 평판이 있다는 걸 기억해냈다. 불행하게도 그의 아침 시간은 엉망이 되었다.

다음 날 파스칼은 잘릴에게 왜 약속 시간에 집에 없었느냐고 물었다. 하지만 잘릴은 자신이 집에 있었고, 잠시 외출하면서 '5분 뒤에 돌아오겠다'는 메모를 문에 붙여놓았었다고 말했다. 그 말은 거짓말이 분명했지만 그의 목소리가 너무도 확신에 차 있었기 때문에 파스칼은 자신이 집 앞에서 20분을 기다렸다는 사실마저 잊어버릴 뻔했다. 게다가 문에 붙어 있던 메모를 자신이 미처 보지 못했다고 말할 뻔했다. 하지만 잘릴의 변명은 완전히 거짓말이었다.

잘릴은 파스칼이 테니스를 치자고 제안했을 때 치고 싶지 않았던 걸까? 갑자기 그날 아침 8시에 예기치 않은 일이 생긴 걸까? 확실한 이유는 알 수 없다. 어쨌든 잘릴이 약속을 어김으로써 상대의 소중한 시간을 망쳤다는 걸 그다지 개의치 않는다는 것만은 분명했다. 심리 조종자는 이처럼 다른 사람의 입장을 고려하지 않는다. 단지 자신이 다른 사람한테 테니스 치자고 할 정도로 친근하고 사교적인 사람이라는 사실만 드러내고 싶었을 뿐이다.

셀린도 이와 비슷한 일화를 기억하고 있다. 병원 부서에서 일어났던 일이다.

일꾼들은 아침 7시에 병원에 도착했다. 그들 중 한 사람이 소리쳤다. "빨리 서둘러! 왜 아직 사무실이 이사 가지 않은 거지? 빨리 작업해야 하는데!"

셀린은 그제야 작업자들이 일하러 오기로 되어 있는데, 책임자인 마담 M이 미리 알려주지 않았다는 사실을 알게 되었다. 그녀는 옆 사람의 도움을 받아 겨우 책상을 옮길 수 있었다.

8시에 마담 M을 만나 어떻게 된 일인지 묻자 그녀가 다음과 같이 대답했다.

"어젯저녁에 비서한테 이미 말을 해두었는데요."

"하지만 그것만으로는 제가 알 도리가 없잖아요. 게다가 그녀는 8시 전에는 출근하지도 않는다고요. 그런데… 어째서 제 동료가 보이지 않지요?"

"그 친구한테는 휴가를 다녀오라고 했어요. 그건 그렇고 작업자들이 기다리고 있으니 빨리 서둘러요."

마담 M은 일을 제대로 처리하지 못한 책임에서 벗어나려는 동시에 다른 동료에게는 추가 휴가를 줌으로써 자신이 매우 너그러운 사람이라는 이미지를 주려 했다. 이 일로 인해 부서 전체가 일을 제대로 할 수 없었고, 다들 불편해했다.

심리 조종자는 누군가에게 부탁할 때 거절할 시간적 여유를 주지 않기 위해 마지막까지 시간을 질질 끌다 하곤 한다. 이는 솔직히 제안이라기보다 명령인 셈이다.

앙드레는 제랄드(심리 조종자: 그는 30가지 특성 중 23개의 특성을 보였다)와 함께 상점의 경비원으로 일을 한다. 절도 사건이 많아지면서 경비원들 모두 밤낮을 교대해가며 일을 했다. 새벽에 교대하기 전, 반드시 전날 일한 사람이 모든 곳을 체크한 뒤 낮 근무자에게 이를 전달해야 했다. 제랄드는 온갖 핑계를 대며 동료들보다 야간 근무를 적게 했다. 그는 주로 아침 7시에 도착해 교대를 했다. 그는 종종 회사에 지각했지만 친절한 가면을 쓰고 사람들을 대했다. 예를 들어 동료들에게 어떻게 하면 싼 가격에 물품을 구입할 수 있는지 귀띔해주기도 했다. 앙드레는 어쩔 수 없이 그가 15분 정도 늦는 걸 눈감아주곤 했다. 그런데 얼마 전부터 그가 점점 더 늦게 출근하는 것이었다. 그는 6시 30분쯤 앙드레에게 상점으로 전화를 걸어 "안녕 앙드레, 나 제랄드인데, 조금 늦게 도착할 것 같아. 7시 30분까지 갈게"라고 말했다.

제랄드는 뭐라고 대꾸할 시간도 주지 않고 바로 전화를 끊었기 때문에 앙드레는 어쩔 수 없이 7시 30분까지 상점을 지켜야 했다. 전화 통화를 할 때의 제랄드의 목소리는 매우 가벼우면서도(상황을 너무 심각하게 만들지 않으려고) 진지한 면이 있다. 결국 앙드레는 제랄드 때문에 40분이 넘도록 추가 근무를 해야 했다. 제랄드는 책임감이 강한 앙드레가 상점을 비운 채 퇴근할 리가 없다는 잘 알고 있었다.

심리 조종자는 그 밖에도 상대에게 무언가 부탁할 때면 메모장이나 포스트잇에 적어 의사를 전달하곤 한다. 상대가 메모를 읽을 때면 이미 부탁을 거절할 수 없는 상황이 돼버리기 때문에 꽤 효과적인 방법이 아닐 수 없다.

1부를 끝내며 한 가지 덧붙이고 싶은 말은 바로 심리 조종자는 자신이 하는 일을 말하지도, 자신이 한 말을 실행에 옮기지 않는다는 사실이다. 다시 말해 그의 말은 꽤 논리적인 것처럼 보일지 몰라도 그의 행동이나 태도, 그의 삶의 방식은 완전히 그 반대일 때가 많다는 것이다.

일반적으로 가족들만이 그의 모순된 성격을 알고 있다. 심리 조종자는 특히 낯선 사람들 앞에서는 가족 앞에서 하던 것과는 완전히 딴판으로 변한다. 친구나 동료, 그 밖의 낯선 사람들은 감탄의 얼굴로 그의 말을 경청하고, 그가 지금과는 다른 얼굴을 가지고 있다는 걸 의심조차 않는다. 그는 가족들처럼 자신을 잘 알고 있는 사람들 앞에서도 천연덕스럽게 거짓말을 늘어놓는다.

로익(앞에서 언급한 바 있다)은 불어 선생님인 그의 엄마(심리 조종자)가 사람들 앞에서는 교양의 중요성과 교양을 쌓기 위한 방법들에 대해 장황하게 늘어놓지만 정작 그녀는 1년에 책을 한 권도 읽지 않는다고 말했다. 오직 아들과 남편만이 이 사실을 알고 있었다. 다른 사람들은 그녀가 너무도 자신만만한 모습을 보이기 때문에 이런 사실을 의심조차 할 수 없다.

이혼 소송 중에 있었던 또 다른 심리 조종자도 마찬가지였다. 그는 판사에게 자신의 삶에서 자녀들이야말로 소중한 존재라고 말했지만 정작 아이들이 태어난 이후, 그는 아이들만 보면 화를 냈다. 그는 한 번도 아이들을 제대로 돌본 적이 없고, 늘 일에만 몰두했다. 그의 아내와 가족들만이 이 사실을 알고 있다. 그의 변호사나 판사는 전혀 알지 못한다.

그러므로 심리 상담자가 심리 조종자와 이야기를 나눌 때는 이런 사실을 고려해서 상담해야 한다. 심리 조종자는 어떻게든 상대를 조종하려 든다는 사실을 잊지 말아야 한다. 그는 몇 년, 아니, 길게는 몇 십 년도 주변 사람들을 속일 수 있다. 다행히 2부에서 밝힌 특성들 대부분은 우리가 조금만 주변을 객관적으로 보려고 노력한다면 얼마든지 알아낼 수 있는 것들이다.

심리 조종자와 나르시시스트는 성격이 매우 유사하다(이는 정신 장애 진단체계인 DSM-IV의 축 2인 성격장애[DSM-IV는 심리 장애를 분류하는 기준으로 세계적으로 많은 임상가와 연구자들이 사용하는 체계이다―옮긴이]에 묘사되어 있다). 자기애에 빠져 있는 나르시시스트들은 심리 조종자들에게서 볼 수 있는 특성들을 다분히 갖고 있다. '나는 특별한 존재'라며 스스로 감탄하기 때문에 상대의 비판을 받아들이지 못할 뿐만 아니라, 자기에게 이익이 된다면 얼마든지 상대를 이용할 수 있다고 생각한다. 그는 모든 것을 조종하려 들고 모든 수단을 동원해 자신의 목적을 달성하려고 한다. 상대에게 상처가 되는 말도 거리낌 없이 던지고, 자기 기분에 따라 상대를 모욕하거나 깎아내린다. 그런데 단지 정신질환자들과는 달리 그들의 잘못은 어딘가 교묘하고 심리를 조종하는 경향이 배어 있다. 나르시시스트들은 자신이 특별한 권위를 지니고 있다고 확신하기 때문에 자신의 능력과 자질을 과대평가하고, 자신이 모든 사람들의 감탄의 대상이라고 생각한다. 그는 자신에 대한 환상을 유지하고, 우리에게 환상을 계속 심어주기 위해 끊임없이 거짓말을 한다. 그러다 상대가 그에게 관심을 덜 보이면 상대를 외면한다. 그는 이렇게 혼자 쓸쓸히 나이 들어가고 주위 사람들에게도 많은 고통을 안김으로써 사람들이 자신을 떠나가게 만든다.

일부 심리 조종자들은 편집광적인 면을 보인다. 그들은 어쨌든 모두 나르시시스트의 성향을 지니고 있다. 하지만 이러한 불안정한 성격에도 불구하고, 그들은 사회생활에 잘 적응한다. 심지어 모든 사람들로부터 인정받으려고 애쓰면서 성공적인 삶을 갈망한다.

2

심리 조종자로부터
자신을 보호하는 법

심리 조종자
포착하기

포착(탐지)의 중요성

앞장에서는 심리 조종자들의 특성을 잘 이해할 수 있도록 심리 조종 기술 중 몇 가지를 선별해 서술했다. 심리 조종자들은 워낙 다양한 기술을 활용하기 때문에 모든 사례를 제시할 수는 없다. 따라서 일상적인 사례들을 중심으로 소개하려고 한다. 사기성(사기꾼들은 대부분 친절의 가면을 쓴 심리 조종자들이다)이 두드러지거나 처음부터 철저히 계획된 사례는 의도적으로 전체 내용을 소개하지 않았다. 그러기에는 책 한 권으로는 모자랄 정도로 해야 할 말이 많기도 하고, 또 한두 가지 일화만으로도 심리 조종자가 주위 사람들을 어떻게 다루는지 충분히 상상할 수 있기 때문이다. 심리 조종자들 중에는 특별히 계략을 꾸미거나 사기를 치지 않는 이들도 있다. 모든 심리 조종자들이 그와 같은 자질을 지니고 있는 것은 아니다.

상대가 심리 조종자인지 알아보려면 '심리 조종자 특성 리스트'를 놓고 성격과 태도를 하나씩 체크해 나가는 것이 좋다. 이때 그가 당신 외에 다른 사람에겐 어떤 태도를 취하는지도 고려해야 한다. 어쩌면 그는 동료나 가족 혹은 친구들과 있을 땐 당신한테 보이는 것과 다른 태도를 취할 수 있기 때문이다. 우리는 여기서 심리 조종자의 특성을 알아보려는 것이지, 그가 당신과 어떤 관계를 맺고 있는지를 진단하려는 것은 아니다. 그가 어떤 동료에게는 추가 근무시간을 제대로 이행하지 않는다고 비난하며 죄책감을 강요하는데 자신에게는 그런 태도를 보이지 않는다고 해서 그를 심리 조종자에서 제외시키는 우를 범해선 안 된다.

그가 당신을 공격하지 않는 건 그럴 만한 이유가 있기 때문이다. 그는 직감적으로 누구를 상대하는지 너무 잘 알고 있다. 당신이 상대의 부탁을 거절할 줄 알고, 자신의 의견을 분명하게 표현할 줄 아는 사람이라면 그는 당신에게 잘 부탁하지 않을 것이다. 그는 좀 더 수동적인 사람들을 겨냥한다. 당신이 만일 타인의 생각에 얽매이지 않는 편이고 자신이 원하는 바를 주장할 줄 아는 사람이라면 당신은 심리 조종자에게 이상적인 먹잇감이 아니다. 그가 어떤 말을 하든 당신은 상관하지 않을 것이고 상처받지 않을 것이기 때문이다. 그는 이미 당신을 자기 마음대로 조종할 수 없다는 사실을 여러 경우를 통해 파악하고 있는 것이다. 또한 당신이 자주 죄책감에 빠지거나 비난이나 협박, 혹은 사람들의 판단에 쉽게 영향을 받지 않는 사람이라면 누군가 당신을 비난하고, 협박했다 한들 이를 잘 인식하지 못했을 수도 있다. 말하자면 심리 조종자를 판단하는 리스트를 앞에 두고도 누군가를 떠올리며 체크해 나갈 내용이 하나도 없을 수 있다.

심리 조종에 무관심한 사람들은 대개 심리 조종자를 알아보지 못한다. 그들은 주변 사람들로부터 심리 조종자를 변호해주려 애쓰고, 피해를 보는 사람들을 오히려 지나치게 예민한 게 아니냐며 다그칠 수 있다. 물론 그들의 생각이 맞을 수도 있지만 주변에 실제 이런 사례들이 존재한다는 걸 모르고 지나칠 우려가 있다. 심리 조종자에게 무관심한 사람들은 종종 다른 사람의 고통을 잘 헤아리지 못하고 그들이 힘들다 호소해도 심각하게 받아들이지 않는 경향이 있다. 대부분의 사람들은 심리 조종에 매우 취약하다. 심리 조종에 무관심한 사람은 이 문제로 인해 부부간의 갈등을 겪기도 한다. 가족 중 누군가가 심리 조종자임을 알아채고 이를 경고해도 이에 무심한 배우자로부터 호응을 얻지 못해 다툼으로 번지는 경우가 많기 때문이다. 이로 인해 스트레스가 가중되기도 한다. 심리 조종자에게 무관심하다는 것은 다시 말해 그들의 전형적인 성격을 알아보지 못한다는 뜻이기도 하다.

심리 조종자를 제대로 알아보지 못하는 데는 두 가지 이유가 더 있다. 첫째, 상대가 심리 조종자가 아니거나(다행스러운 일이다) 둘째, 상대방의 조종에 너무 익숙해져 뇌가 더 이상 그것을 인지하지 못하기 때문이다. 주변 사람들은 심리 조종자로 인한 피해를 알아보는데 정작 본인은 심리 조종자에게 복종하면서 의존해 있는 걸 볼수 있다. 그러면서도 스스로는 완전히 자유롭다면서 그렇게 말할 그럴듯한 변명거리도 마련해놓고 있다. 누군가에게 휘둘린단 사실이 기분 나빠 인정하고 싶지 않을 수도 있다. 혹은 인정하면서도 그런 사실이 견딜 수 없어 눈을 질끈 감아버리는 것일 수도 있다.

그럼에도 불구하고 우리는 심리 조종자들의 전형적인 태도들을 쉽게 알아볼 수 있다.

목록을 잘 살펴본 다음 몇 개의 항목이 해당되는지 그 수를 세어보자. 14개가 넘는다면 우리는 분명 심리 조종자를 상대하고 있는 것이다. 14개의 특성을 보인다는 건 결코 평범한 일이 아니다. 만일 20개가 넘으면 우리는 매우 위험한 사람을 상대하고 있다는 걸 깨달아야 한다. 우리의 정신 상태는 이미 자신의 능력을 의심할 정도로 위험하고, 우리의 인성마저 위협을 받을 수 있다(물론 심리 조종자에게 무관심한 사람은 예외다). 이렇다면 곧바로 행동에 나서야 할 때다. 다음 장에서는 자아를 찾는 방법에 대해 알아보려고 한다. 심리 조종자를 파악하게 되면 우리를 지배하고 조종하려는 그의 행동을 거부할 수 있게 될 것이다.

심리 조종자의 다양한 태도들을 종합적으로 판단하기 위해 이제 손에 연필을 쥐고, 이 책 부록에 소개한 두 개의 일화를 꼼꼼하게 읽어보기를 권한다. 이 일화들은 실제 있었던 일로, 실제 오고간 대화들도 그대로 소개했다. 각각의 대화에 적혀 있는 번호들을 참고하면서 심리 조종자의 특성을 자세히 살펴보도록 하자.

'나'와 심리 조종자의
이상적인 소통에 애도를 표하라

일반적으로 애도는 누군가의 죽음 이후에 이어지는 시간과 관련된다. 반면 심리학에서 애도는 버림받은 상황이나 결별을 점진적으로 받아들이는 기간을 뜻한다. 정상적이고 이상적인 소통에 애도를 표하라는 것은 심리 조종자와는 '정상적으로' 소통할 수 없다는 사실을 인정해야 함을 의미한다.

이러한 진단을 내리는 것은 매우 고통스러운 작업이다. 왜냐하면 이는 곧 다른 해결책이 없음을 인정하는 것이기 때문이다. 우리는 보통 상대를 변화시킬 수 있다는 희망을 가지고 있다. 그래야 관계를 개선해보려고 노력할 마음도 생기는 것이다. 그런데 아무리 노력해도 결국 끔찍한 고통을 느낄 뿐이고 변하는 건 아무것도 없다. 오히려 스트레스만 더욱 가중될 것이다.

우리에게 남은 유일한 해결책은 바로 다음과 같다. 더 이상 심리 조종자의 변화라는 '기적'을 바라지 말아야 한다. 심리 조종자의 성격이 바뀌는 경우는 극히 드물다. 그와 잘 지내보기 위해 얼마나 오랫동안, 얼마나 많은 수단과 방법을 찾아가며 노력했는지 돌아보면 알 수 있을 것이다. 진정성 있는, 확실한 변화를 위해 앞으로 얼마나 더 기다려야 할까?

"그렇게 하면 우리가 힘들어진다는 사실을 그도 언젠가는 깨닫겠지", "동료들인데 서로 잘 지내야지"(심리 조종자와도 잘 지내야 하는 걸까?), "형제자매 간에 사이좋게 지내야지"라고 말하며 하염없이 기다린들 그는 변하지 않을 것이다. 우리가 이상적인 관계를 꿈꾸는 한, 현실에서는 달라지는 게 아무것도 없다. 결국 어떤 대가를 치르더라도 처음 생각했던 원칙들을 고집하고 싶을 것이다. 어떻게든 고통스러운 현실을 바꾸려 하기보단 모든 걸 우리의 이상적인 생각들에 꿰맞추려고 할 것이다. "그도 관계가 좋아지길 바랄 거야. 언젠가 이해할 거고, 달라질 게 분명해"라고 스스로를 위로하면서 말이다.

부모가 심리 조종자인 경우, 진정한 소통에 애도를 표하는 과정은 더욱 힘들 수 있다. "부모와 자녀는 평생 모든 걸 털어놓으며 잘 지내야 한다"라는 통념을 무시해야 한다. 우리는 이상적인 부모가 아닌, 단지 심리 조종자를 상대하고 있다는 걸 명심해야 한다. 현실을 직시해야 한다. 지금까지 그와 원만한 관계를 유지해왔는가? 상대가 정말 진정한 소통을 원하기는 하는 걸까? 그와의 관계에서 행복과 기쁨을 느끼는가?

심리 조종자가 일종의 환자라는 사실을 인정해야 이들이 변할 거란 기대를 접을 수 있다. 그래야 애도 과정을 좀 더 빨리 통과할 수 있다. 적어도 몇 달은 더 걸린다는 걸 명심해야 한다. 우리가 심리 조종자와 깊은 관계였을수록 애도 과정은 더 길어질 수밖에 없다.

애도 과정이 끝나면 우리는 심리 조종자의 말과 행동에 덜 민감할 수 있다. 겉으로 드러나는 그의 계략들을 웃어넘길 수도 있다. 이는 매우 중요한 변화라고 할 수 있다. 우리는 더 이상 심리 조종자의 변화를 기대하지 않기 때문에 심리 조종에 개의치 않을 수 있다. 이는 매우 슬프고 유감스러운 일이지만 그와의 관계에서 우리가 더 이상 고통받지 않을 수 있는 유일한 방법이다. 심리 조종자가 변할 거라는 희망을 버린 지금이 중요하다. 자신의 원래 모습을 회복하는 데 긴 시간이 걸릴 수 있다. 이제 예전과 다르게 행동해야 한다. 가능하다면 애도 과정이 다 끝날 때까지 기다리지 말고, 지금부터라도 역 심리 조종을 하려고 노력하고, 자신 확신을 갖기 위한 행동을 취하라.

역 심리 조종법을
배우라

역 심리 조종법은 "애매모호(안개 기법?)" 기법을 활용하는 것을 의미한다. 모호하고 피상적이며 확실하게 약속하지 않는 이 의사소통 방식은 매우 유용한 방법으로 심리 조종자는 물론 심리 조종에 무관심한 사람도 사용한다. 그들은 인식하지 못한 채 직감적으로 이 기술을 활용한다.

하지만 역 심리 조종은 "애매모호" 기술보다 더 많은 가능성을 제공한다. 역 심리 조종을 하는 사람은 자신을 보호하기 위해 매번 심리 조종자에게 맞춰가며 반응한다. 유머가 넘치는 대답을 할 때도 있고, 때로는 빈정거리기도 하고 혹은 애매모호하게 답하지 않고 확실하게 거절을 해야 할 때도 있다. 따라서 항상 상대를 주의 깊게 살펴야 한다. 왜냐하면 우리들 대부분이 이런 방식을 활용하는 데 익숙치 못하고, 꽤 신경을 쓰면서 많은 노력을 기울여야 하기 때문이다. 역 심리 조종은 종종 대화를 통해 이루어진다.

역 심리 조종 기술은 연구자의 머릿속에서 생각해낸 것이 아니라 심리 조종자에게서 벗어난 사람들을 관찰하며 확립한 결과물이다. 먼저 심리 조종이나 위협에 무관심한 사람들을 잘 살펴보자. 그들은 상대의 공격, 비난, 위협, 불안하게 만드는 여러 시도들에 감정적으로 예민하게 반응하지 않고, 거의 일관되게 대답하는 걸 볼 수 있다. 이런 반응은 책에서 배운 것이 아니라 오랜 경험을 통해 얻은 것들이다 (주위에서 심리 조종자를 오래 상대하면서 얻은 결과다). 전문가들은 이와 유사한 태도나 말하는 방식에 관심을 갖기 시작했다. 그 이유는 다음과 같다. 심리 조종자들은 자신들의 권력(상대를 감정적으로 불안하게 만들 수 있는 힘)에 무관심한 사람들한테는 재빨리 관심을 다른 곳으로 돌린다. 솔직히 심리 조종자는 이런 사람들에게 자신을 중요한 존재로 인식시킬 수 없다. 왜냐하면 아무리 상대를 교묘한 방법으로 유혹한다 한들 반응하지 않을 것이기 때문이다. 때로 이런 말을 한다. "거기까지 생각해보진 않았는데." "그냥 놔두지 뭐." "되는대로 두지 뭐." 심리 조종자에게 무관심한 사람들이 사용하는 이런 대화법과 행동을 잘 살펴보아야 한다. 그들의 행동 방식은 우리를 심리 조종자의 공격으로부터 보호해줄 수 있을 것이다. 이것이 바로 역 심리 조종법이다.

우리가 심리 조종자에 대해 얼마나 알고 있는지에 따라 역 심리 조종법에서 얻을 수 있는 효과는 달라진다. 우리가 이 방법을 실행하면 심리 조종자는 즉각 자신이 던진 그물이 부메랑이 되어 되돌아온다는 걸 느낄 것이다. 그러면서 우리를 조금은 어려워하면서 가능한 우리를 피하려고 할 것이다. 이럴 때 우리는 심리 조종자에게서 겨우 벗어날 수 있다. 그가 주변 사람들에게 끼치는 피해를 잘 관찰해보는 것도 중요하다.

유혹의 가면을 쓴 심리 조종자들은 종종 우리를 처음 만난 순간부터 상대를 파악하기 위한 기법을 활용한다. 가령 이들은 호의적인 태도로 접근해 우리의 성격이나 인성에 대해 뭐라도 아는 듯 말을 건넨다(처음에는 주로 긍정적인 말들을 쏟아낸다). 그러면 우리는 화들짝 놀라며 자신을 알아본 이들에게 보통 빠져들게 된다. 하지만 우리가 심리 조종자와 함께 살고 있거나 자주 만나거나 일을 같이 하는 사이라면 그는 이미 우리의 반응을 예상하고 있다. 평소에 비교적 내향적이고 상대방의 말에 잘 휘둘리는 사람이었다면 그는 우리의 변화를 바로 알아챌 것이다. 왜 갑자기 우리가 자기 확신에 찬 말들을 하는지 이해하지 못할 것이다. 결국 그는 그 상황을 참지 못하고, 우리를 조종하기 위해 자극하려 들 것이다. 이렇듯 심리 조종자가 매번 불편한 상황을 만들 때마다 우리는 그 고비를 잘 넘겨야 한다. 그러려면 어느 정도 집중력과 인내심이 필요하다. 때로 상대에게 무관심하고, 인정도 없이 매몰차게 구는 자신이 불편해 죄책감마저 느낄 수 있는데, 이도 잘 견뎌내야 한다. 심리 조종자는 우리를 비난하며 우리가 예전과 같이 방어적으로 나오길 기대할 것이다. "너는 감정도 없는 사람이야. 돌덩이가 들어앉아 있는 것 같군", "어떻게 그렇게 이기적일 수 있어?", "넌 나를 한 번도 진심으로 사랑한 적이 없어"라며 공격하고 죄책감을 불러일으켜도 "네가 그렇게 생각한다면 어쩔 수 없지"라고 단호하게 반박할 수 있어야 한다. 이때 어떤 단어를 사용하는지는 매우 중요하다. 우리의 마음 상태를 알려주기 때문이다.

우리가 심리 조종자와 대면할 때 갖게 되는 감정 상태는 결코 객관적이지 않다. 심리 조종자에게 휘둘리지 않는 사람들의 감정 상태와도 매우 다르다. 우리는 마음이 불편해지면서 어떻게든 심리 조종자의 말과 행동이 얼마나 일관성이 없고 정당하지 않은지를 증명해 보이려고 애쓸 것이다. 하지만 아무 소용이 없다. 그때마다 그는 겉으로만 논리적일 뿐 실은 일관성 없는 말로 대답할 것이기 때문이다. 그러면 우리는 이내 화를 참지 못하고, 자신의 정당성을 증명하기 위해 안달할 것이다. 심리 조종자가 우리의 의견을 손바닥 뒤집듯이 뒤바꿔버릴수록 우리는 참을 수 없을 정도로 화가 날 것이다. 하지만 그래서 우리가 얻을 수 있는 것은 아무것도 없다. 우리는 어떻게든 스스로를 방어하려 하지만 감정을 통제하지 못하고 안절부절못하게 되면서 마치 확신이 없는 사람처럼 보이고 만다.

역 심리 조종은 하나의 기술이다. 우리의 목적은 우리가 심리 조종자의 말에 관심이 없다는 걸 보여주는 것이다. 어떻게든 그가 그렇게 느낄 수 있게 해야 한다. 심리 조종자는 말장난을 즐긴다. 그는 자신의 힘을 굳게 믿고 있다. 우리도 그가 사용하는 말들을 활용해 이에 대응할 수 있어야 한다. 처음에는, 적어도 몇 달 동안 우리의 감정 상태는 매우 혼란스러울 수 있다. 심장이 쿵쾅거리면서 얼굴이 갑자기 화끈 달아오르고 숨을 제대로 쉴 수 없을 정도로 답답할 수 있다. 하지만 이런 훈련을 통해 조금씩 상대에게 확신을 갖고 대답할 수 있게 되고, 덜 감정적이면서 좀 더 적합하게 대응하는 법을 배워 나갈 것이다. 역 심리 조종법으로 대응하려고 노력하는 동안 외부 상황에 흔들리거나 자기 감정에 빠져들지 않도록 애쓰면서 오직 심리 조종자에게 어떻게 대응할지만을 생각해야 한다.

심리 조종자와는 왜곡된 소통 상황 속에서 만나게 되므로 즉각적으로 적합한 말들이 튀어나오지 않을 수 있다. 따라서 해야 할 말들을 미리 알아두어야 한다. 적어도 열두 문장 정도만 암기해도 주저 없이 바로 대응할 수 있을 것이다. 무엇보다 심리 조종자의 공격에 우리가 상처받지 않는다는 사실을 알리는 일이 중요하다. 이때는 적대적 감정 없이 바로바로 대응할 수 있어야 한다. 이런 작업은 몇 달이 걸릴 수도 있다. 결코 좌절하지 말고 꾸준히 노력해야 한다. 역 심리 조종법은 완벽한 해결책은 아닐지라도 소기의 목적은 달성할 수 있다.

역 심리 조종법의 성과는 그때그때 나타나지 않는다. 우리의 노력에도 불구하고 심리 조종자가 이전과 같은 태도로 대화를 마무리 지었다 해서 이 방식이 실패한 것은 아니다. 우리가 새로운 태도를 취한 결과는 몇 달이 지난 뒤에 나타날 수 있다. 따라서 심리 조종자가 그의 태도를 바꾸지 않는다고 2주 만에 모든 걸 포기하는 일은 없어야 한다. 심리 조종자가 우리의 변화를 감지하고, 무의식적으로 우리에게서 멀어지게 되는 계기들이 축적되어야 한다. 심지어 그가 갑자기 무관심하게 나오면 때로 우리는 상실감을 느끼기도 한다. 그러면서 자신의 시도가 과연 옳은 것인지 의심하게 될 수 있는데, 이때 절대 흔들려서는 안 된다. 역 심리 조종법을 통해 찾은 심리적 안정이나 그 밖의 이점들을 떠올리며 끝까지 밀어붙여야 한다.

역 심리 조종법을 사용한 대화의 예

전체 상황이 자세하게 드러나진 않지만, 여기에 제시된 대화에서 역 심리 조종법을 선택한 사람들이 드러내는 공통된 태도에 주목해보자. 결코 자신의 목표를 잊지 않고 있다는 사실을 알 수 있다. 첫 대화는 심리 조종자 M의 지적으로 시작되며 사회, 직업, 부부, 가족이라는 네 개의 범주로 구분해 제시했다.

사회 영역

사회적 영역에서는 심리 조종자를 친구, 지인, 동료, 혹은 낯선 사람이라고 상상해보자.

대화 1

M(심리 조종자)_ *"그 남자, 너하고 안 어울리는 것 같아."*

_ *"그건 네 생각이고, 다른 친구들은 그렇게 생각하지 않아."*

M_ *"네 친구들이 그 사람을 알아?"*

_ *"물론이지."*

M_ "그런데 왜 나한테는 소개해주지 않았어?"

_ "그냥 그럴 기회가 없었던 거지 뭐."

M_ "솔직히 말해서 네가 그 사람보다 훨씬 나은 것 같은데."

_ "그것도 네 생각이고."

M_ "정말 그렇다니까. 너처럼 똑똑한 아이가… 음악가를 만나다 니!"

_ "그가 음악가라서 똑똑하지 않다는 소리야?"

M_ "그런 게 아니라, 내가 언제 그렇게 말했니? 난 그냥 네 수준 에 맞는 남자를 만났으면 해서 그런 거지."

_ "그건 네 생각이라니까."

M_ "알았어. 어쨌든 네 인생 네가 알아서 하는 거니까."

_ "당연하지."

대화 2

M_ "변호사들은 다들 사기꾼이라니까."

_ "어떻게 그렇게 일반화할 수 있어."

M_ "일반화하려는 게 아니라 네 친구 좀 봐…."

_ "내 친구가 어때서?"

M_ "들리는 말로는 그 친구가 고객들한테 너무 많은 돈을 요구한 다던데."

_ "그가 변호를 잘 하니까 그렇겠지."

M_ "고객들을 변호한다고? 얼마나 많은 변호사들이 범죄자들을

변호하는데그래."

_ *"잠깐! 지금 내 친구 얘기하는 거지, 다른 변호사 얘기하는 게
아니잖아. 내 친구는 범죄자들 변호하지 않아."*

M_ "네 친구가 그렇다는 게 아니라, 그냥 일반적인 변호사들 얘기
하는 거야."

_ *"아, 그래?"*

M_ "그래, 그렇다니까. 네 친구가 그들과 다른지는 내가 알 수 없
는 일이고."

_ *"바로 그거야. 넌 그 친구에 대해 하나도 알지 못하지."*

M_ "어쨌든 변호사들은 다들 사기꾼인 것 같아."

_ *"네가 무슨 생각을 하든, 그거야 자유니까."*

대화 3

M_ "공무원들은 다들 소신이 없는 것 같아. 용기도 부족하고."

_ *"그건 네 생각일 뿐이야."*

M_ "나만 그렇게 생각하는 게 아니라 사실 그렇다니까."

_ *"나는 오히려 양심적이고 성실한 공무원들을 더 많이 아는데."*

M_ "그들이 성실하지 않다는 말이 아니라 그저 소신도 없고, 용기
가 부족한 것 같다고."

_ *"그게 그 소리 아닌가."*

M_ "전혀 아닌데."

_ *"사람마다 생각은 자유니, 뭐 어쩌겠어."*

대화 4

M_ "아, 치마 새로 샀나 봐?"

_ "응."

M_ "할머니가 사주셨어?"

_ "응. 당연하지. 우리 할머니는 세루치 매장에서 옷 사는 걸 좋아하시거든. 완전 할머니가 좋아하는 스타일이지."

M_ "세루치에서 그런 옷을 판다고?"

_ "그렇다니까."

M_ "그래도 나 같으면 그런 치마 별로 입고 싶지 않을걸."

_ "다행이야. 안 그랬다간 우리 둘 다 똑같은 옷을 입고 다녔을 테니."

대화 5

M_ "나 좀 도와줄 수 있어?"

_ "뭔데?"

M_ "지금 좀 많이 힘들어서."

_ "왜?"

M_ "뭐랄까… 한 친구가 우리 집에 자러 오기로 했거든. 기차로 온다는데. 내가 차가 없어서. 게다가 짐도 많다는데 지하철을 타라고 할 수도 없고."

_ "그렇구나. 언제 오는데?"

M_ "내일."

_ "그 친구한테 주소를 알려주고 택시 타고 오라고 하면 될 텐데…."

M_ "여유가 있는 친구가 아니라서."

_ "그래. 하긴 내가 그 친구를 잘 모르지. 만나도 알아보지 못하겠다."

M_ "그건 걱정 마. 내가 같이 갈 수 있으니까."

_ "그럼 네가 역에 가서 둘이서 택시 타고 오면 되겠네."

M_ "알아. 그런데 그 친구 사정이나 내 사정도 별반 다르지 않아서. 택시 타긴 아무래도 부담이 되거든."

_ "그렇구나. 그런데 내일은 같이 갈 수 없을 것 같아."

M_ "내일 뭐하는데?"

_ "할 일이 많아."

M_ "무슨 일인데?"

_ "꼭 해야 할 일들이 있어."

M_ "친구 사이니까 도와주면 정말 고마울 텐데… 너는 편안하게 집에 있는데, 나는…."

_ "잠깐, 그건 전혀 다른 문제인데…."

M_ "다르긴 뭐가 달라. 친한 친구라면서."

_ "얼마든지 널 도와줄 수 있어."

M_ "정말?"

_ "나도 네가 그랬던 것처럼 시간과 여건이 모두 갖춰지면 얼마든지 도울 수 있어."

M_ "지금까지 너한테 별 도움을 받은 것 같지 않은데…."

_ "많이 도왔지. 단지 내가 도와준 건 잘 드러나지 않아서…."

M_ "아니지. 많이 도와주지 않은 거지."

_ "그럼 지금 너에게 빚진 걸 갚아야 한다는 거야?"

M_ "그런 건 아니야. 그냥 너한테 부탁하는 거지. 물론 네가 승낙
해야 가능하겠지만. 네가 상대를 배려하는 사람이라는 거 알
아. 너도 늘 그런 말을 했잖아. 다른 사람들 많이 돕고 싶다고.
그런데 지금 난 수중에 돈도 넉넉지 않고, 내 친구도 그렇고.
짐이 많아 지하철을 탈 수가 없다고 하는데…."

_ "잠깐."

M_ "5~6분밖에 걸리지 않는 일이기도 하고."

_ "잠깐. 오늘 네게 알려줄게 하나 있어. 타인을 배려하는 데도
한계가 있는 법이야."

M_ "그래. 이제 알았어."

_ "그래. 아주 간단한 일이야. 다른 때라면 얼마든지 너를 도와
줄 수 있지만 내일은 중요한 일이 있어서 너를 도울 수가 없
어. 네가 그런 상황들을 존중해주었으면 좋겠어."

M_ "알았어."

대화 6

우울증에 시달리는 한 친구(심리 조종자)가 있는데, 그녀는 늦은
시간에 자주 다른 친구한테 전화를 걸곤 한다. 내가 막 연극을 보려

고 집을 나가려는데 전화가 걸려왔고, 나를 놓아주지 않는다.

M_ "넌 내가 얼마나 힘들어하는지는 안중에도 없지. 한가롭게 연
극이나 보러 가고."

_ "잠깐, 그렇게 막 얘기하는 게 어디 있어. 그래도 내가 이야기
를 잘 들어주니 네가 이틀마다 전화해서 우울하단 말도 할 수
있는 거잖아. 그리고 내가 하고 싶은 걸 못하고 산다면 나도 불
행해지는 거야."

M_ "알아. 친구의 삶 따윈 별로 중요하지 않다는 소리잖아."

_ "그런 게 아닌데, 네가 그렇게 생각한다면 어쩔 수 없지."

M_ "그래. 난 그렇게밖에 생각이 안 드는걸."

_ "유감이지만 어쩔 수 없지 뭐."

M_ "나는 완전히 바닥을 기고 있는데 너는 연극이나 보러 가고."

_ "참내."

M_ "나라면 너처럼 행동하지 않을 거야."

_ "말이야 그렇게 하겠지."

M_ "나라면 친구가 우울증에 빠져 있는데 그냥 내버려두진 않을
거야."

_ "네가 전화한 그 순간에 내가 연극을 보러 나가려고 한 게 죄
책감을 느낄 정도로 큰 잘못이라고는 생각하지 않아. 네가 그
렇게 생각한다면 어쩔 수 없지만. 게다가 지금은 정말 나가봐
야 해. 이미 많이 늦었어. 미안해. 지금은 네 말을 끝까지 들어

줄 수가 없어. 너도 밖에 나가 기분 전환 좀 해봐."

직업 영역

직장 내에서 사장, 책임자, 동료 혹은 고객이 심리 조종자인 경우를
상상해보라.

대화 7

둘이 꽤 까다로운 계약에 합의했다.

M_ "왜 그걸 기록하죠?"

_ "제가 자주 잊어버려서요."

M_ "절 신뢰하지 않으시나 봐요."

_ "이렇게 기록으로 남기면 더 좋을 것 같아서요."

M_ "그런데 이렇게 자세하게 기록한다는 건, 다시 말해 저를 신뢰
하지 않는다는 뜻 아닌가요?"

_ "그렇게 생각하신다니 유감인걸요."

M_ "저는 약속은 반드시 지키는 사람이에요. 신용이 달린 문제니
까요."

_ "그러니 더더욱 기록을 남기고, 서명을 하는 게 문제의 소지를
남기지 않는 방법인 것 같아요."

대화 8

사장과 비서의 대화를 살펴보자.

M_ "회의에 참석하라고 말했었는데, 왜 안 왔죠?"

_ "제가 모든 걸 기록하는 사람이라는 걸 잘 아시잖아요. 아마 사장님께서 저한테 얘기하는 걸 잊어버리신 게 아닐까요."

M_ "그렇다고 당신이 완벽한 건 아니잖아요. 실수를 할 수도 있는 거고."

_ "물론 실수를 할 때도 있지만, 이번 일은 그런 것과 전혀 관련이 없어요. 3년 동안 일을 같이 하고 있다는 건 그래도 제가 일을 잘하기 때문이 아닐까요? 사장님께서 혹시 일정을 잊어버리실까 봐 모든 걸 다 기록한답니다. 그렇다고 화를 내시지는 마세요. 앞으로 이런 일이 재발하지 않도록, 중요한 모임이 있을 때마다 서로 확인하는 게 좋을 듯해요."

M_ "좋아요."

대화 9

비서가 사장(심리 조종자)에게 일정을 정해야 한다며 언제가 괜찮은지 묻는다.

M_ "지금 중요한 약속이 있어서 빨리 가봐야 해요."

_ "네, 사장님이 바쁘신 줄 잘 알아요. 그런데 수요일 회의 약속

을 정해야 해서 그래요."

M_ "알아요. 알아."

_ "사장님께서 저한테 부탁하신 일이고."

M_ "알아요. 안다고."

_ "회의를 소집해달라고 부탁하셨잖아요."

M_ "알아요. 그래서?"

_ "몇 시가 좋은지 말씀해주셨으면 해서요."

M_ "내일 얘기하면 안 돼요? 지금 너무 바빠서 그러는데…."

_ "사장님께서는 일을 효율적으로 하는 걸 중요시한다는 걸 잘 알고 있어요. 수요일에 모든 사람이 참석하길 원하시면 몇 시가 좋은지 미리 말씀해주셨으면 해요."

M_ "…."

_ "오후 3시로 하면 될까요?"

M_ "그게, 지금은 수첩도 없고, 알 수가 없다니까 그래요."

_ "제가 사장님 스케줄을 살펴볼게요. 오후 3시면 괜찮네요. 그럼 오후 3시로 정할게요."

M_ "좋아요. 오후 3시."

_ "네 고맙습니다. 약속 시간을 기록해두세요."

M_ "알았다고요. 기억할 테니."

_ "제가 사장님 수첩에 기록해놓을게요. 날짜와 시간도 미리 알려드리고요."

M_ "알았어요."

대화 10

심리 조종자는 정기적으로 팀원들과 회의를 하지만 결정된 내용에 대해 무관심할 때가 많다. 그런데 이번에는 매우 적극적인 태도를 보였다.

M_ "마담 다르몽, 동의하지 않는 것 같네요?"

_ "저는 생각이 좀 달라서요."

M_ "말씀해보세요."

_ "상대가 제 생각을 고려해줄 때 제 생각을 말하고 싶어서요."

M_ "지금 모인 이유가 그 때문이 아닌가요."

_ "그렇게 말씀해주시니 더욱 기쁘네요."

부부 영역

대화 11

M_ "당신은 당신밖에 몰라."

_ "그렇게 말하기 전에 생각 좀 하지 그래요."

M_ "휴일인 토요일에 어떻게 나와 아이들을 내버려두겠다는 그런 엉뚱한 생각을 다 할 수 있지?"

_ "토요일 아침마다 수영장에 가겠다는 것뿐인데, 그 때문에 당신이 버림받은 느낌이라면 매우 심각한걸요."

M_ "전에는 안 그랬잖아."

_ "이제는 내가 원하는 걸 하기로 마음먹은 것뿐이니 너무 그러

지 마요."

M_ "나랑 아이들하고 같이 지내는 게 안 좋아?"

_ "그건 다른 문제예요."

M_ "뭐가 다르지?"

_ "지금까지 당신과 아이들을 위해 많은 시간을 할애했어요. 아이들도 13살, 16살이 되었으니 이제 나를 위한 시간을 가질 때가 되지 않았나요?"

M_ "그럼 우리는 그동안 뭐 하고 있으라고?"

_ "다들 각자의 프로그램이 있는 거죠. 내가 집에 있든 없든. 이제 저도 당신이나 아이들처럼 해보려고요. 저도 제 시간을 보내고 싶어요. 그래야 저도 행복할 것 같아요."

M_ "누가 당신한테 그런 생각을 갖게 했지?"

_ "혼자서도 충분히 생각할 수 있어요. 내가 말이 별로 없다고 생각까지 없는 건 아니에요. 오히려 지금까지 많이 참으면서 살아왔어요. 저 혼자만 무기력해지고 싶지 않아요. 당신도 행복해하는 아내를 원하지 않나요? 안 그래요?"

M_ "그렇긴 하지."

대화 12

M_ "여자들은 다들 거짓말쟁이들이라니까."

_ "그럼, 남자들은? (동의하지 못한다는 듯이)"

M_ "남자들도 다른 결점이 있겠지. 하지만 어쨌든 여자들은 특히

나 거짓말을 잘하는 것 같다니까."

　_ "어떤 남자들을 상대하느냐에 따라 그럴 수도 있겠죠. 때로는
　　모든 걸 얘기하지 않는 게 나을 때도 있을 테니."

M_ "비겁하다니까."

　_ "그렇게 생각할 수도 있겠죠."

대화 13

M_ "당신은 완전히 당신 엄마하고 똑같다니까. 너무 많이 닮았
　　어."

　_ "고마워요."

M_ "칭찬이 아니야."

　_ "칭찬처럼 들리는걸요."

M_ "당신이 그렇게 생각한다면 할 수 없지만. 어쨌든 내 생각이
　　맞을 거야. 앞으로 두고 보라고."

　_ "그렇겠죠. 두고 보면 알겠죠."

대화 14

M_ "어쨌든 당신은 언제나 자기만 옳다고 우긴다니까."

　_ "내가 옳을 때도 있죠."

M_ "당신은 당신이 기준이니까."

　_ "내가 옳을 때가 많긴 해요. 내가 꼭 그걸 바라고 그런 건 아니
　　지만…."

가족 영역

아버지, 엄마, 형제자매, 자녀, 사촌, 삼촌, 숙모 등 심리 조종자가 가족의 일원인 경우.

대화 15

M_ "너도 결국은 네 아빠처럼 술독에 빠진 알코올중독자가 되는 거 아냐? 아니면 더 형편없이 심해지거나."

_ "제가 그렇게 되기를 바라는 것처럼 들리네요."

M_ "아니. 하지만 네가 조금씩 달라지는 것 같아 두려워."

_ "아빠와 비교하는 것보다 차라리 제 얘기를 직접 해주는 게 더 좋아요. 아빠와 저는 다르니까요."

M_ "그래. 하지만 네가 점점 네 아빠를 닮아가는 건 어쩔 수가 없구나."

_ "모든 면에서 그런가요?"

M_ "아니, 다 그런 건 아니지."

_ "그럼 다행이네요. 저도 아버지와는 다른 삶을 살 수 있는 기회는 있으니. 따지고 보면 제가 아빠는 아니거든요."

대화 16

M_ "어떻게 네 아들은 아직도 혼자 대소변을 가리지 못하지?"

_ "혼자 잘하는데."

M_ "아직 유아 좌변기를 사용하잖아."

_ "응."

M_ "혼자 화장실에 갈 나이 아닌가. 발육이 많이 늦네."

_ "많이 늦은 건 아니야."

M_ "늦었지. 잘 알아봐. 엄마라면…."

_ "다 알아봤어."

M_ "세 살이나 되었는데. 혼자 화장실 정도는 갈 수 있어야 하는
거 아냐?"

_ "갈 수도 있겠지."

M_ "오! 네 교육법이 어떤 건지 모르겠네."

_ "아이의 리듬에 맞출 뿐이야."

M_ "잘 알아보라니까, 정상은 아닌 것 같아."

_ "그건 네 생각이고."

대화 17

M_ "지금 네 남편과 일하고 있는 사람, 정말 이기적이고 심지어
사기성이 농후하다는데?"

_ "나도 그런 말을 듣긴 했어. 그래도 그 사람이 결정한 거니 어
쩌겠어."

M_ "잘 생각해봐. '끼리끼리 어울린다'고 하잖아."

_ "아니야. 때론 반대 성향을 가진 사람들에게 서로 매력을 느끼
기도 해."

M_ "그건 생각하기 나름이지."

_"내가 하고 싶은 말도 바로 그거라니까."

역 심리 조종법의 원칙들

역 심리 조종법의 전략들은 매우 구체적이다. 전략들이 구체적이고 명확해야 만족스러운 결과를 얻을 수 있다.

- 짧은 문장으로 말한다.
- 모호하게 행동한다.
- 이미 만들어진 문장, 속담, 원칙 들을 활용한다.
- '우리'란 일반적인 용어를 사용한다.
- 되도록 유머를 활용한다.
- 말을 끝내면서 살짝 미소 짓는다.
- 비꼬거나 빈정거리며 얘기하고 행동한다(그러나 유머는 잃지 않는다).
- 예의 바르게 행동한다.
- 대화가 오히려 상황을 악화시킨다고 판단되면 논의 자체를 시도하지 않는다.
- 공격적인 행동을 피한다.
- 메시지를 반박하려 할 때만 빈정거린다.
- 자신을 정당화하려고 애쓰지 않는다.

간단히 말해 무심한 사람처럼 행동하는 게 중요하다. 그러려면 자신을 잘 통제해야 한다. 위의 조언들은 상대의 태도를 부정적으로 바라보고 있음을 나타내는 표지가 된다.

역 심리 조종법을 사용할 때 유용한 표현들

1. 그건 당신 생각이지요.
2. 그렇게 생각할 수도 있겠죠.
3. 그렇게 믿을 수 있겠지.
4. 그건 하나의 해석일 뿐이지.
5. 그런 각도에서 볼 수도 있겠죠.
6. 마음대로 생각하세요.
7. 그렇게 생각하는 건 당신 자유죠.
8. 그렇게 생각한다면 '네'라고 대답할 수도 있겠네요.
9. 당신이 그렇게 말한다면야.
10. 그게 당신 생각이라면.
11. 그것도 사물을 보는 하나의 방식일 수는 있겠네요.
12. 사람들은 종종 잘 알지 못하는 것을 말하는 경우도 있죠.
13. 당신은 사물의 한 면만을 보는데, 그럴 수 있죠.
14. 잘 모르고 보면 그런 상상은 해볼 수도 있겠죠.
15. 물론 당신은 그렇게 상상할 수 있겠죠.

16. 제 생각은 다른데요.

17. 그럴 수도 있겠죠.

18. 당신이라면 가능해요.

19. 맞아요.

20. 바로 그거예요.

21. 안 그래요?

22. 제게 그런 일이 일어날 수도 있겠죠.

23. 그럴 수 있겠죠.

24. 앞을 내다볼 수는 없는 법이니…. 저한테 그런 능력이 있는 것도 아니고….

25. 때로는 그럴 수 있어야 하겠죠.

26. 게다가 당신이 모르잖아요.

27. 다른 사람을 모델로 삼아야 했어요.

28. 하긴 다들 그러는 것처럼 행동하는 게 재미있긴 하네요.

29. 다들 그걸 알아요.

30. 그건 하기 나름이죠.

31. 내가 그렇게 얘기한 것 같지 않은데요.

32. 그건 너무 쉽죠.

33. 그걸 지금 저한테 얘기하는 거예요?

34. 그게 매번 성공하는 건 아니죠.

35. 다들 자기 취향이 있는 거죠.

36. 다양한 취향이 있기 마련이죠.

37. 저는 좋은데요. 그게 중요한 거 아닌가요?

38. 빛 좋은 개살구네요.

39. 난 행복한데 뭐.

40. 누가 입느냐에 따라 다르죠.

41. 하긴 그게 당신한테 어울리지 않는 건 맞아요.

42. 나는 독창적인 게 좋아요.

43. 그렇다니까. 나도 다른 사람들처럼 아무것도 하지 않는다니까.

44. 그게 바로 내 매력인걸.

45. 내 친구들은 그런 나를 좋아해.

46. 완벽한 사람은 아무도 없어요. 안 그래요?

47. 다들 각자 자기 스타일이 있기 마련이죠.

48. 그렇게 생각해주다니 고마운걸.

49. 제 걱정은 하지 마세요.

50. 충고는 늘 유용한 거니까.

51. 지내보면 알겠지.

52. 두고 보면 알겠지.

53. 그게 가끔 유용할 때가 있어.

54. 각자 자기 경험이 있는 법이니까.

55. 시도를 해야 결과를 얻을 수 있을 테니까.

56. 그렇군. 거기까지 생각하지 못했네.

57. 명심할게.

58. 난 아무렇지도 않아. 괜찮아.

59. 고마워.

60. 그렇게 말해줘서 고마워.

61. 내게 선택할 여지를 주니 고맙네.

62. 내가 정말 선택할 수 있는 일인가.

63. 늘 그랬듯이.

64. 날 그렇게 생각해주니 고맙네.

65. 나한테 그렇게 하라고 해주니 고맙네.

66. 겉으로 보긴 그렇지.

67. 그건 별로 중요하지 않아.

68. 심각할 거 하나도 없어.

69. 내 도덕 관념은 좀 달라.

70. 그건 도덕 관념의 문제지.

71. 그건 의심할 여지도 없지.

72. 분명하지.

73. 알겠어.

74. 아 그래!

75. 음…음.

76. 그럼 당연하지.

77. 사실 자주 그래.

78. 틀림없이!

79. 그러길 바랄 뿐.

80. 우리는 서로 뜻이 맞는다니까.

81. 당신도 그걸 잘 알죠.

82. 유감인걸요.

83. 할 수 없죠 뭐.

84. 당신한테 죄송하네요.

85. 이번에는 그래요.

86. 항상 틀릴 수는 없는 일이죠.

87. 당신이 그걸 못 알아봤다고 생각했어요.

88. 그렇게 말하는 걸 보니 기분이 좋은걸요.

89. 분명히 이유가 있을 거예요.

90. '우리'라는 건 당신을 말하는 건가요?

91. 우리가 같은 사실을 아는 건 아닌 듯해요.

92. 그렇게 생각해요?

93. '우리'라뇨? 잘 모르겠는데요.

94. 당신의 행동은 불 난 집에 부채질하는 격이에요.

95. 불 난 집에 부채질하려고 우리가 여기 있는 건 아니죠.

96. 왜 그런 얘기를 하죠?

97. 각자 자기 방식대로 진화하는 거죠.

98. 그래요. 하지만 직업도 진화하니까요.

99. 모든 걸 이성으로 결정할 수는 없는 일이죠.

100. 사랑(우정)은 어쩌고요?

101. 서로 사랑하면 계산하는 거 아니잖아요.

102. 당신한테 그게 문제가 되나요? ('당신과는 상관없는 일이에요'

라고 하는 대신에)

103. 그게 그렇게 당신한테 문제가 되나요?

104. 왜죠?

105. 왜 안 되죠?

106. 그럼 당신은요?

107. 그럼 당신은 어떻게 생각하시는데요?

108. 왜 그런 질문을 제게 하는 거죠?

109. 내가 무얼 하는지는 내가 더 잘 알아요.

110. 나한테는 그게 기쁨인걸요.

111. 누가 그런 말을 하죠?

112. 그걸 어디서 들었죠?

113. 지금 당신이 함정에 빠지는 거예요?

114. 당신 생각은 어떤데요?

115. 무슨 의미로 그런 말을 하는 거죠?

116. 내가 다른 어떤 것을 해야 했다는 거죠?

117. 왜 그런 말을 하죠?

118. 당신 생각을 좀 더 정확하게 말씀해보세요.

119. 등등….

이제 두 눈을 감고 위에 언급한 표현들 중 10개만 얘기해보라. 적어도 한 영역에 표현 하나씩은 말하고 밑줄을 그어보자.

이제 여러 상황에서 매우 유용한 역 심리 조종법 표현들을 주목하자.

- 그건 당신 생각이지요.
- 그렇게 생각할 수도 있겠죠.
- 그렇게 생각하는 건 당신 자유죠.
- 그럴 수 있죠.
- 나한테 그런 일이 일어날 수도 있죠.
- 각자 자기 취향이 있기 마련이죠.
- 제 걱정은 하지 마세요.
- 저는 양심에 거리낄 게 없어요.
- 그럴 거라고 생각했어요.
- 그게 무슨 의미죠?

위의 10개는 반드시 암기하는 것이 좋다. 위에 언급한 118개는 심리 조종자와 대면할 때 자신을 보호할 수 있는 도구들이다. 매번 상황에 따라 적절하게 대응해야 하기 때문에 얼마든지 다른 표현들도 있을 수 있다.

훈련의 필요성

역 심리 조종법의 전략을 잘 이해하고, 이와 관련된 표현들을 숙지

했으면 이제 실제 상황에서 활용해보자.

심리 조종자와 대면할 때 구체적으로 어떻게 대답해야 할지 연습해보자. 각각의 상황은 사회, 가족, 직업, 부부간의 영역으로 분류했다.

어떤 대답을 해야 할지 잘 모르겠으면 주저하지 말고 리스트를 확인하는 게 좋다. '실수 없이' 훈련을 받지 않은 상태에서 곧바로 대답하는 건 거의 불가능하다. 이 장을 통해 시간을 들여 충분히 준비해보자.

가장 효율적인 훈련 방법은 둘씩 조를 짜서 심리 조종자 '역할 놀이'를 해보는 것이다. 이러한 역할 훈련은 한 번 잘 대꾸하는 것으로 끝나지 않기 때문에 쉽지 않다. 비록 처음에는 잘 대응해도 심리 조종자 역을 맡은 사람이 계속 반박함으로써 우리를 혼란에 빠트릴 수 있다. 이런 일은 사실 실제 상황에서도 종종 일어난다. 심리 조종자는 절대 상대를 설득할 수 없다는 판단이 서야 포기한다. 그러면서 그는 재빨리 자리를 피하거나 "당신하고는 도대체 말을 할 수 없다니까요" 혹은 "너하고는 도대체 말이 안 통한다니까" 식으로 마지막 공격을 가한다. 그럴 때면 "너야 그렇게 생각할 수 있겠지"라고 대답하거나 아예 아무 대답도 하지 않는 게 바람직하다. 그래야 심리 조종자는 막다른 곳에 몰려 모든 상황이 종료될 수 있다.

파트너를 선택해 다양하게 연습해보자. 그래야 실제 상황에서 순발력 있게 반박할 수 있다. 이렇게 역할을 바꿔가며 훈련하면 심리 조종자 역을 맡은 상대가 어느 순간부터 우리에게 대꾸하는 게 힘들어지는지를 얘기해줄 수 있을 것이다.

사회 영역

예 1

M_"프랑스 사람들은 다들 게으르다니까."

‒ ....

예 2

M_"당신하고는 도대체 얘기가 안 돼."

‒ ....

예 3

M_"안녕? 근데 살이 좀 많이 쪘네?"

‒ ....

예 4

M_"오늘, 옷 색깔이 뭐 그래?"

‒ ....

예 5

M_"꽤 머리가 좋으신 것 같아요(여자를 유혹할 때)."

‒ ....

예 6

칵테일파티에서 친구들과 이야기하고 있다. 내가 준비한 브런치에 대해 말을 하고 있었는데 한 남자가 가까이 다가왔다. 그는 자기소개도 하지 않고 곧바로 내 말을 가로막는다.

M_"누가 요즘 브런치 먹나요? 한물간 것 같은데."

—

예 7

M_"치마가 너무 짧지 않아? 네 나이에 소화하기에는 말이야."

—

예 8

M_"언제 저희 집에 저녁 드시러 오세요(예의상 하는 모호한 발언들)."

—

예 9

M_"걸음걸이가 좀 이상해 보여요."

—

예 10

M_"토요일 아침에 자동차 쓸 거야?"

예 11

빈정거리는 심리 조종자에게 매몰차게 대꾸하기.

M_ "유머감각이 많이 부족하신 것 같아요."

예 12

심리 조종자는 원치 않는 걸 내게 강요한다.

M_ "바보들이나 생각을 바꾸지 않죠."

예 13

M_ "좀 밝은색 가구나 커튼이 낫지 않나, 좀 더 고상하게."

예 14

M_ "어젯밤에 네 오빠 봤는데".

_ "그래?"

M_ "잘 생기긴 했는데 좀 철이 덜 든 것 같더라."

예 15

좀처럼 전화하지 않는 심리 조종자 친구가 전화를 걸었다.

M_ "여보세요? 나야!"

예 16

M_ "네 사촌이 1년 만에 판매원에서 지배인으로 고속 승진했다
　며?"

_ "응."

M_ "뒷배가 든든한가 봐."

예 17

2주간 해외로 휴가를 가기로 했다.

M_ "이 바쁜 와중에도 꼬박꼬박 자기 휴가는 챙기는 사람들이 있
　다니까?"

예 18

세 친구와 점심을 먹는데, 그중 한 사람이 심리 조종자다. 나는 아무 생각 없이 물었다.

_ "점심 먹고 어디 갈까?"

M_ "원하는 곳이라면 어디든!"

_ ....

다음은 실제 오고간 대화다.

예 1

M_ "프랑스인들은 다들 게으르다니까."

_ *"그럼 너도 게으르겠네?"*

M_ "아니, 그건 아니고…. 그냥 보통 프랑스인들 말이야."

_ *"그럼 뭐, 넌 특별한 프랑스인이라도 된다는 거야?"*

M_ "아니 꼭 그런다는 말은 아니고…."

(이때 아무 대답하지 말고 그가 혼자 얘기하도록 내버려둔다.)

예 2

M_ "당신하고는 도대체 얘기가 안 돼."

_ *"나도 지금 막 당신한테 같은 생각하고 있었는데….*"

예 3

M_ "안녕? 근데 살이 좀 많이 쪘네?"

_ "겨울 채비 하려고 일부러 찌운 건데(웃음)."

예 4

M_ "오늘, 옷 색깔이 뭐 그래?"

_ "오늘 날씨하고 너무 어울리지 않아?(미소)"

M_ "어울린다고?"

_ "응."

M_ "성공했네."

_ "고마워 인정해줘서."

M_ "네가 좋다면야."

_ "응, 난 좋아."

예 5

M_ "꽤 머리가 좋으신 것 같아요(여자를 유혹할 때)."

_ "잘 보셨네요."

예 6

칵테일파티에서 친구들과 이야기하고 있다. 내가 준비한 브런치에 대해 말을 하고 있었는데 한 남자가 다가왔다. 그는 자기소개도 하지 않고 곧바로 내 말을 가로막는다.

M_ "누가 요즘 브런치 먹나요? 한물간 것 같은데."

  _ "유행 따르는 걸 별로 좋아하지 않아서요."

예 7

M_ "치마가 너무 짧아 보이는데? 네 나이에 소화하기에는 말이
   야."

  _ "난 마음에 들어. 남편도 좋아하고(미소)."

M_ "정말?"

  _ "응."

M_ "네 남편도 그런 취향이었구나."

  _ "우리 부부가 잘 맞는다는 거 너도 잘 알잖아."

M_ "하긴. 그런데 치마가 짧은 거 같아. 20대도 아니고."

  _ "마음은 언제나 청춘이거든."

M_ "음…음."

예 8

M_ "언제 저희 집에 저녁 드시러 오세요(예의상 하는 모호한 발언들)."

  _ "그럼요. 언제 몇 시가 좋은지 전화연락만 주세요."

예 9

M_ "걸음걸이가 꽤 독특하시네요."

  _ "각자 자기 방식이 있으니까요. 모든 사람 마음에 들기는 어렵

겠죠(웃음)."

M_ "마음에 들지 않는다는 소린 아니었어요."

 _ "그럼 칭찬으로 받아들여도 될까요?"

M_ "그럼요."

예 10

M_ "토요일 아침 자동차 쓸 거야?"

 _ "왜?"

M_ "남편이 오디오를 샀는데 토요일에 찾으러 가야 하거든. 남편
　　차는 수리 중이라서."

 _ "몇 시간이나 필요한데?"

M_ "30분이면 충분해. 우리가 차 쓰고, 집으로 갖다줄게."

 _ "알았어. *11시까지 갖다줘.*"

M_ "11시 30분이면 안 될까?"

 _ "*11시면 좋겠어. 차를 쓸 일이 있거든.*"

M_ "알았어."

 _ "*그래. 그럼 11시 정각에 기다리고 있을게.*"

M_ "응 11시 정각."

예 11

빈정거리는 심리 조종자에게 매몰차게 대꾸하기.

M_ "유머감각이 많이 부족하신 것 같아요."

_ "유머와 빈정거림을 구분할 줄 모르시나 봐요."

M_ "아 그래요? 그런데 빈정거림에 유머가 포함되지 않나요?"

_ "전혀 아니죠. 잘 알아보세요."

예 12

심리 조종자는 원치 않는 걸 내게 강요한다.

M_ "바보들이나 생각을 바꾸지 않죠."

_ "자기 생각이 확고해서 당신 생각을 따르지 않는 게 바보라면
제가 바보네요. 오히려 그렇다면 바보인 게 자랑스러운걸요."

예 13

M_ "좀 밝은색 가구나 커튼이 낫지 않나, 좀 더 고상하게."

_ "내가 좋아하는 스타일이야."

M_ "그래? 좀 유치하지 않아?"

_ "일부러 그런 건데(웃음)."

예 14

M_ "어젯밤에 네 오빠 봤는데."

_ "어 그래?"

M_ "잘 생기긴 했는데 좀 철이 덜 든 것 같더라."

_ "우리 가족이 다 그래. 때 되면 철도 들겠지 뭐."

예 15

좀처럼 전화하지 않는 심리 조종자 친구가 전화를 걸었다.

M _ "여보세요? 나야!"

_ "나라뇨? 누구시죠?"

M _ "나라니까."

_ "목소리만 듣고는 누군지 모르겠는데요(실은 그가 누구인지 알고 있다)."

M _ "나 피에르야."

_ "아, 잘 지냈어? 피에르."

예 16

M _ "네 사촌이 1년 만에 판매원에서 지배인으로 고속 승진했다며?"

_ "응."

M _ "뒷배가 든든한가 봐."

_ "남들보다 일을 열심히 하고 조금 더 잘한다는 게 뒷배라면 뒷배겠지 뭐."

예 17

2주간 해외로 휴가를 가기로 했다.

M_"이 바쁜 와중에도 꼬박꼬박 자기 휴간 챙기는 사람들이 있다
니까?"

_ "흔치 않은 기회인데 왜 놓쳐?"

예 18

세 친구와 점심을 먹는데, 그중 한 사람이 심리 조종자다. 나는 아
무 생각 없이 물었다.

_ "점심 먹고 어디 갈까?"

M_"원하는 곳이라면 어디든!"

_ "그렇게 대답할 줄 알았어."

가족 영역

예 1

M_"평생 너희들을 위해 희생했단다."

_ ....

예 2

M_"지금 결혼하는 게 과연 잘하는 일일까."

_ ....

예 3

M_ "당신은 은혜를 갚을 줄 모른다니까."

_ _____

_ 배은망덕한 걸 정말 싫어하거든.

_ _____

예 4

M_ "네가 행복했으면 좋겠어."

_ _____

예 5

M_ "아, 그래? 정보통신 수업을 그렇게 많이 들었으면서 이메일
　　이 뭔지 모른다고? (수업은 조금 들었다)"

　_ "뭐, 다 알 수는 없는 거잖아."

M_ "오! 화내지 마. 왜 그렇게 공격적이야."

_ _____

예 6

한 엄마(심리 조종자)가 청소년 아들에게 말한다.

M_ "너 때문에 얼마나 피곤한지 몰라."

_ _____

예 7

M_ "여자라면 화장 좀 하고 다니는 게 예의 아닐까?"

—

예 8

M_ "다 널 위해서 그러는 거야."

—

예 9

M_ 왜 그렇게 고집을 피우고 그래.

—

예 10

M_ "제발 다시 생각 좀 해봐. 그 남자애가 너한테 어울린다고 생각해?"

—

예 11

심리 조종자인 부모가 21살인 딸에게 말한다.

M_ "혼자 그리스에 가겠다는 건 아니겠지?"

_ "왜 안 돼요?"

M_ "혼자 잘 처신도 못하고, 결국 얼마 못가서 되돌아올 게 뻔하니까."

— ....

예 12

심리 조종자인 언니가 여동생에게 이야기한다. 남자 형제가 지방에서 여동생 집에 머물려고 왔다.

M_ "왜 오빠가 네 집에 머물겠다는 거지?"

— ....

예 13

M_ "엄마가 네 아빠랑 헤어지지 않고 남아 있는 건 다 너희들을 위해서야."

— ....

예 14

얼마 전 멋진 차를 장만했다.

M_ "누구는 돈도 많고. 하여간 돈 많은 사람들이 차고 넘친다니까. 나는 자식도, 집도 없는데."

— ....

이제 실제 대화를 살펴보자.

예 1

M_ "평생 너희들을 위해 희생했단다."

_ "우리를 위해 무얼 희생하셨는데요?"

M_ "세상에! 그걸 모른다니 정말 서운하구나. 너희들 키우고 가르치느라고 얼마나 많은 시간과 에너지를 소비했는데!"

_ *"하지만 엄마라면 자기 아이를 돌보고 교육을 시키는 게 당연한 거 아닌가요. 그걸 원치 않았다면 아이를 낳지 말았어야죠."*

예 2

M_ "지금 결혼하는 게 과연 잘하는 일일까."

_ "왜 무슨 문제라도 있어?"

M_ "그 사람 만난 지 얼마 되지 않았잖아."

_ "그래서?"

M_ "석 달도 안 되었는데 그렇게 서둘러 결혼하는 건 좀 그래서."

_ *"뭐, 그런 통념이 있긴 하지만, 난 원래 그런 거에 신경 잘 안 써."*

M_ "하긴 네가 조금 그렇긴 하지."

_ "…"

M_ "어쨌든…. 네 인생이니 알아서 하겠지, 뭐."

_ *"당연하지. 시도하지 않는 사람은 아무것도 얻지 못하는 법이지."*

예 3

M_ "당신은 은혜를 갚을 줄 모른다니까."

_ *"그건 네 생각이고."*

M_ "난 정말 배은망덕한 사람들이 싫더라."

_ *"다들 그렇게 생각해. 나도 마찬가지고."*

예 4

M_ "네가 행복했으면 좋겠어."

_ *"그게 진심이면 좋겠네."*

M_ "물론이지."

_ *"그렇다면 고마워."*

예 5

M_ "아, 그래? 정보통신 수업을 그렇게 많이 들었으면서 이메일이 뭔지도 모른다고? (수업은 조금 들었다)"

_ *"뭐, 다 알 수는 없는 거잖아."*

M_ "오! 화내지 마. 왜 그렇게 공격적이야."

_ *"참 이상해. 너하고만 있으면 이렇게 되니 말이야. 누가 먼저 문제를 일으키는지 진지하게 생각해봐야겠어."*

M_ "무슨 소리야. 당황해서 그렇다고 말한 건데. 그 정도 권리는 내게 있는 거 아닌가?"

_ "당연하지. 하지만 그걸 표현하는 방법은 얼마든지 다를 수 있지."

M_ "넌 정말 편집증적이라니까."

_ "네가 상황을 모면하고 싶을 때 그런 식으로 반박한다는 거 잘 알고 있어."

예 6

한 엄마(심리 조종자)가 청소년 아들에게 말한다.

M_ "너 때문에 얼마나 피곤한지 몰라."

_ "정말 나 때문에 피곤한 거예요? 하루 종일 일해서 그런 건 아니에요?"

예 7

M_ "여자라면 화장 좀 하고 다니는 게 예의 아닐까?"

_ "꼭 화장하지 않아도 얼마든지 매력적으로 보일 수 있어."

M_ "어떻게?"

_ "아! 그건 내 비밀인데."

M_ "아 그래? 아무리 생각해도 화장하면 네가 말하는 '매력'이 더 빛날 것 같은데."

_ "그래. 언젠가 그럴 때가 올지도 모르지."

M_ "너무 오래 기다리지 않는 게 좋을걸. 안 그러면…."

_ "나는 무엇보다 내면의 아름다움을 가꾸려고 노력 중이야."

M_ "알아. 화장이 바로 그 내면의 깊이를 잘 포장해준다는 거지."

_ "그래, 굳이 포장하지 않아도 될 것 같아서."

예 8

M_ "다 널 위해서 그러는 거야."

_ "그걸 의심하는 건 아니에요."

예 9

M_ "왜 그렇게 고집을 피우고 그래."

_ "그게 말이지! 다른 건 싫거든. 게다가 어쨌든 네가 말하는 방식으로는 절대 하고 싶지 않아."

예 10

M_ "제발 다시 생각 좀 해봐. 그 남자애가 너한테 어울린다고 생각해?"

_ "사랑에는 이성으로 알 수 없는 다른 이유들이 있기 마련이야."

M_ "아무리 그래도 그렇게 하면 오래 가지 못한다는 거 너도 잘 알잖아."

_ "두고 보면 알겠지."

예 11
심리 조종자인 부모가 21살인 딸에게 말한다.

M_ "혼자 그리스에 가겠다는 건 아니겠지?"

_ *"왜 안 돼요?"*

M_ "혼자 잘 처신도 못하고, 결국 얼마 못가서 되돌아올 게 뻔하
니까."

_ *"그건 엄마가 바라는 바겠죠. 그런데 아무래도 실망이 크실 것*
같은걸요."

예 12
심리 조종자인 언니가 여동생에게 이야기한다. 오빠가 지방에서
여동생 집에 머물려고 왔다.

M_ "왜 오빠가 네 집에 머물겠다는 거지?"

_ *"그건 오빠 마음 아닐까."*

M_ "그래. 하지만 뭔가 이유가 있어서 너희 집에 오는 것 같은데.
뭔가 감추고 있는 거 아닐까."

_ *"너무 과장하지 마. 우리 집이 편하니까 그렇겠지."*

M_ "알아. 하지만 오빠가 나한테는 온단 말을 하지 않은 게 좀 이

상해서 그래. 왜 그런지 넌 알아?"

_ "아니. 걱정되면 직접 물어봐."

예 13

M_ "엄마가 네 아빠랑 헤어지지 않고 남아 있는 건 다 너희들을
위해서야."

_ "하지만 우리 의견은 묻지도 않고 엄마 혼자 결정하셨잖아요."

M_ "엄마로서 너희들을 위해 최상의 결정을 한 것뿐이야."

_ "그렇다면 후회도 엄마 혼자 하셨으면 좋겠어요. 엄마 스스로
선택하셨으니 제가 죄책감을 느낄 이유는 없겠죠. 엄마 말씀
대로 우리 교육을 위해 아빠와 헤어지지 않으신 거라면, 이만
큼 저희를 교육시키셨고 원하시던 바를 이루셨으니 적어도
그만큼은 행복하셔야 하는 거 아니에요?"

예 14

얼마 전 멋진 차를 장만했다.

M_ "누구는 돈도 많고. 하여간 돈 많은 사람들이 차고 넘친다니
까. 나는 자식도 없고, 집도 없으니…."

_ "삶의 기쁨을 느끼는 이유는 저마다 다르지 않을까요?"

직업 영역

<u>예 1</u>

M_ "다음에는 나 같은 사장을 만나길 바라요."

—

<u>예 2</u>

M_ "자신을 믿어야죠."

—

<u>예 3</u>

마음이 고약한 자재상과 통화하는 중인데 동료(심리 조종자)가 갑자기 안으로 들어왔다. 그는 대화 내용을 잘 알지 못한다.

M_ "정말 권위적이시네요."

—

<u>예 4</u>

M_ "그런 식으로 일처리를 하면 안 되죠. 분명히 말하지만…. 제 경험을 믿어보세요."

—

예 5

M_ "베로니크가 상사하고 그렇고 그런 사이라는 거 너 알고 있어?"

─ ....

예 6

카미유가 동료들의 요구를 대변할 사람으로 선출되었다.

M_ "저기, 카미유의 개입에 대해 어떻게 생각하세요?"

─ ....

예 7

심리 조종자는 동료인 세베린에 대해 빈정거린다. 세베린은 상처를 받았는지 눈물까지 글썽거리며 사무실에서 뛰쳐나온다. 그 자리에 있던 나는 그녀 편을 든다.

M_ "오! 난 그냥 농담한 건데. 그렇게 예민하게 굴 줄은 몰랐어."

─ ....

안내 데스크(회사, 병원 등등)에서 활용할 수 있는 역 심리 조종법
연습 : 역 도발

예 8

M_ "저기요, 왜 저 사람들을 먼저 안내하는 거죠(거짓말이다)?"

_ "저분들이 앞에 서 있었으니까요."

M_ "그렇게 말할 줄 알았다니까. 다들 여기 사람들이 인종 차별주의자라는 거야. 잘 알고 있죠."

_ ....

예 9

M_ "절 도와주지 않겠다고요. 인종 차별하는 건가요?"

_ ....

예 10

주택 분양 안내 서비스

M_ "내가 외국인이었으면 저렴한 주택을 분양 받았을 텐데."

_ ....

예 11

M_ "하여간 공무원들을 위한 혜택이 너무 많다니까."

_ ....

M_"일을 많이 하지 않는 것 같네요. 그래서 제가 왔습니다."

—

M_"당신은 전형적인 공무원이시네요."

—

유혹을 통한 도발

M_"오늘 저녁 몇 시에 일이 끝나죠?"

—

심리 조종자는 자신이 원하는 걸 얻지 못해 화가 나자 드디어 '협박'이라는 카드를 꺼내든다.

M_"당신 이름이 뭐죠?"

—

예 16

전화를 받기 전에 벨이 네 번 울렸다.

M_ "뭘 하고 있는 거예요? 일을 제대로 하는 사람이 그렇게 없나요?"

– ....

예 17

M_ "이제 깨시죠! 떠날 시간인데!"

– ....

예 18

M_ "너무 지치신 거 아니에요?(빈정거림)"

– ....

예 19

M_ "돈은 우리가 낼게요."

– ....

예 20

M_ 말도 안 돼요. 당장 사장에게 이메일을 보내야겠어요.

– ....

예 21

병원 응급실 안내 데스크

M_ "왜 저 사람들 일을 먼저 처리하시는 거죠?"

  _ *"다급한 사람들 먼저 처리해야 해요."*

M_ "다급한 사람들이라고요? 이해가 안 되는걸요. 내가 흑인이라

   그러시는 거죠. 아닌가요?"

  _ ....

예 22

심리 조종자인 환자는 과도한 혜택을 얻어내기 위해 병원 직원에
게 자신의 병을 과장한다.

M_ "지금 제 상태가 어떤지 상상도 못할 거예요."

  _ ....

예 23

M_ "이러다 여기서 죽겠어요."

  _ ....

예 24

M_ "그런데 당신이 간호사신가요?"

예 25

M_ "이렇게 사람이 많은데 어떻게 의사가 한 명도 없죠."

_ *"의사는 많은데 지금은 수술실에 있어서요."*

M_ "의사가 당신 한 명밖에 없어요?"

예 26

병원에서 환자가 기다리다 불평한다.

M_ "세상에 말도 안 돼. 이러다 앉아서 죽겠네."

_ *"걱정 마세요. 저희도 어떻게 조치해야 할 줄 다 알고 있으니까요."*

M_ "전혀 그런 거 같지 않은데요."

이제 실제 대화내용을 살펴보자.

예 1

M_ "다음에는 나 같은 사장을 만나길 바라요."

_ *"왜죠?"*

M_ "그래야 나처럼 이해심 많고 인내심 있는 사장하고 일하게 될
　테니까요."

　_ "마침 말씀 잘하셨네요. 두고 보죠."

M_ "당신이 얼마나 일을 잘 처리하는지 두고 봐야겠네요."

　_ "그럼요."

예2

M_ "자신을 믿어야죠."

　_ "당연하죠. 당신에게 절대적으로 바라는 바랍니다."

예3

마음이 고약한 자재상과 통화하는 중인데 동료(심리 조종자)가 갑
자기 안으로 들어왔다. 그는 대화 내용을 잘 알지 못한다.

M_ "정말 권위적이시네요."

　_ "그래야 될 때가 있어요."

M_ "동료들과 조심하셔야겠어요."

　_ "제 동료들 걱정은 안 하셔도 돼요."

M_ "그러다 모든 걸 망칠 수도 있어서 하는 말이에요."

　_ "그들은 전혀 그런 말 한 적이 없어요."

M_ "면전에서야 말을 못했을 수도 있죠."

　_ "전 제 동료들을 믿어요."

M_ "네, 시간이 지나면 알게 될걸요."

_ "그런 걱정은 마세요."

예 4

M_ "그런 식으로 일처리를 하면 안 되죠. 분명히 말하지만…. 제 경험을 믿어보세요."

_ "네. 하지만 몇 가지 고백할 게 있어요. 제 삶은 제 스스로 개척해가기를 원해요. 특히 제가 다른 사람들만큼 잘 가고 있다는 확신이 들 때면 말이에요."

M_ "그래도 제가 당신을 도울 수도 있는 거 아닐까요."

_ "당연하죠. 필요하면 언제든 도움을 요청할게요."

M_ "네. 어쨌든 제 의견을 얘기할 순 있는 거잖아요."

_ "걱정 마세요. 여러 의견들 중 가장 좋은 걸 받아들이니까요. 꽤 면밀히 살피는 편이고, 생각하는 것도 좋아하고, 그래서 그런지 지금까지 그리 좋지 않은 경험들은 많이 하지 않은 것 같아요."

예 5

M_ "베로니크가 상사하고 그렇고 그런 사이라는 거 너 알고 있었어?"

_ "누가 그래? 말도 안 돼."

M_ "아니라니까. 정말이야. 아니 땐 굴뚝에 연기 나겠어?"

_ "불 난 집에 부채질하는 사람, 난 별로더라. 특히 찌라시 정보
엔 전혀 관심 없고….'

M_ "오! 너 사회성은 제로구나."

_ "그런 면에서 맞는 말일지도."

예 6

카미유가 동료들의 요구를 대변할 사람으로 선출되었다.

M_ "저기, 카미유가 대변인으로 선출된 거에 대해 어떻게 생각하
세요?"

_ "당신은 어떻게 생각하시는데요?"

M_ "그게… 아니 당신 생각을 알고 싶은데요…."

_ "네. 하지만 지금 그런 질문하는 거 보니 뭔가 할 말이 있어서
그런 거 아닌가요?"

M_ "그녀가 대변인 역할을 충분히 해내지 못할 것 같아서요."

_ "왜 그렇게 생각하는지 이해가 잘 안 되는데요."

M_ "여러 주제들을 감추고 얘기하지 않은 게 있는 것 같아서요."

_ "당신은 꽤 적극적이신 분 같은데, 그녀에 대해 확실한 의견이
있으면 직접 말씀해보시는 게…."

M_ "그녀가 지난 번 대변인이었을 때 그녀가 제안한 일들을 제가
어긴 적은 없어요."

_ "카미유 혼자서 모든 일을 감당해야 하는 거라면 우리가 이번

회의에 굳이 참석할 이유가 없었겠죠. 당신도 당신 역할을 해야 하지 않았을까요."

예 7

심리 조종자는 동료인 세베린에 대해 빈정거린다. 세베린은 상처를 받았는지 눈물까지 글썽거리며 사무실에서 뛰쳐나온다. 그 자리에 있던 나는 그녀 편을 든다.

M_"오! 난 그냥 농담한 건데. 그렇게 예민하게 굴 줄은 몰랐어."

_"당신 혼자 게임 규칙을 정하고, 혼자 게임을 한 셈이죠."

안내 데스크(회사, 병원 등등)에서 활용할 수 있는 역 심리 조종법
연습 : 역 도발

예 8

M_"저기요, 왜 저 사람들을 먼저 안내하는 거죠(거짓말이다)?"

_"저분들이 앞에 서 있었으니까요."

M_"그렇게 말할 줄 알았다니까. 다들 여기 사람들이 인종 차별주의자라는 거야 잘 알고 있죠."

_"그건 손님 생각이시고요."

M_ "절 도와주지 않겠다고요. 인종 차별하는 건가요?"

_ "죄송하지만 제가 아니라 당신이 바로 지금 인종 차별을 하고 계시네요."

혹은 "이곳은 여러 사람들이 이용하는 곳이에요. 좀 조용히 하시죠."

혹은 "그렇게 말씀하셔도 안 통해요."

예 10

주택 분양 안내 서비스

M_ "내가 외국인이었으면 저렴한 주택을 분양 받았을 텐데."

_ "확실히 말씀드리지만 그런 소문은 전혀 근거가 없다고 말씀드리고 싶군요. 그 점은 걱정하지 마세요."

M_ "그럼, 저를 위해 뭘 해주실 수 있죠."

_ "저는 제가 해야 할 일만 합니다."

예 11

M_ "하여간 공무원들을 위한 혜택이 너무 많다니까."

_ "제가 그 말에 어떻게 대답하길 바라시죠?"

예 12

M_ "일을 많이 하지 않는 것 같네요. 그래서 제가 왔습니다."

_ "일의 한 부분만 보시면 그렇게 생각하실 수도 있죠. 그런데 뭘 도와드릴까요?"

예 13

M_ "당신은 전형적인 공무원이시네요."

_ "무언가 마음에 안 드시는 게 있나요?"

예 14

유혹을 통한 도발

M_ "오늘 저녁 몇 시에 일이 끝나죠?"

_ "대충 끝날 시간에 끝나겠죠(미소)."

M_ "그러니까 몇 시요?"

_ "죄송하지만 제가 그걸 꼭 말씀드려야 할 이유는 없잖아요?"

M_ "유감이네요."

_ "작업 걸 때마다 매번 성공할 수는 없는 거니까요!"

예 15

심리 조종자는 자신이 원하는 걸 얻지 못해 화가 나자 드디어 '협박'이라는 카드를 꺼내든다.

M_ "당신 이름이 뭐죠?"

_ "곧바로 책임자를 불러드리죠. 그게 더 편하시다면."

예 16

전화를 받기 전에 벨이 네 번 울렸다.

M_ "뭘 하고 있는 거예요? 일을 제대로 하는 사람이 그렇게 없나
요?"

_ "안심하세요. 저희가 여기서 일하고 있으니까요. 그런데 저희
는 안내 데스크에 직접 오시는 분들도 맞이해야 하거든요(친
절하게)."

예 17

M_ "이제 깨시죠! 떠날 시간인데!"

_ "아이고 고마워라, 제때 와주셔서 상황을 해결했네요(미소)."

예 18

M_ "너무 지치신 거 아니에요?(빈정거림)"

_ "저한테 친절하게 대해주시면 잘 견딜 수 있을 것 같네요. 뭘
도와드릴까요(미소)."

예 19

M_ "돈을 우리가 낼게요."

_ "당연히 그러셔야죠. 당신들만 혜택받는 게 아니라는 걸 아시는가 봐요."

예 20

M_ "말도 안 돼요. 당장 사장에게 이메일을 보내야겠네요."

_ "원하신다면 얼마든지."

예 21

병원 응급실 안내 데스크

M_ "왜 저 사람들 일을 먼저 처리하시는 거죠?"

_ "다급한 사람들 먼저 처리해야 해요."

M_ "다급한 사람들이라고요? 이해가 안 되는걸요. 내가 흑인이라 그러시는 거죠. 아닌가요?"

_ "환자분께서 흑인이든 백인이든 응급상황에는 어떤 영향도 끼치지 않는데요."

예 22

심리 조종자인 환자는 과도한 혜택을 얻어내기 위해 병원 직원에게 자신의 병을 과장한다.

M_ "지금 제 상태가 어떤지 상상도 못할 거예요."

_ "의사라고 병에 걸리지 않는 건 아니랍니다."

예 23

M_ "이러다 여기서 죽겠어요."

_ "그럴 것 같으면 여기 그대로 두지 않죠."

혹은 "목소리를 들으니 아직 그 정도까진 아닌 것 같네요."

예 24

M_ "그런데 당신이 간호사신가요?"

_ "다른 사람이 그 반대를 증명하지 않는 한 그렇죠."

예 25

M_ "이렇게 사람이 많은데 어떻게 의사가 한 명도 없죠."

_ "의사는 많은데 지금은 수술실에 있어서요."

M_ "의사가 당신 한 명밖에 없어요?"

_ "아뇨. 그런데 각각 전문 파트가 있어서요. 호흡기 문제로 고생하는 환자를 산부인과 의사한테 보내드릴 수는 없잖아요."

예 26

병원에서 환자가 기다리다 불평한다.

M_ "세상에 말도 안 돼. 이러다 앉아서 죽겠네."

_ "걱정 마세요. 저희도 이럴 때 어떻게 조치해야 하는 줄 알고 있으니까요."

M_ "전혀 그런 거 같지 않은데요."

_ "너무 자기 생각만 고집하지 마세요(그러고는 할 일을 묵묵히 한다)."

부부 영역

예 1

M_ "그 옷 뭐야? 완전 광대처럼 보이는걸."

_ "그래? 그럼 오늘 저녁 서커스 한판 벌려야겠네?"

M_ "아니야, 농담한 거야."

_ 나도 농담한 거야. 때론 너무 딱딱한 것보다 이런 스타일도 재미있을 것 같아서."

M_ "당신 말이 맞아."

예 2

심리 조종자는 자신도 똑같이 행동하면서 배우자만 비난한다.

M_ "하여튼 당신은 뭐든지 다 잃어버린다니까."

_ "그럴 때가 있지. 그래도 당신보다는 덜 그러는 것 같은데. 다행이지. 안 그랬다간…. (미소)"

예 3

M_ "조금 더 생각해봐. 당신 언니는 신생아 용품 장만할 돈은 충
분히 있어. 저녁 먹으러 우리 집에 올 때도 한 번도 뭘 가져온
적도 없고."

_ *"그것과는 상관없지."*

M_ "아니라니까. 당신은 순진하게 매번 당하기만 하니. 어쨌든 당
신이 알아서 해."

_ *"내 언니는 내가 더 잘 알아. 그러니 상관하지 마."*

자신의 의견을
분명히 표현하라

심리 조종자로 인해 가장 큰 피해를 보는 이들은 주로 자기 확신이 부족한 사람들이다.

그들은 자신감이 부족하기 때문에 어떻게든 상대의 요구를 들어주려고 한다. 자신의 필요나 욕구를 만족시키기보다 다른 사람들이 자신에 대해 좋은 이미지를 갖기를 바란다. 그들은 '이기적'이라는 평판을 가장 두려워하기 때문에 때로는 타인에게 '지나친' 친절을 베풀기도 한다. 자신의 의견을 상대에게 '강요'하지 않을 뿐만 아니라 되도록 부탁할 일을 만들지 않고, 상대를 '방해'하지 않으려고 매우 조심스럽게 행동한다. 그 밖에 '감정이 메마른 사람', '비인간적인 사람', 혹은 '동정심도 없는 사람'이라는 평을 듣지 않으려고 다른이의 부탁을 거절하지 못한다. 행동심리학에서는 이들을 '수동적인' 사람이라고 부른다.

수동적인 사람들은 대개 수줍음이 많다. 그들은 항상 자신보다 상대방을 더 배려하고 친절을 베풀며 어떻게든 도움을 주려고 애쓴다. 하지만 그러는 사이 점차 '자신의 존재감'은 지워지고, 결국 어떤 즐거움도 느끼지 못하게 된다. 수동적인 사람들 중에 구체적인 목표를 세우고 이를 달성하려고 노력하는 이들은 매우 드물다. 예를 들어 채용 인터뷰 담당자가 자신의 장점을 말해보라고 하면 바로 당황하기 때문에 (그런 얘기를 하는 것 자체가 왠지 잘난 척하는 것 같다) 좋은 점수를 얻지 못하는 식이다.

우리 주변에서 수동적인 사람들은 쉽게 찾아볼 수 있다. 전체 인구의 1/3이 수동적인 사람이라고 한다. 어쩌면 우리 자신도 그런 사람일지 모른다. 심리 조종자는 수동적인 성향의 사람을 직감적으로 알아보고 활용할 줄 안다.

이 장에서는 자기 확신이 부족하거나 자신 있게 상대의 의견을 반박하지 못하는 수동적인 사람들에게 도움이 될 만한 사항들을 정리해보았다.

덜 감정적이면서 이성적으로 행동하기

감정은 모든 행동에 영향을 끼칠 수 있기 때문에 되도록 감정에 휘둘리지 말고 자신의 신념, 사고, 원칙 들을 잘 지켜낼 수 있어야 한다.

자기 확신이 강한 사람의 사고와 신념은 수동적인 사람의 경우와 확연한 차이를 보인다. 확신을 가지고 행동한다는 것은 진솔한 마음으로 상대를 대하고, 위험 요소들을 충분히 고려하면서도 자신의 목표를 달성하기 위해 자신의 필요나 요구는 물론 심지어 거절 의사까지도 분명하게 밝히는 것을 의미한다. 반면 수동적인 사람은 딱히 위험하지도 않는데 지나치게 걱정이 앞서는 바람에 자신의 생각을 행동으로 이행하지 못한다.

비합리적인 사고들

마담 X는 남편이 평소 퇴근 시간보다 45분이 지나도록 돌아오지 않자 당황하기 시작한다. 갑자기 가슴이 두근거리고, 혹시 남편이 집에 도착해 차를 주차하고 있는지 확인하려고 창가 쪽으로 걸어가면서도 걱정이 되어 숨을 제대로 쉴 수가 없었다. 창밖에 남편의 차가 보이지 않자 그때부터 주차장에서 눈을 떼지 못했다. 잠시 거실로 돌아왔다가도 곧바로 창가로 달려갔다.

마담 Y도 똑같은 상황에 놓여 있다고 가정해보자. 그녀의 남편 역시 좀처럼 늦는 법이 없었다. 하지만 동일한 상황에서 그녀는 조용히 친구한테 전화를 걸어 지난 휴가 때 얘기를 나누며 즐거운 시간을 보낸다.

왜 두 여자는 다르게 반응하는 걸까? 마담 X는 사랑하는 남편이 혹시 사고라도 난 게 아닐까 걱정스러운 마음에 초조해했다. 마담 Y도 남편을 사랑하지만 똑같은 상황에서 45분 늦는다고 딱히 걱정이 되진 않았다. 두 사람의 반응이 다른 것은 남편에 대한 사랑과는 별

개로 동일한 사건을 대하는 두 사람의 시각이 달랐기 때문이다.

마담 X는 의식적이든 무의식적이든 남편한테 사고가 난 게 분명하다고 생각했다. 반면 마담 Y는 단지 회사일이 늦어지거나 차가 밀려서 그럴 거라고 생각했기 때문에 특별히 걱정하지 않았다.

이를 통해 사건이 감정을 만들어내는 것이 아니라 바로 우리가 사건을 어떻게 해석하느냐에 따라 그에 대한 반응이 달라진다는 걸 알 수 있다. 대부분의 사람들은 자신들이 느끼는 분노, 두려움, 슬픔 등이(부정적인 예만 들자면) 외적 상황이나 다른 사람들의 태도 때문에 발생한다고 생각한다. 그러나 좀 더 정확히 말하면 외부 상황이 아니라 우리가 혼자 속으로 중얼거리는 내적 대화가 바로 우리의 감정 상태를 결정짓는 것이다. 인지행동 학자들은 이를 '자율적 사고, 자율 대화' 혹은 '인지cognition'라고 일컫는다. 예를 들어 "무슨 일이 벌어진 게 틀림없어(매우 심각한 사고)", "왜 이렇게 안 오지?", "내가 왜 이렇게 횡설수설하고 있는 거지?", "너무 끔찍해", "내가 거절하면 배은망덕한 사람이라고 하겠지. 그럴 순 없어", "이런 사고는 꼭 나한테만 일어난다니까", "다 나 때문이야", "이런 결정을 내리지 말았어야 했어"와 같은 내적 대화가 감정 상태를 결정짓는 것이다.

내적 대화에서 드러나는 이러한 생각이나 믿음은 늘 의식하는 것은 아닐지라도 절대적인 하나의 사실로 받아들여지기 때문에 성격 형성에 적지 않은 영향을 끼칠 수 있다. 이들은 점차 걱정이 많고 미온적이며 수동적인 데다 완벽주의이면서 회의주의자로 성장할 가능성이 크다.

따라서 우리는 자신이 원래 걱정이 많고 수줍어하는 데다 회의적이며 죄책감을 잘 느끼는 사람이라고 단정 짓지 말아야 한다. 우리의 인식, 사고, 신념 들이 우리를 불안하고 소극적인 사람으로 만드는 것이다. 자율적인 사고들이 불안한 감정에 휩싸일 때 우리는 '매우 불안한' 사람이 된다.

극단적 비관론, '모 아니면 도'라는 생각, 자의적인 판단, 가치 폄하, 책임 부과와 같은 '인지'는 부정적인 감정을 불러일으킨다. 이런 감정은 심리적인 차원의 자율신경을 자극하기 때문에 몸이 스트레스에 즉각 반응한다. 심장박동이 빨라지고, 목이 타거나 말을 더듬게 되고, 땀이 나고, 얼굴이 빨개지고, 눈물이 나는 등 여러 반응이 일어날 수 있다. 그 밖에 수면장애, 소화불량, 두통(두통, 어지럼증), 신경장애, 지속적인 호흡장애, 피부병처럼 좀 더 심각한 반응을 보일 수도 있다. 어떻게 하나의 생각이 이런 반응들을 불러일으키는 걸까? 이는 뇌(조직)가 현실과 상상의 세계를 구분하지 못하기 때문이다.

두 눈을 감고 잠든 사이 뱀이나 거미가 천천히 다리 위를 기어오르는 상상을 해보면 알 수 있다. 아마 뱀이 허벅지까지 기어오르기도 전에 근육이 긴장되고, 손가락을 움켜쥔 채 소름 끼치는 표정으로 얼굴을 찌푸릴 것이다. 폐쇄 공포증 환자들은 이러한 느낌을 너무 잘 알고 있다. 엘리베이터를 탈 때마다 공포를 느끼는 사람은 '세상에, 어떻게 엘리베이터를 타지, 고장 날지도 모르는데. 이 안에 갇히면 얼마나 끔찍할까. 숨이 막혀 죽을 거야'라며 어떻게든 엘리베이터를 타지 않으려고 한다.

이처럼 우리의 사고는 감정과 생리적 영역은 물론, 행동에까지 영향을 미치기 때문에 절대 과소평가할 게 아니다.

마담 X는 남편의 퇴근 시간이 겨우 45분 지체됐을 뿐인데 사고가 난 게 분명하다며 섣부른 결론을 내린다. 그때 열 살 난 아들이 시를 암송해보겠다고 거실에라도 나오면 바로 날선 목소리가 날아온다. "지금 그러고 있을 때니? 네 아빠가 아직 안 들어오신 거 안 보여?" 아무 잘못도 없는 어린 아들에게 화풀이하듯, 우리도 이렇게 일관성 없는 행동을 보이거나 억제된 감정을 한꺼번에 터뜨릴 때가 있다.

직장에서 회의를 하다 보면 다음과 같은 생각이 들 때가 있다. "다들 나보다 똑똑하고, 교양 있어 보이니 차라리 입을 다물고 있는 게 낫겠어. 괜히 말했다가 바보 취급이나 당하지 말고. 잘못했다가는 우스운 사람이 될 수도 있어." 바보 같은 말을 하거나 남들에게 이상한 평가라도 들을까 봐 회의나 모임에서 자발적으로 참여하지 못하면서 진지한 대화도 나눌 수 없게 된다. 그러면서 점점 더 행동이 위축될 수밖에 없다.

미국 심리학자인 앨버트 엘리스Albert Ellis는 위의 진행 과정을 쉽게 파악할 수 있는 도식을 연구해 발표했다.

자신에 대한 부정적 인식은 대체로 비합리적인 사고의 결과물로, 현실 상황과 동떨어져 있다. 어릴 때 형성된 비합리적인 신념, 혹은 기억에서 비롯된 이런 인식은 주로 어릴 적 경험이나 부모가 보여 주는 롤 모델에서 영향을 받는다. 우리는 종종 유년기에 고착된 비합리적인 신념들 때문에 힘들어한다는 사실을 알면서도 제대로 문

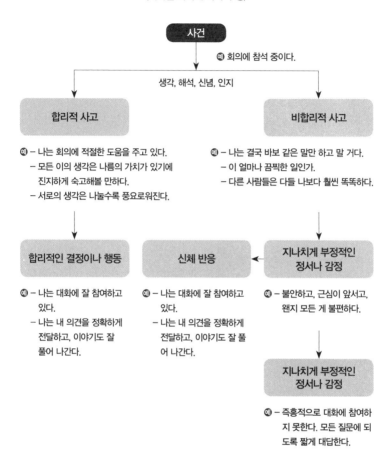

엘리스의 모델
(이사벨 나자레 아가 수정)

사건

예 회의에 참석 중이다.

생각, 해석, 신념, 인지

합리적 사고

예 – 나는 회의에 적절한 도움을 주고 있다.
– 모든 이의 생각은 나름의 가치가 있기에 진지하게 숙고해볼 만하다.
– 서로의 생각은 나눌수록 풍요로워진다.

비합리적 사고

예 – 나는 결국 바보 같은 말만 하고 말 거다.
– 이 얼마나 끔찍한 일인가.
– 다른 사람들은 다들 나보다 훨씬 똑똑하다.

합리적인 결정이나 행동

예 – 나는 대화에 잘 참여하고 있다.
– 나는 내 의견을 정확하게 전달하고, 이야기도 잘 풀어 나간다.

신체 반응

예 – 나는 대화에 잘 참여하고 있다.
– 나는 내 의견을 정확하게 전달하고, 이야기도 잘 풀어 나간다.

지나치게 부정적인 정서나 감정

예 – 불안하고, 근심이 앞서고, 왠지 모든 게 불편하다.

지나치게 부정적인 정서나 감정

예 – 즉흥적으로 대화에 참여하지 못한다. 모든 질문에 되도록 짧게 대답한다.

제제기를 하지 못한다. 그 결과 진지하게 되돌아볼 기회를 갖지 못하는 것이다. 심리학자 앨버트 엘리스는 이 문제를 효율적으로 해결하기 위해 '합리적 정서 행동치료REBT'를 고안했다.

합리적 정서 행동치료

앨버트 엘리스는 1958년부터 합리적 정서 행동치료법을 연구하기 시작했다. 이 치료법은 BC. 300년 무렵 활동했던 스토아학파에 근원을 두고 있다. 그 후 AD. 100년에 에픽테토스와 마르쿠스 아우렐리우스Marcus Aurelius의 저서에도 언급되었기에 완전히 새로운 치료법은 아니다. 철학적 사고의 결과물인 이 치료법은 현재 심리치료법에 널리 활용되고 있다.

합리적 정서 행동치료는 여러 단계로 이루어져 있다.

첫째, 스스로의 행동을 관찰함으로써 비합리인 태도들을 빠르게 파악한다(예를 들어 남에게 잘 부탁하지 못하고 상대의 부탁도 잘 거절하지 못한다).

둘째, 이때 느끼는 감정들을 잘 관찰해 각각의 감정에 맞는 이름을 솔직하게 붙여본다. 우리가 심리 조종자의 함정에 빠지는 것도 모두 이러한 감정들 때문이다. 따라서 자신이 변화되기를 원한다면 그때그때 느낀 감정들이 분노인지, 질투인지, 슬픔인지, 절망인지 명확하게 파악할 수 있어야 한다. '내가 지금 어떤 감정을 느끼고 있지?' 혹은 '내가 그때 어떤 감정을 느꼈지?'라고 스스로 질문해봐야 한다.

셋째, 머릿속에 떠오르는 생각들을 잘 살펴본다. 이때도 생각들을 검열하지 말고 솔직하게 인정해야 한다. 그러다 바보 같다는 생각이 들면 바로 비합리적이고, 엉터리 신념이라는 사실을 깨달아야 한다.

위의 치료법을 시도할 때 자주 사용하는 질문들은 암기해두는 게 좋다. 순서대로 외울 필요 없이 그때그때 상황에 맞게 활용한다.

- 나는 어떤 사실을 얼마나 신뢰하는가? 0~100% 중에서 선택해 보자.
- 그 사실이 진실일 확률은 0~10 중 얼마나 될까? 예컨대 첫째 질문의 답이 80%라면 이 질문의 답은 8이다.
- 어떻게 그걸 증명할 수 있는가?
- 그 사실을 설명할 수 있는 다른 이유들은?
- 그 이유들을 차례대로 열거할 수 있는가?
- 누가 그 사실을 말했는가?
- 상대가 과연 항상 옳았나?
- (이어서) 그렇다면 이번에는 왜 상대가 옳은 걸까?
- '우리'라고 말할 때 '우리'는 누구를 지칭하는 걸까?
- '사람들' 혹은 '우리' 대신 특별히 한 사람을 머릿속에 떠올리고 있는가?
- 내가 실제로 어떤 위험을 감수하고 있는 걸까?
- 그것이 과연 정말 위험한 일일까?
- 최악의 경우, 어떤 일이 벌어질까?
- 그래서 어쨌다는 건가?
- 항상 그런 걸까?
- 절대 아닌 걸까?
- 다들 그런 걸까?
- 어떤 경우라도? 어떻게 하든?
- 다른 걸 의미할 수 있는 걸까?

- 나를 그렇게 행동하도록 강요하는 어떤 법칙이 있는 걸까?

- 반드시 그렇게 해야 하는 걸까, 아니면 그렇게 하는 것이 바람직한 걸까?

- 내가 정말 그런(형용사) 사람일까?

- 내가 '이렇게' 행동한다고 정말 '그런' 사람인 걸까?

- 정말 그럴까?

- 나한테 그런 일이 자주 일어났나?

- 그 일이 정말 그렇게 끔찍하고 두려운 걸까?

- 최악의 경우, 피해를 최대한 줄일 수 있는 방법이 없을까?

- 상대가 정말로 그런 생각을 갖고 있는지 어떻게 확신할 수 있을까?

- 내게 정말 그런 능력이 있는 걸까? 어떻게 그럴 수 있나?

- 아무리 그렇다고 내 능력을 문제 삼을 수 있는 걸까?

- 왜 나는 그 일이 그렇게 받아들여지는 걸까?

- 정말로 똑같은 상황이었을까?

- 예전에 그런 일이 있었다 해서 앞으로도 반드시 똑같은 일이 일어날 것이라고 보장할 수 있나?

- 이는 어떤 자연의 법칙에 따른 것인가?

- 어떻게 나는 미래에 대해 그렇게 확신할 수 있을까?

- ….

각각의 질문은 모두 이전의 대답으로 다시 돌아가게 만든다. 이 치료법을 적용할 때는 집중력을 흐트러트리는 일은 하지 말아야 한다. 자신에 대해 부정적인 감정이 줄어드는 것 같으면 다음과 같은 질문을 던져보자. '내가 그것을 몇 퍼센트나 믿고 있는 걸까?' 이때 비합리적인 신념의 정도가 현저히 줄어드는 것을 깨닫게 될 것이다. 그러면서 자신감이 회복되고 행동도 완전히 달라질 수 있다. 더 이상 어떤 감정을 느끼도록 강요당하는 게 아니라 좀 더 가볍고 즐거운 마음으로 자신의 감정을 스스로 결정하게 될 것이다.

심리 조종자는 일반적인 신념들을 어떻게 활용할까?

심리 조종자는 사회적 신념이든 개인적인 신념이든 가장 강력한 무기가 될 만한 것을 활용한다.

대부분의 심리 조종자들은 자신이 어떤 방법을 활용하는지 잘 인식하지 못한다. 왜냐하면 그들은 비합리적인 사고와 고착된 원칙들을 수없이 많이 지니고 있기 때문이다. 물론 그들은 이 원칙들을 자신에게는 적용하지 않고 매번 상대방에게만 요구한다(그들의 말과 행동은 완전히 대조적인 스키마를 따른다). 그들이 활용하는 몇몇 '인지 활동'들을 살펴보자.

- 모든 것을 알아야 한다.
- 오해하지 말아야 한다.
- 자신이 모른다는 사실을 결코 드러내지 말아야 한다.
- 상대에게 내가 매우 똑똑하고 교양이 넘치며 흥미로운 사람이

라는 걸 보여줘야 한다.

- 자신의 가치를 드러내기 위해 모든 상황을 처리할 수 있어야 한다.
- 완벽해야 한다. 그렇지 않으면 우리는 아무것도 아니다.
- 생각을 바꾸지 말아야 한다.
- 바보들만이 생각을 바꾸지 않는다(위의 원칙과 대조적이다).
- 무언가 시도할 때 반드시 약속을 지켜야 한다.
- 절대 배은망덕하게 굴지 말아야 한다.
- 내가 상대에게 무언가를 줄 때는 반드시 되돌아오는 게 있어야 한다.
- 타인의 도움을 받지 않고 자신의 능력을 증명할 수 있어야 한다. 그렇지 않으면 아무 의미가 없다.
- 어떤 상황에서든 너그럽게 행동해야 한다. 그렇지 않은 사람은 이기주의자다.
- 어떤 상황에서도 친절을 베풀어야 한다. 그렇지 않으면 감정도 메마른 공격적인 사람이다.
- 절대 자신을 괴롭히지 말아야 한다.
- (내게) 못된 짓을 한 사람은 반드시 벌을 받아야 한다.
- 실수를 목격할 때마다 결국 믿을 수 있는 사람은 아무도 없던 사실을 깨닫게 된다.
- 사람들은 내가 항상 옳다는 사실을 인정해야 한다.
- 사람들이 불평하는 것은 그들의 잘못이다.

- 어떤 상황이든 나는 내 생각을 말할 권리가 있다.
- 살면서 힘든 일이 있을 때 정면으로 맞서기보다는 피해가는 게 상책이다.
- 사람들이 충분히 똑똑하다면(당연히 그래야 하는데) 내가 조금만 이야기해도 짐작할 수 있을 것이다.
- 우리가 바보가 아니라면 항상 옳은 결정을 해야 한다.
- 가족의 부탁은 조건 없이 들어줘야 한다.
- ….

위의 항목들 중에는 잘못된 사고들이 섞여 있는데, 일부는 평범한 사람들의 인지 활동과 동일하다. 다시 말해 심리 조종자는 우리에게 여러 감정을 불러일으키며 많은 영향을 끼친다는 사실을 알 수 있다. 돈을 빌려달라는 가족(심리 조종자)의 부탁을 거절하면 그는 바로 "그래도 네 오빠인데, 어떻게 그럴 수 있어?"라고 대꾸할 것이다. 가족이 요구하면 어떻게든 들어줘야 한다는 뜻이다. 우리가 만일 이를 보편적 가치로 여기는 경우라면 이들에게 심각하게 휘둘리는 것은 물론, 부탁을 들어주지 않았을 땐 죄책감마저 느낄 수 있다. 심리 조종자는 이렇듯 우리가 평소라면 받아들이지 않았을 그런 부탁까지 받아들이게 만든다.

우리의 가장 큰 약점은 바로 상대에게 좋지 않은 인상을 남길지 모른다는 두려움(특히 심리 조종자로부터)이다. 심리 조종자는 모든 것을 '모 아니면 도'로 받아들인다. 그는 어중간한 것을 질색한다.

상대를 위해 100퍼센트 시간을 할애하지 못해 스스로를 형편없는 이기주의자로 자책한다면 우리는 이미 심리 조종자가 쳐놓은 함정에 빠진 것이다. 그는 "어떻게 그렇게 불친절하니? 아이도 없는데, 토요일에 근무시간을 바꿔주는 게 뭐 그렇게 힘든 일이니?"라고만 하면 충분하다. 우리는 '친절하지 않다'는 평판이 두려워, '친절한 사람'의 이미지를 고수하려고 자신을 위한 계획들을 포기한다. 그는 우리의 스키마를 반사해서 보여준다. 우리가 이를 무시하고 부탁을 들어주지 않으면 결국 죄책감에 시달리게 되거나 불편해질 수 있다. 그럴 때 위에 소개한 치료법을 시도해보자. "내가 정말 '친절하지 않은 사람인가'라고 자문해보자. 내가 다른 사람들을 위해 '친절한' 일들을 얼마나 하는가? 자주 그런 행동을 하는가? 동료가 아이를 키우는 일을 내가 왜 책임을 져야 하는 걸까? 아이를 낳기로 한 건 그녀의 선택이 아닌가? 나는 아이를 갖지 않기로 했으니 나 역시 나만의 시간을 누릴 권리가 있지 않은가? 내 욕구나 필요가 그의 욕구보다 덜 중요한 걸까? 그녀는 평소에 나를 위해 어떤 친절을 베푸는가? 나 스스로 자신의 필요를 존중하지 않는데, 그녀가 어떻게 날 존중해줄 수 있겠는가?"

마지막 예를 들어보자. 심리 조종자는 어떤 일의 결과가 마음에 안 들면 상대가 잘못된 결정을 내렸기 때문이라며 비난한다.

만일 우리가 항상 올바르게 결정해야 한다는 신념을 가지고 있기에 자신의 실수를 용납하지 못하고 자책하며 자신에게 화를 낸다면 심리 조종자는 속으로 쾌재를 부를 것이다.

사실, 어떤 결정이 그 자체로 좋고 나쁜 것은 아니다. 따라서 여러 가능성을 염두에 두고 결정을 내리는 것이 바람직하다. 우리가 어떤 일을 결정할 때 시간과 효율성을 중요시하지만 그렇다고 항상 100퍼센트 효율적으로 행동할 수는 없다. 예측할 수 없는 상황은 얼마든지 벌어질 수 있기 때문이다.

예를 들어 파리에 사는 한 사람이 회의나 연수 때문에 리옹에 가야 한다고 가정해보자. 그는 리옹에 가기 위해 비행기, 자동차, 기차 중에 하나를 선택할 수 있을 것이다. 만일 오랫동안 만나지 못한 친한 친구가 그르노블에 살고 있다고 한다면 자동차로 그르노블까지 가서 친구와 즐거운 시간을 보낸 다음에 회의에 참석해야겠다고 생각할 수 있다. 고속도로 통행세나 기름 값이 좀 더 들겠지만 혼자 자동차를 운전하며 좋아하는 음악도 실컷 들을 수 있으니 나쁘지 않다고 생각할 것이다.

자동차로 움직이는 것의 장단점을 잘 살펴본 뒤 친구에게 전화를 걸어 자신의 계획을 알린다. 물론 친구도 매우 기뻐한다.

그런데 이틀 뒤 친구로부터 회사에서 급한 일이 생겨 그날 그르노블에 없을 거라는 전화를 받는다. 친구를 만날 수 없다면 자동차보다 열차로 다녀오는 게 훨씬 빠르고 저렴하며 안전하기 때문에 회의 당일에 첫차를 타기로 결정한다.

그런데 하필 그날 철도청 직원들이 파업을 하는 바람에 열차가 멈춰 선 것이다. 전혀 예상치 못했는데, 열차가 멈춰 서는 바람에 결국 오전 프로그램에 참석할 수 없게 된다. 이런 상황에 놓이면 초조해지고, 신경질적인 태도를 보일 수밖에 없다. 심지어 이렇게 말하는 사람도 있을 것이다. "정말 바보 같다니까. 내가 왜 열차를 타겠다고 한 건지. 처음 결정했던 대로 차로 갔어야 했는데… 난 왜 이렇게 늘 바보 같은 거지" 하면서 '옳은' 결정을 내리지 못한 자신을 비난한다.

그런데 자신을 질책하기 전에 다음의 질문을 던져보자.

"어떤 결정이 나올지 내가 미리 어떻게 알 수 있었겠어?"

두 번째 질문 : "내가 잘못 선택했다는 결론을 뒷받침할 만한 근거는 무엇일까?

세 번째 질문 : "이런 일이나 사건은 내가 결정을 내리기 전에 일어난 걸까, 아니면 그 이후에 일어난 걸까?"

네 번째 질문 : "이 사건이 일어날 거라고 얼마만큼의 개연성을 가지고 예측할 수 있었을까?"

다섯 번째 질문 : "내가 그걸 미리 예상했어야 했다고 누가 과연 그러는가?", "내게 과연 그런 능력이 있는 걸까? 다른 사람이나 외부에 영향을 끼칠 만큼 그런 능력이 있는 걸까?"

이렇듯 스스로에게 질문하고 객관적인 답을 얻으려고 노력함으로써 주어진 상황을 효율적으로 분석해야 실제로 자신이 저지르지 않은 잘못에 대해 죄책감을 갖지 않을 수 있다.

당시엔 내가 알고 있는 모든 정보들을 분석하고, 장단점들을 잘 고려해서 내린 결정이었기에 결코 충동적인 결정이 아니었을 것이다. 위의 예에서 상황이 바뀌면서 두 번이나 다른 결정을 내리는 걸 볼 수 있다. 우리는 미래가 아니라 '현재' 알고 있는 정보들을 바탕으로 결정을 내린다. 물론 그 전에 결과를 예측해볼 수는 있다. 하지만 이는 단지 가능성을 합리적으로 짐작해본 결과일 뿐이다.

'훌륭한' 결정이란 결과가 아니라 과정이 얼마나 합리적이었는지에 따라 좌우된다. 우리 주변에는 사고가 날까 두려워 기차나 자동차 혹은 비행기는 절대 타지 않은 사람들도 있다. 그들이 기차나 자동차 혹은 비행기를 타면 반드시 사고가 나리라고 확신하는 순간, 이미 사고 확률은 잘못 계산된 것이다. 단지 사고 확률이 높다고 믿기 때문에 자신이 두려워하는 교통수단을 이용하려 하지 않는 것일 뿐, 실제 사고 확률은 전체 이용률에 비해 매우 낮기 때문이다. 머릿속에서 벌어지는 과정은 실제 사건이나 주위의 객관적이고 실제적인 상황들을 고려하지 않기 때문에 비합리적일 수밖에 없다. 따라서 점점 더 선택의 여지와 범위가 줄어들고 결국 '더 이상 선택의 여지'를 누리지 못하게 되면서 '나쁜' 선택을 하게 된다.

먼저 자신의 '좋고' '나쁜' 결정을 분석한 다음 그것을 일상에 적용해보라. 그러면서 예상치 못한 부정적인 결과에 대한 자책감을 털어낼 수 있어야 한다. 결과가 잘못될까 두려워 아무런 결정도 내리지 못하는 사람들이 있다. 그들은 좀처럼 새로운 경험을 시도하지 않는다. 하지만 우리는 무엇보다 선택의 여지를 열어두는 삶을 사는 것이 바람직하다. 여러 가지를 선택하다 보면 어쩔 수 없이 위험부담은 클 수밖에 없다. 외적 요소(예를 들어 날씨)는 우리가 사전에 통제할 수 있는 대상이 아니기 때문이다.

그런데 심리 조종자는 이러한 사실은 무시한 채 상대방이 이런 상황을 예상치 못했다며 비난한다. 그럴 때면 조용히 "이런 어려움이 생길 거라 당신은 예상했느냐"고 되물어보자. 그가 만일 그렇다고 대답하면 "왜 그걸 미리 알려주지 않았느냐" 반박하고, 아울러 어떻게 그걸 확신할 수 있었는지를 물어보라. 신이 아닌 다음에야 누구도 이런 질문에 확실히 대답할 수는 없을 것이다.

거절할 줄 알아야 한다

자기 확신을 확고히 하려면 상대의 부탁을 거절할 줄 알아야 한다. 물론 확신에 찬 사람들이 쉽게 거절한다는 뜻은 아니다. 오히려 그 반대다. 그들은 자기에게 맞지 않은 걸 받아들이지 않는 만큼 또 옳다고 생각하는 것은 잘 받아들이는 편이다. 그들은 'Yes'를 떠올리며 "Yes"라 말하지만 수동적인 사람은 종종 "Yes"라고 하면서 머릿속으로는 'No'를 떠올린다. 그래서 수동적인 사람들은 대답을 해놓고도 찜찜한 기분에서 헤어나오지 못하는 것이다.

용기를 내어 거절하라

왜 속으로는 거절하고 싶으면서 실제로는 그러지 못하는 걸까?

- 이기적이고 비인간적이며 무능력하고 못되고 무감각하기까지 하다는 비난을 받을까 봐 두려워서. 그 밖에 도덕개념도 부족하고, 은혜를 갚을지도 모르는 사람이라는 비난이 두려워서.
- 상대의 마음을 아프게 하거나 상대를 화나게 하고, 그에게 상처

주는 것이 두려워서.

– 친구는 물론 일자리까지 잃을까 두려워서.

– 다음 번에 더 이상 혜택을 받지 못할까 두려워서.

– 갈등 상황이 벌어질까 두려워서.

– 남에게 좋은 이미지를 남기지 못할까 봐 두려워서.

두려움은 하나의 감정이다. 위험이나 부정적인 상황을 예견할 때 우리는 두려움에 휩싸인다. 상대에게 좋은 인상을 주지 못할까 봐, 친구의 우정을 잃을까 봐, 갈등 상황이 벌어질까 봐 등등 여러 이유가 있다. 그런데 이런 위험은 실제 일어나는 일일까? 이런 예견들이 실제 일어날 확률은 얼마나 될까? 그리고 또 다른 질문을 해볼 수 있다. 이런 일이 정말 벌어진다면 그 결과는 무엇일까? 이러한 두 가지 유형의 질문이 두려움의 감정을 촉발시키고, 여러 생각들 간에 충돌마저 일으킨다.

"그녀는 내가 친절하지 않다고 생각할 거야."

"내가 거절하면 다들 난리가 나겠지."

"그동안 나한테 잘해준 사람 부탁인데 어떻게 거절할 수 있겠어. 그랬다간 은혜도 모르는 나쁜 사람이 되는 거지 뭐. 그런 못된 사람 취급을 받고 싶진 않은데."

위의 생각들이 의식적으로 차례로 일어나는 경우는 매우 드물다. 하지만 왜 거절하고 싶으면서도 거절하지 못하는지 스스로에게 물어보면 간단히 답을 얻을 수 있다. 위와 같은 여러 생각들이 확고하게 자리를 잡으면 두려움이 생기고 태도마저 굳어질 수 있다. 뇌는 상상의 산물을 절대적인 것으로 받아들이게 된다. 이때 사고는 매번 무언가 부정적인 것과 연관되어 있다. 우리 뇌는 모든 부정적인 영향을 피하려고 모든 명령들을 차단한다.

두려움은 실제로 일어날 수 있는 위험을 예방하는 차원에서는 매우 유용하다.

하지만 위험 상황이 일어나지 않거나 그 결과가 미미하고 별 의미가 없을 때면 뭔가 매우 불쾌해지면서 갑갑한 마음이 들 것이다.

이웃 중에 도움이 필요할 때마다 시도 때도 없이 전화를 걸어 마트에 가서 장을 봐달라고 부탁하는 노부인이 있다고 가정해보자. 마트까지 가려면 차로 왕복 15킬로미터는 달려가야 한다. 당신은 지난 몇 달 동안 그녀의 부탁을 좀처럼 거절할 수 없었다. 전날 장을 봤는데도 전화 부탁을 받으면 어쩔 수 없이 매번 마트에 가야 했다. 그 때문에 스케줄도 엉망이 되고, 때로 피곤하기까지 했지만 별 불평 없이 다 받아들였다. 왜 그랬을까? '기꺼이 도와주고 싶어서?' 물론 당신은 그녀를 도울 수 있어서 기쁘다고 대답할 것이다. '정말 기쁜가?' '아니, 항상 기쁜 건 아니다. 물론 처음에는 괜찮았지만 지금은 너무 귀찮고 힘들어졌다' '그렇다면 왜 계속 도와줘야 할까?' '그녀에게 거절을 어떻게 해야 할지 모르겠다.' '왜 그런 걸까?' '그녀가 혹시 화라도 낼까 봐 두렵다. 남편도 노부인을 잘 알고 있고, 별로 중요하지 않은 일로 일을 크게 벌이고 싶지 않다.'

자, 일반적으로는 바로 '남을 돕는 일은 좋은 일이고, 그럴 때면 당연히 기쁨을 느껴야 한다'고 생각할 것이다. 그리고 두 번째 생각이 행동을 계속 하게 한다. '계속 이렇게 해왔는데, 이제 와서 거절하면 그녀가 화를 낼 테고, 나이 든 분한테 그럴 수는 없지. 내가 생각한 걸 그대로 다 말하면 남편과 그 노부인이 나 때문에 어색해질 수도 있으니, 차라리 아무 말도 하지 않는 게 훨씬 속이 편할 것 같다.' '왜 그런 걸까?' 혹은 '그래서?'라는 질문을 계속 함으로써 당신은 왜 감히 거절하지 못하는지를 스스로 발견하게 될 것이다. 이처럼 자신의 생각을 계속 현실에 적용하며 물어보아야 한다.

좀 전의 예를 다시 살펴보자.

1. 부탁을 들어주는 게 항상 좋은 일일까?

종종 그렇다. 하지만 장기적으로는 그렇지 않을 수 있다. 이렇게 되면 노부인은 다른 사람에게 부탁할 여지가 없게 된다.

2. 남을 도울 때면 항상 즐거움을 '느껴야 하는 걸까?'

기쁨은 하나의 감정이다. 우리는 스스로 감정을 완벽하게 조절할 수 없다. 사랑이란 감정도 마찬가지다. 만일 자신에게 도움이 되지 않는 어떤 사람을 사랑한다고 가정해보자. 억지로 불쾌한 감정을 만들어내려고 부정적인 일들을 떠올려 사랑의 감정을 억제할 수 있을까? 더욱이 고통스러운 감정에서 행복한 감정을 이끌어내는 일은 더 힘든 작업이다. 늘 마음에 담고 있는 억눌린 감정은 어떤 행복감도 줄 수 없다.

3. 남을 도울 때는 항상 기뻐해야 한다고 '누가 그랬나?'

이는 하나의 이론인가, 아니면 성경말씀인가? 이것이 만일 보편적인 법칙이라면 자신에게 이런 질문을 던지는 일은 없을 것이다. 현실적인 문제일 뿐이다. 그런데 남을 돕는 일이 힘에 부친다면 그게 더 이상 정답이 될 수는 없다.

위의 세 가지 질문은 남을 돕는 건 항상 좋은 일이고, 즐거워야 한다는 보편적 신념을 정면으로 반박한다. 이에 대한 대답은 우리가 남을 도울 때 즐겁지 않았다 해서 죄책감을 느낄 필요는 없다는 사실을 일깨운다.

우리는 또한 "지금까지 잘 도와주었는데 그만두면 그녀가 화를 내고 말 거야. 나이 든 분한테 그럴 수는 없지"라고 중얼거린다.

상대가 나이 든 사람이라고 항상 그를 도와야 하는 걸까? 때로는 매번 도움을 줄 순 없다고 상대에게 미리 얘기해두는 것이 좋지 않을까? 나이 든 노인에게 매번 도움을 베풀지 못하면 우리의 가치가 줄어드는 걸까? 어떤 상황이든 노인이 부탁하면 항상 자신의 감정을 억누르고라도 들어줘야 하는 걸까? 만일 그렇다면 나이가 들수록 우리도 더 많은 권리를 누리게 되는 걸까? 이것이 바로 일종의 심리 조종 행위가 아닐까? 만일 노인이 우리의 이런 생각을 알아챈다면 그야말로 자신의 권력을 남용할 모든 준비가 되어 있는 셈이다. 하지만 위의 노부인은 그런 게 아니라 단지 상대가 한 번도 거절한 적이 없어 부탁을 계속 하는 것뿐이다. 이런 식으로 부탁을 해오면 당신이 언젠가 귀찮아하리라는 걸 그녀가 어떻게 알 수 있겠는가? 어떤 상황이든 나이 든 사람이 부탁하면 반드시 들어줘야 한다는 당신의 신념이 바로 당신을 함정에 빠트리는 것이다. 이는 당신의 신념 때문에 생긴 문제이지 부탁하는 사람의 문제는 아닌 것이다. 게다가 부득이하게 부탁을 거절한다 해서 상대방이 화를 내리라고 어떻게 확신할 수 있는가? 상처받지 않도록 얼마든지 친절하게 자신의 입장을 설명할 수도 있을 것이다. "안 돼요"라며 단호히 거절하는 것도 아니고, "더 이상 그러고 싶지 않아요"라고 하는 것도 아니다. 이와 같은 상황에서는 '부분적인 거절'을 하는 게 낫다.

"제 생각을 그대로 말하면 그녀와 제 남편이 저 때문에 서로 다투게 될지도 몰라요." 정말 그럴까?

어떻게 그걸 확신할 수 있는가?

차분히 분석해보자. 노부인이 당신 남편과 함께 당신을 몰아붙일 정도로 화가 났다고 가정해보자. 이건 과연 뭘 의미하는 걸까? 전날 마트에 가서 장을 보았지만 노부인의 부탁을 거절할 수 없어 마트로 달려가느라 일정도 꼬이고 몸도 피곤했노라고 그녀에게 설명을 했음에도 그녀가 화를 냈다면 그녀는 이미 당신 처지는 안중에도 없는 것이다. 당신 상황을 조금도 고려하지 않는다는 걸 의미한다. 다시 말해 당신을 존중하지 않는 것이다. 그녀는 오직 자신이 원하는 걸 얻어내는 것, 그러니깐 자신이 원할 때 누군가 장을 봐줄 사람이 필요하다는 그 사실에만 관심이 있을 뿐이다. 그게 전부다.

그녀가 과연 그런 사람일까?

만일 이 질문에 '아니다'라고 생각한다면 그녀와 관계가 나빠질까 봐 두려워할 필요는 없다. 그녀는 당신을 잘 이해해줄 것이기 때문이다. 그런데 만일 '그럴 수도 있다'라고 생각한다면 당신 스스로에게 물어야 한다. 과연 당신이 이런 관계를 계속하길 원하는지, 왜 둘 사이의 관계를 유지하려는지 되돌아봐야 한다.

끝으로 만일 남편이 당신의 변화를 부정적으로 판단한다면 이때도 똑같은 원칙을 적용해야 한다. 당신이 원하는 바를 확실히 밝히고, 앞으로는 너무 피곤하거나 시간이 여의치 않을 때는 심부름을 하지 않겠다고 분명히 의사를 밝혀야 한다. 당신이 스스로를 존중하면 다른 사람도 당신을 존중하게 될 것이다.

부드러운 방법으로 거절하는 법을 배우자.

다음의 세 경우, 분명히 거절할 수 있어야 한다.

1. 상대의 요구를 만족할 만큼 다 들어줄 수 없을 때.
2. 당신이 힘든 상황을 더 이상 지속하고 싶지 않을 때.
3. 상대방이 얼토당토않은 요구를 해올 때.

각각의 경우 자신의 의견을 표현하는 방법이 있다. 이는 상대의 마음을 상하게 하지 않으면서 좋은 관계를 유지할 수 있는 방법이다

(물론 상대와 동기에 따라 달라진다).

1. 부분적으로 거절한다.
2. 건설적인 비판을 한다.
3. 분명히 거절한다.

1. 부분적인 거절

부분적인 거절은 우리가 들어줄 수 있는 것과 없는 것을 분명히 구분해서 의사를 표시하는 것이다.

"이건 해줄 수 있는데, 조건이 있어…."

"이건 수긍이 가긴 하지만…."

"만일 이렇게 준다면 그렇게 할게."

친구가 오늘 당장 자동차를 빌려달라고 할 때 '안 돼'라고 단호하게 거절하는 대신 친구를 위해 차를 빌려줄 수 있는 시간을 명확하게 알려주는 것이 바람직하다. 예를 들어 "차는 빌려줄 수 있는데, 4시 30분까지는 돌려주면 좋겠어. 그때 차가 필요하거든."

이웃이 여행을 간다며 고양이를 사흘만 맡아달라고 부탁하면 다음과 같이 '부분적인 거절'을 할 수 있다.

"네, 돌봐줄게요. 단, 고양이를 제가 보러 갈게요. 제가 먹을 걸 갖다 주면 되니까요. 되도록 자주 보러 가고요"라고.

이는 거절이 아니라, 오히려 적극적으로 상대의 부탁을 들어주는 것처럼 보일 수 있다. 늘 긍정적인 대화로 시작하는 게 중요하다. "그러고 말고요"라면서. 그럼 상대는 작은 친절에도 이미 마음이 풀어진다. 이웃에게 친절을 베풀고 도움을 주고 싶다고 해서 당신 집 소파가 고양이 발톱에 긁히는 위험을 감수할 필요는 없다. 당신은 충분히 거절할 권리가 있다. 위와 같이 대답하면 둘 다 마음 상하지 않고, 서로 기분 좋은 결론을 낼 수 있다. 이것이 바로 부분적인 거절의 원칙이다.

2. 건설적인 비판

건설적인 비판을 통해 상대방에게 상황의 심각성을 알리며 변화된 관계를 요구하는 것이다.

먼저 상대가 왜 그런 행동을 하는지 그 이유를 '이해'해야 한다. 그가 어떤 행동을 할 때는 분명 자신에게 득이 되는 게 있기 때문이다.

이어 문제를 정확하게 묘사해야 한다(상대를 공격하기 전에 날짜, 시간, 행동을 정확하게 표현하는 게 좋다). 이때 '항상' '어쨌든' '절대'라는 단어는 되도록 사용하지 않는 게 좋다.

마지막으로 가장 중요한 것은 당신이 입은 물질적 손실(시간 낭비 등등)이나 감정적 피해(스트레스, 피로, 감정 등등)를 자세히 밝히는 것이다. 이때 항상 '나는'이라고 표현한다.

그리고 모두에게 적합한 해결책을 제시하면서 말을 끝맺는다.

예를 들어보자.

당신이 ○○○하다는 건 이해해요. 하지만 당신이 ○○○ 행동하면 제가 ○○○하기 때문에 앞으로는 우리가 ○○○했으면 좋겠어요.

위 문장의 핵심은 상대를 직접적으로 비판하지 않으면서 그의 행동이 당신에게 어떤 영향을 미치는지를 알려주는 데 있다. 되도록 자세히 설명해야 어떤 피해를 보는지 깨달을 수 있고 그래야 그도 당신을 더 잘 이해할 수 있을 것이다. 건설적인 비판은 (시스템 혹은 행동을 바꿔달라는) 하나의 부탁이면서 동시에 (지금까지 유지되었던 상황이 계속되는 것에 대한) 거절이기도 하다.

앞서 언급한 상황으로 다시 돌아가면, 당신은 노부인한테 전화를 걸어 다음과 같이 말할 수 있어야 한다.

장을 대신 봐드리는 것에 대해 곰곰이 생각해보았어요. 종종 저희가 마트에 다녀온 이튿날 부탁하시더라고요. 그래서 어쩔 수 없이 일주일에 두 번 연달아 마트에 다녀오곤 했지요. 앞으로는 금요일 저녁이나 토요일 아침에 전화로 필요하신 물품을 말씀해주셨으면 해요. 그러면 제가 시장에 갈 때 한꺼번에 사올 수 있으니까요. 제가 혹시 주중에 갈 일이 생기면 전화를 걸어 필요하신 게 없는지 여쭤볼게요.

이런 요구는 매우 간단하면서도 상대의 마음을 상하게 하지도 않는다.

이것은 실제 일어난 사례로 자기 확신 세미나에 참석한 한 연수생이 발표한 내용이다. 그녀는 자신의 인지 왜곡(자신의 비합리적인 신념들)을 분석한 뒤, 이웃의 노부인에게 전달할 내용을 미리 생각해두었다가 적용해보았다. 위의 대답이 바로 그녀가 실제로 말한 내용이다. 매우 간단한 대답이었다. 노부인은 전화를 받고 기꺼이 그녀가 제시한 방법을 받아들였다. 결코 화를 내거나 불편해하지 않았다.

3. 분명한 거절

부분적인 거절이 불가능할 때는 완전한 거절을 할 수 있어야 한다. 다음의 두 가지 상황이 전개될 수 있다.

예 1

– 절대 도움을 줄 수 없는 상황(친구가 역까지 배웅해달라고 부탁했는데, 그 시간에 약속이 있거나 회의가 잡혀 있을 경우)

"중요한 약속만 없으면 같이 가줄 수 있을 텐데…. 택시를 타거나 다른 친구에게 부탁해보는 건 어때?"

두 문장 사이에 너무 많은 틈을 두지 않는 게 좋다. 상대가 바로 새로운 해결책을 선택할 수 있도록 하는 게 바람직하다. 어쨌든 그는 되도록 적은 비용으로 제시간에 역까지 도착하는 게 목적이다. 오직 당신만이 그를 도울 수 있는 것은 아니다. 물론 도울 수 있으면 좋을 테지만 어쩔 수 없는 때도 있는 것이다.

예2

– 사적인 이유로 도와주고 싶지 않을 경우(책이나 음반을 빌려주고 싶지 않을 경우)

이런 경우, 상대가 더 이상 도움을 기대하지 않도록 명확하게 알려주는 것이 좋다. 간단하게 그의 요구를 들어줄 수 없다고, 혹은 당신의 원칙에 따라 그의 요청을 거절할 수밖에 없는 사실을 설명한다. 아울러 상대가 당신의 도움 없이도 자신의 문제를 해결할 다른 방법을 제안해볼 수도 있다.

"당신이 ○○○를 필요로 한다는 건 잘 알겠는데, 저는 그럴 수가 없어요(할 수 없거나 하고 싶지 않거나). 하지만 그 대신 ○○○를 해볼 수 있지 않을까요?"

해결책을 제시할 때는 상대의 반응을 기다리지 말고 바로 한 문장에 이어서 표현하는 게 좋다.

"네 말대로 꽤 괜찮은 책이야. 전문가들이 심혈을 기울여 저술한 책이지. 그런데 나는 원래 책을 다른 사람에게 빌려주지 않아. 하나의 원칙이라고 할까. 책 목록을 적어줄게. 도서관에 가면 있을 거야. 서점에서 주문하면 쉽게 구할 수도 있을 테고."

자신만의 생활신조를 자연스럽게 이야기한다. 이는 당연한 개인의 권리인 것이다. 다른 사람들은 자동차, 혹은 드레스를 빌려주지 않을 수 있다. 책을 빌려주면 찢어질 수 있고, 드레스는 더럽혀질 수 있고, 자동차는 사고가 날 위험이 있다. 그렇다고 일일이 상대에게 이를 설명할 필요는 없다. 너무 자세히 변명을 하다 보면 상대가 짜증을 내거나 자기는 절대 그러지 않을 거라며 반박의 여지를 줄 수도 있다.

거절 의사는 분명하게 밝힐 줄 알아야 한다. 자기 확신을 위해서도 반드시 필요한 태도다. 자기 확신은 단지 자신이 원치 않는 게 뭔지 잘 아는 것에 그치지 않는다. 자신이 원하는 것을 잘 알고, 제대로 표현할 수 있어야 한다. 모르는 사람들과도 잘 어울리며 대화를 나누고, 사랑하고 존중하며 상대의 존재 가치를 인정하고, 때로는 반대 의사를 밝히기도 하면서 타인에게 두려움 없이 마음을 활짝 열고 다가서는 법을 배우는 것이 모두 자기 확신 프로그램의 일환이다. 전문가들이(행동심리학자. 인지심리학자) 주관하는 이러한 치료 훈련이야말로 자신의 삶을 잘 통제할 수 있는 가장 빠르면서도 효과적인 방법이라 할 수 있다. 자기 확신이 부족한 사람에게 적극 추천하고 싶은 프로그램이다. 여러 달에 걸쳐 실시되는 훈련으로 놀라운 효과를 볼 수 있다.

자기 확신을 방해하는 장애물이 두 개 있다. 첫째는 비합리적인 신념과 사고이고, 둘째는 심리 조종자들이다. 심리 조종자들은 자기 확신이 강한 사람들까지도 불안하게 만드는 재주가 있다. 다행히 자기 확신이 강한 이들은 자신의 신념과 행복을 위협하는 것을 단호하게 뿌리칠 수 있는 능력 덕분에 함정에서 재빨리 빠져나올 수 있다. 따라서 심리 조종자와 맞서기 전에 자기 확신을 공고히 하는 것이 무엇보다 중요하다. 심리 조종자에게 '아니'라고 분명하게 말할 수 있어야 한다. 심리 조종자는 누구보다 빨리 상대의 약점을 간파할 줄 안다. 따라서 그에게 자신의 그런 능력을 과시할 기회조차 주지 말아야 한다.

튀는 음반처럼 똑같은 말을 반복하라

심리 조종자는 자신의 요구나 제안이 거절당하는 걸 매우 싫어한다. 게다가 누군가 자신의 의견에 토를 다는 데 익숙지 않아 얼마든지 상대에게 거절할 권리가 있다는 걸 인정하려 들지 않는다. 상대가 아무리 거절 의사를 밝혀도 이를 바로 무시하고 같은 요구를 반복하는 것도 이 때문이다. 이때 우리는 다시 한 번 확실하게 자신의 의견을 표명할 수 있어야 한다. 심리 조종자는 죄책감을 이용해 상대의 마음을 조종하려 들기 때문이다(내가 널 위해 얼마나 힘든 일을 많이 했는데). 때로는 도덕적 신념을 들먹이거나(동료라면 서로 도와야 하는 거 아닌가. 서로 돕지 않으면 일이 어떻게 제대로 되겠어) 상대의 가치를 폄하하거나(네가 마음이 따뜻한 사람이 아니라는 건 이미 잘 알고 있었지만 이 정도일 줄은 몰랐어) 아예 협박을 할 때도 있다(당신 자리를 노리는 사람들이 많다는 걸 잊지 마세요).

그는 단지 몇 마디 말로 당신을 비난하고 공격할 것이다. 우리는 스스로 꽤 친절하고 선량할 뿐만 아니라 제법 괜찮은 사람이라고 생각하고 있었는데, 심리 조종자는 바로 그런 우리의 자질을 의심하게 만든다. 이 같은 비난을 경계하지 않으면 자기 자신의 도덕적 신념의 함정에 빠질 위험이 있다. 그러면서 거절한 것을 번복하게 된다. 왜 그런 걸까? 그건 우리 자신이 조금이라도 친절하지 않거나 신뢰할 만하지 못하고 타인의 문제에 무관심한 사람이라는 인상을 주고 싶지 않기 때문이다. 그렇게 되면 마치 우리의 존재감 전체가 부정당하는 느낌이 들고 스스로 가치 없는 사람으로 전락한다고 생각하기 때문이다.

가령 스스로 매우 진실하다 자부하는 사람이 있다고 해보자. 이런 사람은 누구와도 피상적인 관계로 남는 것을 견디지 못한다. 그들은 단지 불편하게 지내기 싫어 피상적인 관계를 유지하는 걸 위선적이라 여긴다. 그래서 상대가 심리 조종자일지언정 위선적으로 행동하지 않으려고 노력한다. 하지만 심리 조종자와는 전략적이면서 계산된 행동으로 처신해야 한다. 왜냐하면 우리가 100퍼센트 진실되고, 순진하게 모든 걸 다 보여주고, 그들과 깊이 있는 대화를 나누려고 시도한다고 해도 되돌아오는 반응은 완전히 정반대일 때가 대부분이기 때문이다. 심리 조종자들은 오히려 우리의 이런 성향을 자신의 이익을 위해 활용한다.

비합리적인 신념과 원칙 때문에 자신을 위해 행동하지 못할수록 심리 조종자는 이런 원칙과 신념 들을 이용해 상대를 꼼짝 못하게 만든다. 이럴 때는 끝까지 음반이 튀듯, 똑같은 대답을 반복함으로써 잘 버텨내야 한다.

'튀는 음반처럼 대답하기'는 자신의 정당성을 애써 설명하려 하지 말고 항상 똑같은 톤으로 거절 의사를 되풀이해서 밝히는 것을 말한다. 이때 항상 똑같은 말을 사용해야 한다. 또한 확고하게 자신의 의견을 표명할 뿐 절대 공격성을 드러내지 말아야 한다.

'튀는 음반처럼 대답하기'는 정당한 거절을 할 경우에만 해당된다. 비록 심리 조종자인 사장이 아무 예고 없이 아픈 동료를 대신해 일해달라고 했다고 그런 요구를 무작정 거절하는 건 정당치 못하다. 아무리 자기 확신을 위한 일이라 해도 불편하게 느껴지는 모든 부탁을 거절해야 하는 것은 아니다. 직업상 혹은 개인적인 관계에서 때로는 어쩔 수 없는 일들을 하거나, 남을 돕고 양보해야 할 때도 있다. 사회가 건전하게 돌아가기 위해서는 더욱 그러하다. 이런 해결책은 우리 스스로 거절할 권리를 행사해야겠다고 느낄 때만 활용해야 한다.

젊은 심리 조종자가 그의 누나와 나누는 대화를 살펴보자. 그는 예전에 누나한테 빌린 돈도 아직 갚지 않았는데 또 돈을 빌려달라고 하고 있다. 누나인 안느는 아이 없이 남편과 단 둘이 살고 있었다. 그녀는 남동생 때문에 오랫동안 힘들어하면서 결국 그가 심리 조종자라는 사실을 알게 되었다. 그는 매형이 없는 자리에서 누나에게 돈을 빌려달라고 했다.

"누나, 잘 지냈어? 나 문제가 생겼는데 좀 도와줘."

"무슨 일인데?"

"세무서에서 세금이 미납되었다는 등기우편을 보내왔어."

"그랬구나."

"그랬구나라니? 어떻게 그렇게 말할 수 있어."

"아니, 네가 세금을 완납하지 못했다는 사실을 알게 되었다고." 안느는 차분하게 대답했다.

"그렇다니까. 세금이 너무 많다니까. 혼자 사는데 왜 이렇게 가혹한 건지."

(안느는 동생이 아직 돈을 빌려달라고 구체적으로 부탁하지 않았기 때문에 아무 말도 하지 않는다.)

"그래서 말인데, 돈을 좀 빌려줬으면 좋겠어. 빨리 내야지, 안 그러면 계속 독촉을 받을 거야. 집에 들이닥쳐 집기들을 몽땅 차압하겠다고 하면 큰일이잖아." (정확하게 부탁하지 않고 얼버무리면서 부탁한다.)

"조금이라니, 너무 막연하잖아(역 심리 조종)."

"7,000유로는 필요해."

"7,000유로는 조금이 아니지."

"그만큼 내야 한다잖아."

"전에 빌려준 돈도 있고, 500유로밖에 빌려줄 수가 없겠다. 일단 그거라도 내면 당장 차압이 들어오진 않겠지. 그리고 이 돈도 다음 달엔 돌려주면 좋겠어. 요즘 나도 여유가 없어서(부분적인 거절)."

"500유로?" 그는 실망한 표정을 지으며 큰 소리로 말한다.

"응, 그래도 그게 어딘데 그래." 그녀는 오히려 웃는 얼굴로 대답했다.

"500유로 가지고 뭘 할 수 있겠어?"

"일단 법적 제재는 피할 수 있잖아. 7개월 전에 빌려준 3,500유로도 아직 갚지 않았고. 더 빌려주기는 힘들어."

"지금까지 빌려준 돈을 다 계산하고 있었구나." 동생 드니는 공격 적인 말투로 얘기하기 시작했다.

"당연히 그래야지." 안느는 분명하게 대답했다(역 심리 조종).

"한 푼 한 푼 다 계산하고 있었다니 조금 야속한데. 알고 보니 누나 엄청 구두쇠네."

"구두쇠들은 돈을 절대 빌려주지 않지(역 심리 조종)."

"이번 한 번만 도와줘. 그래도 동생인데(죄책감을 이용한다)."

"동생이니까 그나마 3,500유로나 빌려준 거야(역 심리 조종)."

"그 돈은 갚을게. 지금 말하는 건 그게 아니잖아. 당장 돈이 필요하다는 거지." 드니는 화를 내기 시작한다.

"다른 방법을 찾아 봐. 나도 여유가 없어서 그래."

"누나가 무슨 문제가 있어."

"문제가 없는 거 같아 보여?"(자신의 상황은 굳이 설명하지 않는다.)

"무슨 문제가 있어. 남편도 있지. 둘 다 돈 잘 벌고. 혼자 사는 거랑 어떻게 같아?"

"물론 그렇지. 각자 원하는 삶을 사는 거잖니? 누가 너한테 나처럼 살지 말라고 한 건 아니니깐. 결혼만 하면 만사 오케이일 거 같으면 너도 결혼하면 그만이고. 어쨌든 지금은 500유로밖에 빌려줄 수가 없어. 은행에 가보거나 다른 친구들한테 부탁해봐(역 심리 조종, 부분적인 거절)."

"500유로로는 아무것도 할 수 없어." 드니는 계속 고집을 부린다.

"어쨌든 나는 500유로만 빌려줄 테니 나머지는 알아서 해." 안느는 계속 같은 말을 한다(도와주기로 한 부분만 계속 튀는 음반처럼 되풀이해서 말한다).

"절반이라도 빌려줘. 3,500유로."

"500유로밖에 없어. 나머지는 은행에 문의해봐." 안느는 굽히지 않고 같은 말을 반복한다(튀는 음반).

"안 된다니까. 은행에서 더 이상 돈을 빌릴 수 없어. 이미 마이너스라서."

"그럼 다른 사람들한테 부탁해봐. 나는 500유로밖에 빌려줄 수 없으니(튀는 음반)."

"다른 사람들도 마찬가지야. 게다가 가족도 아니고."

"가족이라고 모든 걸 다 해줄 수 있는 건 아니야. 나는 500유로밖에 빌려줄 수가 없어. 받든지 말든지 알아서 해(튀는 음반).

"진짜 야속하네." 그는 누나를 비판한다.

"다시는 그런 식으로 말하지 마. 우리 둘 중에 누가 상대에게 더 많은 친절을 베풀었는지 잘 생각해봐(역 심리 조종)."

"누나가 나한테 돈을 그냥 준 것도 아니면서, 빌려준 거잖아."

"설마 내가 봉투에 3,500유로, 7,000유로 수표를 넣어 선물로 주기를 바라는 건 아니겠지?(역 심리 조종)"

"…."

"어쨌든 이번에 500유로 빌려줄 테니 다음 달에 돌려줘. 이 돈을 가지고 가든지 그냥 두고 가든지 마음대로 해." 안느는 목소리는 작지만 단호한 말투로 말한다(튀는 음반).

"알았어. 일단 그 돈이라도 줘. 별 도움은 안 되겠지만 할 수 없지 뭐."

위의 대화에서 안느는 끝까지 공격적인 태도를 취하지 않은 채 심리 조종자인 남동생과 대화를 잘 이끌어갔다. 계속 똑같은 말을 튀는 음반처럼 되풀이함으로써 끝까지 굽히지 않고 똑같은 태도를 유지할 수 있었다(튀는 음반 전략). 상대가 고집을 피울 때면 네 번 이상 되풀이해야 할 때도 있다. 이 전략을 활용하면 화를 내지 않고도 스트레스를 견딜 수 있다. 중요한 것은 평정심을 잃지 않는 것이다(큰 소리로 말할 필요도 없다). 인내심을 발휘해야 한다.

취해야 할
다른 태도들

어쩔 수 없이 심리 조종자와 대면해야 하는 상황에서 우리가 취할 수 있는 가장 좋은 태도는 그와 이상적인 관계를 유지하겠다는 마음을 포기하는 것이다.

따라서 이전과는 완전히 다른 의사 소통 방식을 택해야 한다. 그 중 역 심리 조종 대화는 아주 훌륭한 방법이다. 그 밖에도 경우에 따라 여러 자기 보호법들을 활용할 수 있다.

지금까지 심리 조종자와의 관계에서 우리의 독립성을 가로막았던 모든 습관들을 거부해야 한다. 예를 들어 5년 전부터 심리 조종자와 매번 여름휴가를 떠났다면 올해부터는 그 패턴부터 바꿔보는 것이다. 이때 휴가 계획을 미리 알리면 그가 당신을 따라오겠다고 할 수도 있으니 휴가를 떠나기 직전에 혼자 가기로 했다고 알린다. 혹시 그가 먼저 휴가를 어디로 갈 예정이냐고 물으면 아직 결정하지 않았다고 대답한다. 언제 떠날 거냐는 질문에도 똑같이 답한다. 이때 심리 조종자는 당신의 태도가 예전과 달라진 것을 깨닫고 화를 낼 수 있다. 대부분의 사람들은 그런 불편한 상황이 전개되는 걸 매우 두려워한다. 하지만 그럴수록 핑계를 지어내서라도 상대를 설득하고 자신을 지키려고 노력해야 한다. 함께 휴가를 가지 않겠다고 직접적으로 거절하기보다 "올해 휴가 때 바다는 가지 말자고 아내하고 얘기했어." 혹은 "지난번에 함께 갔던 휴가는 즐거웠어. 하지만 이번에는 우리 둘만 가볼까 해"라고 말할 수 있다. 그래야 얼굴을 붉히지 않으면서 우리가 원하는 것을 얻을 수 있다.

가족들 사이에도 서로의 인격을 존중해주지 않는 일들이 많은 것을 볼 수 있다. 심리 조종자가 가장일 경우는 더욱 심하다. 만일 가족 중 한 사람(심리 조종자)이 우리 일상에 매번 부당하게 관여하고, 그때마다 우리가 자신의 상황과 행동을 해명해야 했다면 점차 이런 패턴에서 벗어나려고 노력해야 한다. 가령 심리 조종자가 우리에게 매번 전화를 강요하지만 그러고 싶지 않고 가능한 피하고 싶다면 점진적으로 이런 습관을 버려야 한다. 때로는 직장 일이나 다른 일로 전화 거는 걸 잊어버렸다고 하거나 적당한 변명거리를 만들어낼 수 있다. 필요하다면 자동응답기를 설치할 수도 있다. 이렇듯 스스로 이전의 패턴들에서 벗어나려고 노력해야 한다. 처음에 상대는 우리의 행동을 의아하게 생각하고, 화를 내거나 우리의 변화에 불안해할 수도 있다. 따라서 조금씩 변화를 주는 게 좋다. 예를 들어, 처음에는 이틀에 한 번 전화하다가 점차 간격을 사나흘로 늘리는 등 습관을 바꿔나가는 방법도 있다.

　심리 조종자와 오래전부터 의존 관계를 유지해왔다 하더라도 이제는 우리를 괴롭히고 불행하게 만드는 그런 의식이나 습관들을 끊어낼 수 있어야 한다.

자신에 대해 지나치게 자세히 말하지 말라

심리 조종자들은 이전에 우리가 했던 말들 중 자신에게 유리한 것만 선택적으로 기억하는 능력이 있다. 그는 우리의 이미지 중에서 자신에게 유리한 것들만 기억해두었다가 이야기한다. 혹은 우리가 자신에 대해 말해준 것들을 부정적으로 해석해서 활용하기도 한다. 때로는 우리가 편한 마음으로 털어놓은 개인적인 연애감정까지 기억해두었다가 필요할 때 이를 언급하며 부부간의 '신뢰'를 지키지 못한 사람이라고 공격을 해올 수도 있다. 자녀가 학교에서 어려움을 겪는다고 털어놓으면 바로 우리를 '나쁜' 부모로 몰아가거나 우리의 계획이나 행동에 대해 너무 자세히 이야기하면 언젠가 그런 상황들을 자신의 목적에 맞게 이용하는 식이다. 심리 조종자에게 사생활, 약점, 혹은 어려움을 자세히 털어놓으면 결국 그에게 우리를 활용할 수 있는 문을 활짝 열어주는 셈이 된다. 따라서 심리 조종자에게는 우리에 대해 너무 많은 걸 얘기하지 말아야 한다. 경우에 따라서는 감춰야 한다. 그렇다고 위선자나 거짓말쟁이가 되는 것은 아니다. 이는 단지 자신을 보호하는 하나의 전략일 뿐이다.

분명하지 않은 질문에는 대답하지 않는다

심리 조종자는 대부분 부탁하는 내용을 분명히 밝히지 않는다. 그는 종종 부탁하기 전에 애매한 질문을 던진다. 그가 모든 것을 다 이야기해주기 전까진 대답을 하지 않는 게 좋다. 비록 그의 질문의 요지를 파악했다고 해도 다시 한 번 되물어보자. 예를 들어 "화요일 저녁에 특별한 일 없어?"라고 그가 물으면 "왜?"라고 되물어라. 화요일 저녁에 우리가 어떤 곳에 동행해주었으면 하는 그의 바람을 읽었다 해도 확실히 묻자. 동료(심리 조종자)가 직접 우리에게 부탁하지 않고 우리 책상에 자신이 처리해야 할 서류들을 한 아름 올려놓고 갔다면 우리도 똑같이 행동하면 그만이다. 비록 그녀가 우리가 일을 대신 해주었으면 하고 바란다는 걸 알아도 미처 그 사실을 몰랐다는 듯이 행동하라. 그에게 자신이 원하는 것을 분명하게 밝히도록 함으로써 우리에게 최소한의 존중과 예의를 보이라는 의사를 전달하자.

모든 것을 기록하라

회의를 진행하거나 약속을 정할 때는 서로 합의한 내용을 모두 기록해두어야 한다. 되도록 심리 조종자 앞에서 회의나 약속의 내용을 명확하게 밝혀 그가 오해했다고 변명할 수 없게 만들어야 한다. 모든 것을 기록으로 남겨 증거로 가지고 있어야 그가 우리에게 딴 소리를 할 수 없을 것이다. 쓸데없는 오해의 소지를 없애고, 협의 내용을 하나라도 빠트리지 않기 위해서라고 말해두는 게 좋다. 필요하다면 그에게 우리는 늘 이런 식으로 일을 처리한다고 말하면 된다. 이렇게 하지 않으면 이들로 인해 심각한 문제를 겪을 수도 있다. 그는 얼마든지 결정을 갑자기 변경하거나, 마지막 순간에 예산을 줄이거나 거짓말을 할 수 있다. 심지어 서류를 위조하고 우리 서류에 자신의 서명을 첨부하거나 의도적으로 추가 근무 시간이나 휴가일을 잘못 계산할 수도 있다. 따라서 증거가 될 수 있는 기록들은 모두 잘 간직하고 있어야 한다. 그 기록이 필요한 때가 올 수도 있기 때문이다.

비록 심리 조종자가 상사일지라도 그의 윗사람에게 이러한 사실을 알려야 한다. 종종 높은 직책에 있는 사람들은 아래 부서에서 일어나는 사소한 일들을 잘 알지 못한다. 만일 책임자가 이런 갈등을 조정하고 확고한 결정을 할 수 있는 사람이라면 큰 효과를 볼 수 있다. 물론 최고 책임자가 심리 조종자일 경우는 일이 좀 더 복잡한데 불행하게도 가끔 이런 경우들이 있다.

심리 조종자의 의견을 중간에서 알리는 전달자가 되지 말자

심리 조종자는 스스로 메시지를 전달할 수도 있지만 종종 중계자를 활용하려고 한다. 만일 중계자가 되어달라는 부탁을 받으면 그가 직접 이야기하는 게 훨씬 낫다고 정중하면서도 분명하게 말할 수 있어야 한다. 특히 그가 제3자나 어떤 시스템을 비판할 때는 더욱 그렇게 해야 한다. 자신이 한 말에 대해 스스로 책임지게 해야 한다. 이때 "당신이 얘기하면 되잖아요"라고 공격적으로 말하지 말고, 좀 더 부드럽게 "무슨 말인지 알겠는데, 그 사람을 만나면 당신이 할 말이 있는 것 같다고 전할게요. 직접 얘기해보세요"라고 말하는 게 현명한 대처방법이다.

서로 연대하라

심리 조종자를 대면할 때는 희생자들끼리 서로 연대할 수 있어야 한다. 심리 조종자는 불신을 조장해 불화를 일으키는 재주가 있다. 이런 함정에 빠지지 않으려면 희생자들끼리 서로 힘을 모아야 한다. 의견이 분열되는 것 같으면 바로 의논해 하나의 목소리를 내고 주위에 심리 조종자의 면면을 알리자. 그래야 용기가 없어서 자신의 감정을 제대로 드러내지 못하는 취약한 사람들을 도울 수 있다.

심리 조종자가 아첨을 할 때는 조심스럽게 대답해야 한다

심리 조종자는 유혹하기 위해 언제든 우리에게 아첨할 수 있다. 누구나 칭찬을 들으면 기분이 좋고 칭찬해준 사람이 고마울 것이다. 하지만 칭찬과 달리 아첨에는 달성하고자 하는 목표가 숨겨져 있다. 심리 조종자는 아첨함으로써 우리를 자기편으로 끌어들이고 자기가 원하는 대로 우리를 움직이려 한다. 지금 당장은 우리를 자기편으로 끌어들이려 아첨하지만 시간이 지나면 얼마든지 달라질 수 있다는 걸 명심해야 한다. 하지만 아첨을 들어도 일단 곧이곧대로 받아들이는 듯이 행동하는 게 좋다. 너무 기뻐하지도 말고 살짝 미소 지으며 고맙다고 대답해라. 우리가 그의 의도를 의심하고 있다는 걸 알릴 필요는 없다. 심리 조종자의 속임수에 넘어가지 않는 것이 무엇보다 중요한 것이다.

결론

이제 우리는 누구나 심리 조종자를 만날 수 있다는 사실을 깨닫게 되었다. 일부 독자들 중에는 이미 심리 조종자들 때문에 정신적, 육체적 고통을 당한 사람도 있을 것이다. 일생에 딱 한 번 그런 사람을 만나고 평생 나쁜 기억에서 헤어나오지 못하는 이들도 있을 것이다. 이 책은 그런 고통에서 어떻게 우리를 지켜낼 수 있는지를 말하고 있다. 우리가 홀로 숨어 지내지 않고 사람들과 어울려 지내는 한, 우리는 언제든 심리 조종자들을 만날 수 있다. 그렇다고 이를 지나치게 심각하게 받아들일 필요는 없다. 위험은 언제나 존재하지만 다행히 이러한 심리 조종자들을 주변에서 흔히 볼 수 있는 것은 아니고, 설사 그들을 대면한다고 해도 항상 우리가 희생자가 되는 것은 아니기 때문이다. 자신의 감정을 솔직하게 인정하고, 본능에 의지한다면 얼마든지 그런 상황을 피할 수 있다. 심리 조종자의 존재를 빨리 파악하면 할수록 그에 적합한 해결 방법을 적용할 수 있다. 이 책에 소개된 심리 조종자 특성 리스트를 통해 복잡한 감정들을 쉽게 되돌아볼 수 있을 것이다.

자신을 신뢰하고 존중할수록 우리는 심리 조종자에게 휘둘리지 않을 수 있다. 비록 심리 조종자가 강력한 영향력을 행사한다고 해도, 그것은 살면서 겪게 되는 여러 스트레스 요인들 중 하나일 뿐이다. 심리 조종자는 우리가 믿고 있는 스키마를 잘 활용할 줄 알기 때문에 우리를 쉽게 함정에 빠트릴 수 있다. 따라서 우리 스스로 변화해야 한다. 심리 조종자는 정신치료를 받기 전에는 결코 자신의 생각을 바꾸지 않을 것이기 때문이다. 우리의 유일한 목표는 바로 스스로를 지키고 보호하는 것이다. 이를 위해 군이 심리 조종자와 전쟁을 일으킬 필요는 없다. 심리 조종자를 폄하하거나, 그에게 죄책감을 느끼게 하거나, 우리 스스로 불화를 만들어 내거나 스스로 '희생자'가 될 필요는 없다.

과연 심리 조종자의 특성이란 무엇일까? 나르시시스트적인 성격일까? 편집광적 환자인가? 정신질환자인가? 일부 심리 조종자들은 두 개의 증상을 동시에 보이기도 한다. 이 책은 오랜 기간의 연구와 관찰의 결과물이다. 하지만 정신 건강 분야 전문인들이 심리 조종자의 사례들을 집중적으로 연구하지 않는다면 여전히 여러 의문점들이 남아 있을 수밖에 없다.

그렇다면 심리 조종자적 인성은 과연 치료할 수 있는 걸까? 심리 조종자가 스스로 전문의를 찾아 치유받기를 원한다면 가능할 것이다. 하지만 이런 경우는 극히 드물다. 대부분의 사람들은 우울증이나 생리적 질병, 혹은 극심한 외로움이나 이별의 고통으로 괴로울 때에만 병원을 찾는다. 심리 조종자가 심리 치료사에게 상담을 의뢰할 때조차 혹시 그가 자신의 본래 모습을 감추고, 오히려 상대를 유혹하려는 의도가 없는지 잘 살펴야 한다. 그러면서 물론 끝까지 그를 도울 수 있는 방법들을 모색해야 할 것이다.

괄호 안에 적힌 번호는 심리 조종자의 특성 리스트 중 관련된 내용을 담은 항목의 번호다. 곧바로 답을 확인하기보다는 먼저 상황을 읽으면서 과연 어떤 특성에 해당하는지 짐작해보면 좋은 훈련 방법이 될 것이다.

에피소드 1. 실베트의 언니

실베트(40살)는 엔틸리스 섬에서 태어났으며 현재 행정 공무원이다. 첫 번째 일화는 그녀가 10여 년 전 도시에 사는 언니와 함께 지내면서 직장에 다니기 시작하던 때로 거슬러 올라간다.

그녀의 언니인 잔은 고향인 엔틸리스 섬으로 휴가를 떠나겠다고 했다. 실베트는 이제 막 직장에 취직했기 때문에 길게 휴가를 낼 수 없었다. 실베트는 언니에게 휴가 기간 동안 가능하다면 집세를 같이 부담하겠다고 했다. 그러면서 집을 비우는 동안 할 일이 있으면 알려달라고 했다. 잔은 다음과 같이 대답했다.

"무슨 그런 소릴 해. 넌 아직 월급도 받지 않았잖아. 걱정 마. 집세는 내가 알아서 해결할 테니. 문제될 거 없어. 그런데… 만일 네가 정 집세를 같이 부담하고 싶고 그럴 수 있으면 나야 고맙지. 그럴 수 있겠어? (상반된 메시지)

"그렇게 할게. 그런데 먼저 월급 계산을 좀 해보고. 얼마나 낼 수 있는지 알아보고 얘기해줄게."

그런데 실베트가 수입과 지출을 계산해본 결과 첫 월급 가지고는 집세를 같이 부담하기가 어려웠다. 그녀는 어쩔 수 없이 휴가를 보내고 있는 언니에게 전화를 걸어 사정 얘기를 했다.

"이번 달 월세는 부담하기 어려울 것 같아. 돈을 조금 빌리긴 했는데, 나머지는 언니가 송금을 해줬으면 좋겠어."

잔은 갑자기 화를 내기 시작했다(비합리적인 감정 상태).

"말도 안 돼. 지난번에 네가 집세 낼 수 있다고 해서 이번 달 지출 계획을 다 잡아놓았단 말이야. 이제 와서 그러면 어떡하라고."

"알았어. 너무 걱정하지 마. 엄마하고 의논해볼게."

"너랑 엄마는 항상 그런 식으로 나를 궁지로 몰아넣는다니까. 나한테 다 떠맡기고! (여태까지 꼬박꼬박 내던 집세를 그대로 내는 게 왜 새로운 문제로 대두된 건지)"

"그건 아니지. 알았어. 내가 알아서 해볼게. 해결책을 찾아볼게. 어떻게든 집세는 낼 테니 걱정하지 마. 하지만 지난번에 언니가 그랬잖아…. (실베트는 당황하면서 이전에 언니와 나눈 대화를 설명하려 하면서 결국 함정에 빠진다)."

"알아." 잔느는 실베트의 말을 중간에 끊는다. "그런데 그때 네가 집세를 내지 못할 거라고 확실하게 말해주지 않았잖아. 노력해보겠다고 했지. 네가 약속을 잘 지킬 거라고 생각했지. 네가 열심히 알아보고 끝까지 최선을 다할 거라고 생각했던 거지." (2)

이렇게 해서 실베트는 월급의 3/4에 해당하는 금액을 집세로 지불해야 했다. (3)

그 후에도 석 달 동안이나 그녀는 식비는 물론 집세를 꼬박꼬박 부담해야 했다. 그러면서도 잔은 자신이 얼마나 배려심이 깊은지만을 강조했다. 그때부터 실베트는 집안일을 하기 시작했는데, 빨래와 다림질은 물론 심지어 조카들 돌보는 일까지 모두 도맡아 했다. 특히 주말마다 잔이 외출하면 아이를 돌보는 일은 언제나 실베트 몫이었다. 잔이 항상 먼저 주말 일정을 잡았기 때문에 실베트는 좀처럼 외출할 기회를 갖지 못했고 언니의 계획에 따라야만 했다.

어느 일요일 저녁, 가족들과 산책하고 돌아온 잔은 실베트가 다음 날 입을 옷을 다려놓지 않았다는 걸 알고는 버럭 화를 냈다. 그때 전화벨이 울렸다. 엄마가 전화를 걸어 딸들의 안부를 물었다. 그런데 잔이 신경질적으로 전화를 받자 엄마가 왜 그러느냐고 물었다. 잔은 다음과 같이 대답했다. "내가 어떻게 화를 내지 않을 수 있겠어요. 생각 좀 해봐요. 늦게 외출하고 돌아와서 남편하고 아이들이 내일 입을 옷을 다려야 하니 말이에요." (4)

엄마가 물었다. "무슨 소리야? 집에 가사 도우미라도 두고 있는 거야? 돈을 내고 고용했는데도 집안일을 해놓지 않았다고?"

"아니오. 그게 아니라 자매끼리 서로 도울 수 있잖아요. 왜 항상 나만 이런 일을 다 해야 하는 거죠. 장도 내가 보고, 다림질도 다 하고 그래야 해요?"(5)

"그런데 결혼할 때 집안일을 해야 한다는 것쯤은 다 알고 있지 않았니? 그런 문제는 남편하고 의논해야지."

엄마는 신중하게 문제를 해결해보려고 했다. 그녀는 이미 큰 딸이 문제를 다른 차원으로 돌리고, 책임을 지지 않으려 한다는 걸 잘 알고 있었다. 그 일이 있기 얼마 전에 실베트는 언니에게 다른 곳으로 이사하겠다는 의사를 내비쳤지만 아직 마땅한 곳을 찾지 못하고 있었다. 그러다 혼자 지낼 아파트를 찾았다고 하자 잔은 그제야 그동안 여동생 덕분에 자신이 얼마나 많은 혜택을 보았는지 깨달았다. 그러자 그녀는 전략을 완전히 바꿔 예전과 달리 아첨을 하기 시작했다. 그녀는 여동생인 실베트의 장점을 추켜세우며 주변에 이야기하고 그녀가 얼마나 괜찮은 사람인지를 자랑했다. 둘이 너무나 잘 맞는다고 떠들었다. (6) 실베트는 이번만은 다행히 함정에 빠지지 않고 당당하게 언니 집을 나왔다. 하지만 그 후에도 잔은 계속해서 동생을 통제하려 들었다. 잔은 그때까지 실베트가 해왔던 일들, 예를 들어 아이들 돌보는 일을 계속 하도록 요구했다. 그녀는 동생에게 자기한테 묻지도 않고 주말에 근무 일정을 잡았다고, 그래서 자기 주말 스케줄이 엉망이 되었다고 비난했다. (7) 그 무렵 잔은 간호사였기 때문에 특별수당을 받기 위해 주말 근무를 선택할 수 있었지만 실베트는 그런 선택의 여지도 없이 주말 근무를 해야 했다. 몇 년이 흐른 뒤 겨우 실베트는 언니인 잔과 거리를 둘 수 있었다. "언니가 나한테 매우 부정적인 영향을 끼친다는 사실을 깨닫고 거리를 두기 시작했어요. 특히 임신을 했을 때 완전히 깨달았어요."

실베트가 임신을 했을 때 잔은 이중적인 태도를 보였다. 동생이 임신한 것을 축하하면서도 동시에 그녀가 형편없는 남편을 만났다며 비난했다. 점점 비난이 심해지면서 실베트는 결국 남편과 관계가 소원해질 수밖에 없었다. 그 과정에서 잔은 여동생에게 당장 헤어지라고 재촉했지만 실베트는 어떤 결정도 내리지 못했다. 잔은 자신이 더 이상 여동생에게 영향력을 행사하지 못한다는 사실을 깨닫고는 화가 나 몇 달 동안 연락조차 하지 않았다. 결국 실베트는 나중에 남편과 헤어져 혼자 딸을 키우며 살았다. 그러면서 가끔 언니를 만났다. 잔은 심지어 실베트의 딸까지 이용하려고 했다. 전화로 조카와 온갖 얘기를 나누며 자신에게 필요한 정보를 얻어냈다. "네 딸이 그러던데…." (8)

실베트는 가장 기억에 남는 일화가 있다며 털어놓았다. 잔은 그녀에게 전화를 걸어 "지난 토요일에 이사했어. 우리 집에 네 딸을 한번 데리고 오지그래. 이모가 어디 사는지도 보여주고(실베트도 새 아파트를 알지 못했지만 그녀는 아이에게만 보여준다는 핑계를 댔다)."

"그래. 토요일 아침에 무용 레슨을 받거든."

"나도 알아. 그러니까 무용 레슨 끝나고 우리 집에 데리고 와서 점심 먹게 하면 좋겠다. 아이가 좋아하는 걸 준비해둘게. 그러니까 무용 수업 끝나는 대로 우리 집에 데려다줘."(9)

실베트는 약속한 대로 딸을 언니 집에 데려다주었다. 그녀는 딸을 막 두고 나오려는데 언니가 말했다. "얼굴이 많이 안 좋아 보이네."

"응, 지난 수요일부터 몸이 좀 좋지 않아서. 많이 피곤해(실베트는 몸살 약을 먹고 있었다. 잔은 그녀에게 잘 쉬고 쓸데없는 스트레스는 받지 말라고 충고했다)."

"그런데 넌 점심 먹었어?"

"아니, 장 좀 보러 가려고."

"그럼 빨리 장 보고 집에 다시 와."

"아니야. 마트 갔다가 바로 집에 가려고. 너무 피곤해서." 실베트가 설명했다.

"그런데 무슨 장을 보려고?" 잔이 물었다. (10)

"야채들 좀 사려고"

"그래, 우리 집에서 점심 먹고 마트에 같이 가자. 그러고 나서 집에 데려다줄게."(11)

"좋아. 그렇게 하지 뭐," 실베트는 그녀의 제안을 받아들였다.

점심을 같이 먹고 나자 잔은 새로 이사 온 아파트 짐 정리를 하기 시작했다.

"장에 간다고 하지 않았어?"

"갈 거야. 한두 개만 정리하고. 집이 너무 엉망이라서. 15분이나

30분 후에 가지 뭐."

그들은 1시에 점심 식사를 끝내고 4시 30분에야 집을 나설 수 있었다. 그동안 실베트는 딱히 할 일이 없었기 때문에 결국 이삿짐 옮기는 걸 도와주기 시작했다. (12) 한참 후에서야 잔은 완전히 지쳐 있는 실베트에게 자기가 짐을 정리할 동안 쉬라고 제안했다. (13) 그러면서 10분 후에 마트에 가자고 또 제안했다. 하지만 이번에도 10분이 아니라 30분이나 지체되었다. (14)

또 다른 일화를 살펴보자. 잔은 요양원에서 수간호사로 일했다. 그동안은 직장이 제공하는 임대 아파트에서 살았는데 집을 갑자기 비워주어야 하는 상황이 되었다. 그녀는 빨리 새 아파트를 찾아야 했지만 쉽지 않았다. 그녀는 어쩔 수 없이 몇몇 집들을 돌아다니며 도움을 요청했다. 그렇지만 한동안 머물 수 있게 해달라고 구체적으로 부탁하지는 않았다. 어느 날 저녁 잔이 실베트에게 전화를 걸었다. "완전히 기분이 다운됐어. 정말 지겨워, 어떻게 해야 할지 모르겠어. 다 포기하고 싶어."

"무슨 일인데 그래?" 실베트는 걱정스러운 목소리로 물었다.

"아파트를 비워달라고 하잖아. 믿을 수가 없다니까(마치 그 소식을 방금 들었다는 듯 반응하고 그녀를 집 밖으로 내쫓는다는 식으로 불평한다)."

"한 달 전에 이미 알고 있었잖아." 실베트가 놀라며 물었다. "임대 아파트는 국가나 지자체가 운영하는 곳에서 일하는 사람한테만 대여하는 거잖아."

"나도 알아. 어쩔 수가 없다니까. 나한테 집을 주겠다고 약속해놓고는 아직까지 아무 소식이 없으니. 8월 초에는 머물 집이 꼭 필요한데."(15)

"8월 초에 꼭 비워줘야 해?"

"그렇다니까. 의무 사항이야. 등기우편을 받았거든. 만일 8월 초에 집을 비워주지 않으면 내 가구들을 압류하고 말 거야. 집 밖으로 쫓겨나게 생겼다니까. (16) 오빠한테 이 이야기를 했어(그는 결혼해서 방이 두 개인 아파트에서 살고 있다. 반면 실베트는 방이 4개인 아파트에서 딸과 함께 살고 있다). 내 짐들을 다 팔고 호텔에 가서 지낼까 해. 하지만 가족끼리 도와줘야지. 만일 그때까지 집을 찾지 못하면 오빠 집에라도 가 있으려고. (17) 그런데 나 혼자가 아니라 아이들도 둘이나 되고 (그녀는 이혼한 상태였다) 방이 두 개인 아파트에서 다섯이 지낼 수 있을지 모르겠어. 그래서 아들하고 딸은 오빠 집에 두고 나는 호텔에 가서 지낼까 해."

"그런데 그 결정을 이번 주에 해야 해?"

"아니, 아직 한 달 남았어. 그런데 아직 집을 찾지 못했으니 빨리 결정하려고. (18) 그리고 어쨌든 너무 지쳐서 자살이라도 하고 싶은 심정이야. 그래야 누구한테도 신세를 지지 않을 수 있을 테니! (19) 그리고 너무 지겨워. 사람들은 다들 못됐고."(20)

"언니 나이쯤 되면 그래도 일이 어떻게 돌아갈지 짐작하고 있어야 하는 거 아니야?" 실베트는 그녀에게 말했다(심리 조종자 자신의 판단 근거를 역으로 활용한 역 심리 조종). 어떻게 해야 할지 미리 생각했어야지. 7월 31일에도 여전히 집을 찾지 못하면 그땐 일단 우리 아파트에 와서 지내. 공간은 넉넉할 테니(이것은 과연 제안일까 아니면 죄책감으로 어쩔 수 없이 받아들인 걸까?).

"너희 집에 가도 괜찮겠어?" 잔이 묻는다.

"괜찮아. 불편할 거 없어. 당분간일 테니."

"그래. 한 달이면 돼. 오늘 아침에 서류를 담당하는 사무실에 전화를 했거든. 내 서류를 검토 중인가 봐. 내가 1번이야. 그러니 빠른 시일 내에 지낼 곳을 구할 수 있을 거야. 15일 정도면 될 거야."(21)

"그런데 짐이랑 가구들은 어쩌려고?" 실베트가 물었다.

"생각 좀 해보고, 전화할게."(22)

다음 날 아침 그녀는 실베트에게 전화를 걸어 8월 1일에 아이들하고 실베트 아파트에 가기로 했다고 말했다. 이런 얘기를 나눈 때는 7월 중순 무렵이었다. 실베트는 언니에게 조카가 병원 진료를 받느라 7월 말까지는 자기 집에 머물기로 했다고 했다. 그러면서 언니네가 8월에 들어오는 데는 문제가 없을 거라고 했다. 자기 딸도 9월 초까지는 집에 없기 때문에 괜찮을 거라 덧붙였다. "조카 아이가 언제까지 있을 거라고?" 잔이 물었다.

"7월 말까지." 실베트가 대답했다. 그러면서 언니네가 방 두 개를 사용하면 된다고 했다.

"그런데 그 아이가 좀 더 일찍 집을 비워주면 안 될까?"(23) 잔느가 물었다.

"물론 다른 친척집에 가 있을 수는 있겠지만 1월 달에 이미 부탁한 일이라 지금 와서 떠나달라고 할 수는 없지."(부탁을 전부 받아주려 한 것은 실베트의 실수다) "게다가 언니는 8월에 올 거잖아(그러고 나서야 질문이 말도 안 된다는 사실을 깨닫는다)."

"알았어. 어쨌든 너무 많은 사람들하고 같이 지내야 하는 게 좀 맘에 안 들어서 그렇지."(24)

"언니는 8월에 오는데 왜 여러 사람들하고 지낸다고 해? 조카 아이는 7월 말에 떠난다는데." 실베트는 뭔가 이상하다고 생각한다.

"그건 그렇고 지하실엔 짐 갖다놓을 자리 있어?" 잔이 물었다. (25)

"응. 있어. 우리 짐은 별로 없거든. 근데 청소 좀 해야 할 거야. 좀 지저분하거든."

"지하실 열쇠 줄 수 있어?"

"응. 청소하겠다면야."

"아파트 열쇠는?"(26)

"아파트 열쇠는 조카 아이가 나가면 그때 줄게."

"아, 그 아이한테 열쇠를 줬어?"

"물론이지. 내가 24시간 아파트에만 있는 것도 아니고. 당연히 열쇠를 줘야지(자신의 정당성을 지나치게 주장한다)."

"다른 열쇠는 없어?(왜 이 질문을 할까?)"

"없는데. 딸아이가 하나 갖고 있고, 하나는 경비실에 맡겼고. 또 하나는 내가 갖고 있어(지나치게 자세하게 설명한다)."

"왜 경비실에 맡기는데?" 잔은 계속 묻는다.

"가끔 열쇠 잃어버릴 때가 있어서. 그럴 때마다 매번 수리공을 부를 수는 없잖아. 경비실에 가서 찾아오는 게 더 낫지."

"아. 그렇구나." 이렇게 대화는 끝났다.

그다음 날 5시경 실베트는 회사에서 돌아왔는데, 문을 열 수 없었다. 초인종을 누르자 모르는 사람이 문을 열어주었다. 기분이 매우 상한 그녀는 안으로 들어가보았다. 집안에는 온갖 짐들과 상자들이 널브러져 있었다. "짐이 너무 많아서 걸어다닐 수가 없을 정도였어요." 그녀는 그때 일을 상기하며 말했다. 언니 딸이 나와 설명했다. "예상보다 일찍 집을 비워달라고 해서 이삿짐센터에 전화해 이곳으로 짐을 옮겨달라고 했어요."

"어떻게 그럴 수 있어. 8월에 오기로 했으면서." 실베트는 소리쳤다. 몹시 기분이 상한 실베트는 화를 내면서 방으로 들어가 울음을 터트렸다. 도대체 마음을 진정시킬 수가 없었다. 그제야 언니가 방문을 두드리고 안으로 들어왔다. "내 딸이 그러네. 네가 기분 나빠한다고. 집을 너무 엉망으로 만들어서 미안해. 우리가 다 정리할게. 걱정하지 마. 너무 피곤해서 잠깐 쉬고 있었어. 다 치울게." (27)

"8월에 온다고 했잖아. 어떻게 벌써 온 거야. 오늘 저녁만 여기서 자고 내일 갈 거지?"

"온 김에 그냥 있으려고." (28)

"아파트는 어쩌고?"

"어쩔 수 없지 뭐. 그 사람들하고는 더 이상 말도 하기 싫어." (29)

결국 두 자매의 동거는 껄끄럽게 시작되었다. 실베트는 (어렴풋

이) 기분이 나쁘다는 사실을 알렸다. 그럼에도 도덕적으로는 도리가 없었다. 그녀는 속으로 중얼거렸다. '언니 식구를 쫓아낼 수는 없지.' 얼마 지나지 않아 실베트는 집에 들어오는 게 영 편하지 않았다. 하루는 언니가 제안했다. "돈 문제 좀 의논하자. 이사하느라 돈을 많이 써서 여유가 많이 없거든. 옷장도 새로 장만해야 하고." (30)

"여기에서 얼마나 머물 계획인데?"

"한 달 정도 있을 거라고 말했잖아. (31) 9월에는 비워줄게."

"알았어. 언니가 9월까지만 있겠다고 하니까 집세는 내가 그냥 낼게. 괜찮아. 그동안 돈을 좀 절약해봐. 그런데 솔직히 말해 식사는 언니가 알아서 했으면 좋겠어. 딸이 집에 없어서 장도 잘 보지 않거든. 식사까지 준비해줄 수는 없을 것 같아. 그러니 언니가 알아서 준비해(분명하게 표현했다)."

"오, 먹을 것까지 달라고 할 수는 없지. (32) 잠자리를 제공해주는 것만도 어딘데." 며칠 뒤 실베트의 조카가 집에서 나가겠다면서 짐을 쌌다. 조카의 갑작스러운 행동에 깜짝 놀란 실베트는 자기가 없는 동안 언니가 그 아이를 불편하게 만들었다는 걸 깨달았다. (33)

9월 초에 실베트의 딸이 돌아왔다. 그런데 실베트의 언니는 여전히 집을 찾지 못했고, 떠날 생각도 하지 않았다. 실베트는 어쩔 수 없이 딸하고 같은 방을 써야 했다.

7살 난 실베트의 딸은 안절부절못하며 불안정한 모습을 보였지만 실베트는 결국 자신을 희생해 언니와 조카들(19살, 20살)에게 최상의 조건을 제공했다(상황이 완전히 역전되었다). 저녁 8시 반(TV 소리, 음악 등등으로) 이후엔 조용히 지낼 수가 없었다. 어린 딸은 잠을 잘 이루지 못했다. 이러한 힘든 동거가 1월 말까지 지속되었다. 언니네가 곧 떠날 거라는 소식도 언니의 딸을 통해 들을 수 있었다. (34) 언제 이사할진 잘 모르겠는데 아마 토요일에 가지 않을까 싶다고 했다. (35) 실베트의 오빠는 잔이 이사 당일이었던 토요일 저녁 늦게 옷장이며 냉장고 등 이삿짐을 모두 옮기고 난 뒤에나 나타났다고 했다. 그리고 그다음 주 수요일에 오빠 혼자 자기 아이들과 와서 잔의 나머지 이삿짐을 챙겼다. 잔이 도와줄 사람이 많을 거라고 했지만 정작 아무도 없었던 것이다. (36)

다시 말해 언니네는 실베트 집에서 집세를 한 번도 부담하지 않고 여섯 달이나 머문 셈이었다. 실베트는 어쩔 수 없이 언니에게 집세를 조금 부담해달라고 요청했다. 하지만 잔은 또다시 우는 소리를 하면서 결국 실베트에게 모든 비용을 다 부담하게 했다. 이사를 도와준 오빠 역시 아무 보상도 받지 못했다. 그 역시 이사를 해야 했지만 잔의 아이들은 조금도 도와주지 않았던 것이다. 잔 역시 아이들 편을 들었다. 모처럼 방학인데 쉬도록 해야 하지 않겠느냐는 것이다.

그 외에 또 다른 일화도 있다. 실베트는 가족들과 의논해서 오빠에게 깜짝 생일파티를 열어주기로 했다(물론 여기서도 잔은 예외였다). 가족들 모두 시골에 사는 오빠 집에 모이기로 했다. 새언니와 누이들은 함께 점심 준비를 하기로 했다. 이 모든 계획을 오빠에게 알리지 않고 진행했다. 실베트는 잔에게 전화로 이 계획을 알리면서 같이 가자고 제안했다. 그녀는 대답했다. "알았어. 그날 다른 계획이 없으면 갈게. 일이 있으면 힘들고."(37) 그리고 며칠 뒤 잔은 오빠에게 전화를 걸어 "다들 너희 집에서 점심을 같이 하기로 했어. 생일이잖아(그러면서 비밀 파티를 준비한 것을 모두 얘기해버렸다)."

"정말? 모르고 있었는데. 대환영이지, 놀러와."

"그런데 나는 전날 갈게.

"마음대로 해."

"그런데 미리 얘기해줘, 방을 준비해야 하니까. 전날 오면 나도 좋지."

실베트는 잔에게 왜 비밀을 얘기했느냐고 물었다.

"깜짝 파티 같은 거 난 별로 안 좋아해. 새언니하고도 별로 친하지 않고. 내가 간다고 미리 얘기하는 게 좋을 것 같아서 그랬어. 놀라지 않게 말이야. 그리고 일요일 아침에 너무 일찍 출발하지 않으려면 전날 가는 게 좋을 것 같아서."(38)

실베트는 처음부터 잔이 파티 준비를 같이 할 거란 기대는 하지 않았다(이미 다들 그녀의 태도를 잘 알고 있었다). 그래서 자기들끼리 미리 준비했던 것이다. 토요일 아침, 잔은 오빠에게 전화를 걸어 친구하고 같이 다음 날 가겠다고 했다(자기를 많이 도와준 사람이라고 했다). 오빠는 어쩔 수 없이 그녀의 제안을 받아들였다. 실베트는 이미 그녀가 마음을 바꿨다는 걸 알아차렸다. 잔은 그냥 일요일 아침에 가기로 했다고 했다. 전날 일찍 가서 할 일도 없다며 자기변명을 늘어놓았다. (39) 실베트는 다들 건배를 들기로 했으니 이왕이면 일요일 아침 10시 반쯤에 도착했음 좋겠다고 말했다. "뭐라고? 10시

반에?"잔느는 놀라며 물었다. "새언니랑 껄끄러운데 10시 반에 도착해서 뭐하라고. 서로 말도 섞기 싫은데."(40)

"어쨌든 언니는 새언니랑 얘기하지 않을 거잖아. 오빠 생일 때문에 가는 거지." 실베트는 언니의 말을 중간에 끊었다. 다 같이 도착해 오빠를 놀래주기로 했다고 했다.

"아! 나한테 그런 거 하라고 강요하지 마. 내가 가고 싶을 때 가고 오고 싶을 때 올 거니까. (41)"

그리고 다음 날 건배하는 자리에 그녀가 없다는 사실에 아무도 놀라지 않았다. 그러고는 다들 모여 앉아 잔 때문에 고생한 얘기들을 하기 시작했다. 이어 더 이상 그녀를 기다리지 않기로 했다. 늘 그래왔듯이 오지 않을 거라고 생각했다. 오빠는 좀처럼 화를 참지 못했다. 이미 식사 준비가 다 끝났는데 제대로 되는 게 하나도 없었던 것이다. 오후 2시경이 되자 전화벨이 울렸다. 잔이었다. 길을 잃어버려 늦었다고 했다. 그녀는 결국 2시 반에 도착했다. 친구도 데려오지 않았다. 그녀의 변명은 앞뒤가 전혀 맞지 않았다. 그녀는 늦게 도착해서는 집을 돌아보겠다고 했다. 다들 그녀에게 집 구경보다는 식사를 먼저 하라고 했다. 잔은 투덜거리며 말했다.

"오, 다들 2분도 못 기다려줘요?"(42)

"얼마나 오래 기다렸는데 그런 말을 해." 실베트가 큰 소리로 말했다. "빨리 다들 식탁에 모여요." 점심을 먹는 동안 잔은 혼자 떠들었다. 그러고는 식사가 끝나자 소파로 가더니 낮잠을 자고 싶다고 했다. 전날 저녁 일을 늦게까지 해서 피곤하다면서 눈을 감았다(그런데 정말 잠이 든 걸까?). 다른 사람들은 다들 식탁을 치우느라 정신이 없었다. 설거지를 하고, 게임도 하면서 시간을 보냈다. 마치 우연이라도 되는 듯 그녀는 디저트 먹을 시간이 되자 깨어났다. 그녀는 눈을 뜨자마자 제일 먼저 접시를 내밀었다. 그러고 나서 자기 아파트에 가져가고 싶다면서 정원에 있는 장미를 꺾기 시작하는 것이다. 실베트는 심리 조종자인 언니 때문에 몹시 불쾌했던 그날을 생생히 기억하고 있다. 하지만 잔은 반대로 아주 기분 좋게 떠났다. 지금까지 소개한 일화는 모두 실제 일어난 일이라는 사실을 강조하고 싶다. 실베트는 직접 자신의 경험을 상세히 얘기했다. 이 일화를 통해 우리는 심리 조종자를 파악할 수 있고 '우리의 진단'을 확인할 수 있다.

(1) 해석. 제안을 변경한다.

(2) 실베트가 집세를 지불하게 하려고 도덕적 원칙을 활용한다.

(3) 잔느는 실베트를 이용해 자신의 목적을 달성한다.

(4) 희생

(5) 희생. 거짓말

(6) 그녀가 잘 지낸다는 것은 사실이 아니다.

(7) 죄책감 심어주기, 부당한 요구, 책임 부과하기

(8) 중계인을 활용한다. 정보를 알아내기 위해 거짓말을 한다.

(9) 연민의 가면을 쓴다. 강요한다.

(10) 불분명하게 부탁한다.

(11) 자신의 필요를 감추기 위해 합리적인 논리를 활용한다.

(12) 실베트에게 그날 하지 않을 일들을 하게 만든다.

(13) 목적을 달성했을 때는 상대를 동정하는 말을 한다.

(14) 자기중심적이다. 상대를 배려하지 않는다. 조카를 돌보지 않는다.

(15) 약속을 지키지 않는 걸 행정 탓으로 돌린다. 자신은 희생자가 된다.

(16) 꽤 심각한 말들을 활용한다.

(17) 도덕적 원칙을 활용한다.

(18) 거짓으로 급한 척한다.

(19) 자살하겠다고 협박한다.

(20) 희생자임을 자처한다. 책임감을 언급하고, 상황을 일반화하고 죄책감을 느끼게 한다.

(21) 상황에 따라 말을 바꾼다. 몇 분 전만 해도 희망이 없어 보였다. 게다가 한 달에서 15일로 말을 자꾸 바꾼다.

(22) 분명하게 말하지 않는다.

(23) 다른 사람은 고려하지 않는다. 정확하지 않고 부당하게 부탁한다.

(24) 거짓 문제들을 부풀린다.

(25) 질문에 목적이 분명하게 드러나지 않는다.

(26) 흐릿하게 부탁한다.

(27) 마음에 들지 않는 주제에 대해 사실을 왜곡한다.

(28) 거짓 증거.

(29) 다른 못된 이들의 희생자가 된다. 변명을 일삼는다.

(30) 예견할 수 없는 사건에 대해 희생자 역할을 감당한다. 더 부담하게 하는 것은 비인간적인 처사라고 말한다.

(31) 거짓말을 한다. 이전에는 15일이라고 했다.

(32) 해석한다.

(33) 불편함을 야기한다. 불화를 일으킨다. 타인의 공간을 차지한다.

(34) 정확한 정보를 전달하지 않는다. 중계인을 이용한다.

(35) 마지막 순간에 결정한다.

(36) 상대의 필요를 고려하지 않는다.

(37) 사건의 중요성을 과소평가한다. 정확하게 결정하지 않는다.

(38) 서로 상반된 말을 한다.

(39) 상황이나 대화 상대에 따라 자신의 의견을 바꾼다.

(40) 과소평가한다.

(41) 명확하지 않다. 타인의 스케줄을 고려하지 않는다.

(42) 자기중심적이다.

에피소드 2. 이상한 친구

회사에서 비서로 근무하는 나딘은 자신이 겪은 일화를 "마키아벨리적인 심리 조종자"라는 주제로 얘기했다. 그녀는 몇 년 전부터 친구로 지내온 엘렌이라는 정치학과 학생과 겪은 경험담을 들려주었다.

1년 전 엘렌은 나딘에게 졸업 논문을 타이핑해달라고 부탁했다. 나딘은 친구의 부탁을 받아들였다. 엘렌은 친구 사이니 1쪽에 10프랑(약 2,500원)에 해달라고 했다. 전부 500쪽 분량이었다. 따라서 5,000프랑(약 125만 원)을 지불하기로 결정했다.

11월로 접어들면서 처음 약속할 때 전혀 언급되지 않은 요구들이 조금씩 덧붙여지기 시작했다. 논문은 이미 두 달 전에 끝났어야 했다.

"나딘, 지도교수를 만났는데, 60쪽을 완전히 다시 써야겠어."(1)

"알았어. 60쪽은 다시 쳐줄게. 600프랑을 더 줘야 할 텐데 괜찮겠어?"

"지금 돈이 문제가 아니야. 친구 사이에 돈이 전부도 아니고."(2)

"나도 알아. 하지만 내 일도 있고, 마냥 이 일만 하고 있을 수는 없어서 그래."

결국 나딘은 그 일을 끝내주었다.

타이핑에는 많은 시간이 들었기 때문에 당연히 그에 대한 대가를 지불해야 했다. 나딘은 이미 1년째 이 일 때문에 주말을 제대로 쉬지 못했다. 엘렌은 9월에 나딘이 휴가도 못 가게 했다. 논문을 빨리 끝내야 한다고 재촉했던 것이다.

나딘은 어떻게든 논문을 끝내려는 생각에 60쪽을 새로 타이핑해주었다. 그녀는 완전히 지쳐 있었다. 그 후에도 엘렌의 요구는 끝이 없었다. 여러 차례 나딘을 몰아세우고 심지어 비난하기까지 했다.

엘렌은 저한테 난독증이 있다며 제대로 타이핑하지 못한다고 했지요. 맞춤법도 틀린다면서. 그 때문에 상처를 많이 받았어요. 그런데 그건 사실이 아니었어요. 저는 적어도 이 분야에서는 실력을 인정받고 있거든요. 타이핑의 여신이라고도 불릴 정도였으니까요. 그러니 그 일은 절대 인정할 수 없었죠.

마지막 점검을 끝낸 날, 나딘은 드디어 이 일에서 해방되겠구나 생각했다. 1년도 넘게 이 일에 매달렸으니 당연한 일이었다. 이제는 주말을 마음껏 보낼 수 있다는 생각에 들뜨기까지 했다. 하지만 엘렌은 나딘을 그대로 내버려두지 않았다.

"나딘, 첫 부분을 다시 검토해봐야겠어(책의 324쪽). 철자가 틀린 게 좀 있거든."(3)

"알았어. 그건 얼마 걸리지 않을 거야."

엘렌과 나딘은 둘이 같이 앉아 수정하기 시작했다. 하지만 나딘은 그제야 단지 철자 몇 개의 문제가 아니라 문장을 아예 바꾸고 있다는 사실을 깨달았다. (4) 지도 교수가 수정하라고 요구한 게 분명했다. 처음 엘렌이 철자 몇 개만 수정하면 된다고 얘기한 것과는 매우 달랐다. 나딘은 화를 냈다.

"어떻게 그럴 수 있니? 지금 나한테 거짓말하고 있잖아. 철자 몇 개만 고치면 된다고 했으면서. 그런데 완전히 문장을 다시 쓰고 있잖아. 파트 1은 두 번이나 수정해서 다시 볼 필요 없다고 했잖아."

"그게 아니야. 네가 타이프를 잘못 쳐서 그래. 일일이 다 확인하지

못해서 다시 보는 거지."(4)

나딘은 너무 화가 나 눈물이 핑 돌 정도였다.

엘렌이 공격적인 태도로 끊임없이 요구하는 바람에 나딘은 완전히 지쳐버렸고, 스스로 볼품없는 사람이 된 기분이 들었다. (5) 이 일화는 마치 목표 지점을 100미터 남겨둔 마라톤 선수에게 계속해서 1킬로미터씩 더 뛰라고 하는 것과 다를 바가 없었다. 오타는 거의 없었다. 엘렌은 단지 이 파트를 다시 치게 하기 위해 머리를 쓴 것뿐이었다. 나딘은 결국 324쪽을 처음부터 다시 쳐야 했다. 그녀는 피곤했지만 결국 제안을 받아들였다.

"좋아. 다시 칠게. 그런데 협상을 다시 해야겠어. 아니면 아예 파일을 돌려 줄 테니 다른 사람한테 부탁해."

"아니야. 다른 사람에게 맡기고 싶지 않아. 지금까지 네가 일을 잘해줬어(1분 전에 했던 말과는 대조적이다. 그때는 타이핑도 못하고 실수도 많다고 지적했다)."

엘렌은 다른 차원의 전략을 활용하기로 했다. 나딘이 더 이상 일을 하지 않으려고 하자 이번엔 아첨을 떨기 시작했다. 엘렌은 나딘에게 전문성도 뛰어나다는 둥 신뢰할 만하다는 둥 칭찬을 늘어놓았다. 그녀가 도와줘야 논문을 완성할 수 있다며 그녀를 끝까지 믿겠다고 했다. (6)

나딘은 너무 어이가 없어 할 말을 잃었다. 그러고는 감정을 주체하지 못하고 울음을 터트렸다. 그러면서 엘렌에게 주말마다 타이프에만 매달리느라 건강도 나빠져 더 이상 할 수 없다고 말했다. 오래

전부터 우울증에 시달렸다고 고백했다. 그것도 얼마 되지 않는 대가를 받으면서 일을 하느라 너무 지쳤다고 호소했다.

엘렌은 나딘의 말을 끊고 중간에 끼어들었다.

"그런 얘기는 듣고 싶지 않아. 어쨌든 네가 전문간데 끝까지 해줘야지."(7)

"알았어. 끝까지 할게. 그 대신 가격은 다시 조정해줘."

"그건 아니지. 5,000프랑으로 처음에 정했으니 끝까지 가야지. 5,000프랑 줄게. 아직은 학생 신분이라 더 이상은 힘들어."(8)

"너는 끊임없이 나를 무시하는구나. 그런데 내가 어떻게 더 해줄 수 있겠어. 그만할래. 지금까지 얼마나 많이 수정했는데 아무 보상도 해주지 않고. 내가 뭐 자기 학대하는 사람도 아니고."

"알았어. 그럼 1,000프랑 더 줄게. 그런데 지금은 힘들고 나중에 줄게(아직 정해지지도 않은 일의 가치를 혼자 결정한다).

"1,000프랑을 현금으로 줄 수는 없을 테니. 선불로 먼저 수표를 줘. 너를 믿을 수 없어." 나딘이 단호하게 말했다.

나딘은 엘렌과 대화하면서 느꼈던 감정을 다음과 같이 자세히 설명했다.

그녀가 1,000프랑을 지불하지 않을 거라는 걸 알고 있었어요. 이미 9월부터 3개월 동안 추가로 일한 것도 받지 못했거든요. 그런데 그녀는 1,000프랑짜리 옷은 얼마든지 살 수 있는 친구였어요. 나를 완전히 무시했던 거죠. 그런 친구는 처음 봤어요. 상상을 초월할 정도였죠. 그녀는 내가 완전히 극에 달했다는 걸 잘 알고 있었어요. 두 시간 얘기하는 동안 몇 번이나 울음을 터트렸으니까요. 그런데도 그녀는 전혀 아랑곳하지 않았어요. 내가 자기를 위해 얼마나 많은 일을 했는지, 내가 어떤 감정인지 전혀 상관하지 않았죠. 내가 몇 번이나 역 심리 조종법으로 반박했지만 불행하게도 심리 조종자인 그녀가 쳐놓은 함정에 빠져버렸답니다. 절대 그녀와 대화를 나누지 말았어야 했어요. 나하고 일을 계속하고 싶지 않다고 했을 때 바로 그 자리를 박차고 나왔어야 했어요. 내가 분명하게 거절해야 했죠. 그렇지 못해 꼼짝달싹할 수 없게 되었어요. 제 의지력도 많이 약해져 있었죠. 그녀가 부탁한 논문을 타이핑하느라 1년 동안 주말을 마음대로 즐길 수 없었으니 사람들 관계도 많이 나빠졌고요. 5,000프랑을 모두 포기하고 싶을 정도였죠. 내가 끝까지 도와줄 거라는 사실을 그녀는 잘 알고 있었어요. 그녀는 내가 모든 일을 끝까지 마무리 짓는 걸 매우 중요하게 생각한다는 사실을 잘 알고 있었거든요. 끝이 보이는데 힘들게 한 일을 마무리 짓지 않는다는 걸 내 자신이 용납하지 못할 거라는 것까지 알고 있었던 거죠. 그녀는 그렇게 나를 조종했어요. 나는 그녀를 더 이상 참을 수 없었고, 심지어 5,000프랑마저 내가 겪는 마음의 고통에 비해 아무것도 아닌 것처럼 보였어요. 돈을 다 받기 전까지는 파일을 주지 않겠다고 결심했어요. 아직까지 아무도 그녀에게 반기를 든 사람이 없었기에 이번만큼은 제가 나서서 강한 모습을 보이고 싶었어요. 그녀와 예전처럼 잘 지낼 수 없다고 해도 말이에요. 어쨌든 더 이상 참을 수가 없었어요.

얼마 후 나딘은 마침내 엘렌에게 일을 그만두겠다고 말했다. 대신 일을 계속할 수 있도록 다른 비서를 소개해주었다(나딘은 엘렌이 해결해야 할 문제를 떠안는다). 엘렌은 나딘에게 전화를 걸어 새로 소개받은 비서가 1,000프랑에 일을 해주기로 했다고 말했다. 그러면서 파일을 그녀에게 보내달라고 했다. 나딘은 그녀의 요구를 거절했다. 수표라도 받은 다음에 파일을 전달해주겠다고 단호하게 말했다.

"논문을 인쇄한 다음에나 줄 수 있는데." (9) 엘렌이 대답했다.

"엘렌, 돈을 받기 전까지는 파일을 줄 수 없어. 너무 당연한 일이라고 생각하는데."

"그래? 알았어. 나는 아무 문제없어. 파일 갖고 싶으면 얼마든지 가져. 나는 다른 비서한테 돈 주고 다시 부탁할 테니." (10)

"좋아. 나도 상관없어. 엘렌, 나한테 중요한 건 내 건강과 자유야. 드디어 내가 하고 싶은 걸 하게 되어서 기쁠 뿐이야(역 심리 조종)."

엘렌이 전화를 끊었을 때 나딘은 마침내 자유를 찾은 것만 같았다. 5,000프랑을 잃어버린다 해도 행복했다.

그런데 10분 뒤 엘렌이 다시 전화를 걸었다. 이번에는 아주 부드러운 목소리로 말했다. (11)

"좀 생각해봤는데. 그래도 현명한 사람들끼리 (12) 쓸데없는 일로 다투지 말자. 네가 자유로워졌다고 한 말이 마음에 와 닿았어. 네가 정말 이 일을 그만하고 싶다는 걸 깨달았지. 너한테 중요한 게 돈이 아니라는 점도 (13). 그래서 생각해봤는데 너한테 지금 돈을 다 주기는 힘들어. (14) 왜냐하면 네가 소개해준 비서를 믿을 수가 없으니까. 내가 잘 알지도 못하는 사람이고. (15) 그래서 말인데 네게 수표로 4,200프랑을 줄게. (왜 4,200프랑일까?) 내일 저녁 만나서 줄게. 나한테 파일을 줘. 현금을 다 받고 싶으면 논문이 끝날 때까지 기다려야 하고." (16)

나딘은 결국 그녀를 만나기로 했지만 엘렌과는 어떤 관계도 더 이상 지속하고 싶지 않았기 때문에 혼란스러웠다. 더 이상 아무 소리도 듣고 싶지 않았다. 나딘은 이번 일을 계기로 심리 조종자에 대해 잘 알고 있는 친구들을 찾아가 의견을 물었다. 다들 그녀에게 4,200프랑을 수표로 받지 말라고 충고했다. 혹시 사용하지 못하는 수표일 수도 있다고 했다. 나딘이 또다시 우울증에 걸릴까 봐 걱정스럽다고 했다. 친구들은 하나같이 그녀에게 엘렌과 모든 관계를 당장 끊으라고 충고했다. 나딘은 '마키아벨리적인 심리 조종자'인 엘렌에게서 어떻게 벗어날 수 있을지 모르겠다고 했다.

실제 일어난 위의 일화를 자세히 분석해보자. 나딘은 어떻게 대처해야 했을까? 물론 심리 조종자와 상대하는 것은 쉬운 일이 아니다. 하지만 대화 상대자가 어떤 인물인지에 상관없이 나딘은 이미 계약을 할 때 첫 번째 실수를 저질렀다. 사례금은 월별 혹은 분기별로 받았어야 했다. 9달 뒤에 받기로 한 결정 자체가 부당한 결정이었다. 항상 예기치 않은 상황을 고려했어야 했다. 잘못하면 일한 대가를 하나도 받지 못할 수 있다. 신뢰감 문제와는 달랐다.

건설 작업을 할 때 노동자들도 건물을 다 짓고 난 후에 임금을 받지 않는다. 매달 받도록 되어 있다. 환자를 돌보는 의사도 마찬가지다. 치료를 다 끝낸 다음이 아니라 진찰 때마다 받도록 되어 있다. 처음부터 명확하게 계약을 했어야 했다.

이어 두 번째 실수는 추가 근무에 대해 자세히 얘기하지 않은 점이다. 솔직하게 이 부분을 얘기해야 했다. 너무 돈만 밝히는 사람처럼 비칠까 두려웠기 때문에 그냥 지나쳐버린 것이다.

세 번째 잘못은 다섯 차례나 반복되었다. 마음이 약해져 거절을 하지 못한 것이다. 좀 더 유연하게 예의를 지키면서 얼마든지 거절할 수 있었다(서로 좋은 관계를 유지하려 할 때는 이런 태도를 취하는 게 좋다). 부분적인 거절과 분명한 거절을 할 수 있었다. 나딘은 두 차례 부분적인 거절을 했다. "좋아. 끝까지 할게. 하지만 다시 얘기해 보았으면 좋겠어"와 "1,000프랑을 현금으로 줄 수는 없을 테니. 선불로 먼저 수표를 줘. 너를 믿을 수 없어"라고 말이다. 이러한 부분적인 거절은 가장 현명하고 정확하며 외교적이다. 하지만 '그런데 만일', '조건이 있는데'라는 표현 뒤에 따라오는 조건은 이를 말하는 사람의 실제 감정은 물론 필요와 반드시 일치해야 한다. 첫 번째 언급한 부분적인 거절에는 우리가 받아들일 수 있는 조건들을 포함하고 있어야 한다. 그런데 나딘은 끝까지 일하고 싶지 않으면서 그렇게 하겠다고 대답했다. 만일 그녀가 자신의 목소리에 귀를 기울였다면 더 이상 협상할 여지조차 없었을 것이다. 두 번째 부분적인 거절 역시 단호하게 거절 의사를 표현했어야 했다. 나딘은 현금이든 수표든 1,000프랑을 결코 받을 수 없다고 생각했다.

두 번째의 외교적인 거절에서 나딘은 대체 가능한 해결책까지 완전히 거절했어야 했다. 하지만 나딘은 스스로 자신을 대신할 비서를 구해주었다. 그녀가 책임질 일이 아니었다. 거절 의사만 명확하게 표현했어야 했다. 절대 둘 문제에 다른 사람을 끼어들게 하지 말았어야 했다. 독이 묻은 선물이나 다름없기 때문이다.

세 번째 외교적인 거절(두 가지는 부분적이고, 하나는 완전한 거절)의 내용은 나딘의 감정 상태나 필요 등 어느 것과도 일치하지 않는다. 나딘은 엘렌에게 외교적인 태도를 보일 필요가 없었다. 나딘은 그녀와 대화하거나 관계를 계속 유지하고 싶지 않았기 때문이다.

네 번째 실수는 나딘이 60쪽을 더 쳐주겠다고 한 사실이다.

다섯 번째 실수는 엘렌이 새 비서에게 지불할 대가를 언급했을 때 내버려둔 것이다. 새 비서에게 대가를 지불하는 일은 그녀가 상관할 일이 아니었다.

이렇듯 자신의 의사를 제대로 밝히지 않으면 많은 대가를 치러야 한다. 원치 않을 때는 상대의 부탁을 분명히 거절할 수 있어야 한다. 그렇지 않으면 상대에게 약점을 잡힐 수 있다. 심리 조종자와 대할 때 이런 태도는 그야말로 끔찍한 결과를 불러올 위험이 있다.

나딘은 마침내 심리 조종자인 엘렌과 모든 관계를 끊기로 결심했다. 그녀가 겪는 우울증의 정도를 볼 때 서둘러 관계를 청산해야 했다. 하지만 그녀는 이번 일로 모든 걸 잃어버리지 않으려고 약속 장소에 갔다. 그 전에 수표는 4,200프랑이 아니라 5,000프랑을 요구했어야 했다. 나딘은 얼마든지 갑의 위치에서 일을 처리할 수 있었다. 어쨌든 파일을 가지고 있었다. 그것도 5,000프랑밖에 받지 않고 1년 동안 일을 한 대가로 말이다. 어떤 심리 조종자도 그만큼의 시간과 돈을 들여 다시 그 일을 하려고 하지 않을 것이다. 그녀는 더 이상 양보할 것이 아니라 단호하게 같은 말만 되풀이했어야 했다. "5,000프랑을 현금으로 주든지 수표로(지불 증명이 가능한) 주면 이 파일을 줄게"라고 아니면 논문의 절반 분량만 새 파일에 복사해주고 나머지는 수표가 통장에 입금된 다음에 주겠다고 했어야 했다. 사실 둘 사이에 더 이상 신뢰는 없었다. 그러니 함정에 빠지지 않을 가장 최상의 방법을 모색했어야 했다.

위의 일화는 일상에서 얼마든지 일어날 수 있는 일이다. 하지만 아직까지 심리 조종자를 겪어보지 못한 독자들에게는 매우 충격적일 수 있다. 나딘은 힘주어 여러 차례 되풀이 말했다. "상상도 못했어요"라고. 심리 조종자가 어떻게 행동하는지 파악하게 되면 모든 것을 상상할 수 있을 것이다.

(1) 부탁하지 않는다.
(2) 문제의 초점을 흐린다. 우정에 관한 원칙들을 활용한다. 상대에게 죄책감을 갖게 한다.
(3) 비판한다. 다른 사람에게 잘못을 떠넘긴다.
(4) 마지막 순간에 반응한다. 거짓말을 한다.
(5) 명확하지 않다. 불안정한 분위기를 만든다.
(6) 아첨한다. 함정을 준비한다.
(7) 타인의 필요를 존중하지 않는다. 혼란스럽게 한다. 자기중심

적이다.

(8) 약속을 활용한다. 희생을 요구한다.

(9) 마지막 순간에 약속을 바꾼다.

(10) 협박한다.

(11) 상황에 따라 태도를 바꾼다.

(12) 아첨한다.

(13) 자기 이익에 맞게 해석한다.

(14) 마지막 순간에 계약을 바꾼다.

(15) 실제 주제를 우회해 활용한다. 잘못된 논리를 활용한다.

(16) 상대에게 좋은지 나쁜지를 자신이 결정한다.

나는 왜 맨날 당하고 사는 걸까

당신을 괴롭히는 심리 조종자로부터 벗어나는 법

초판 1쇄 발행 2015년 9월 14일
초판 2쇄 발행 2015년 11월 13일

지은이 이사벨 나자레 아가
옮긴이 정미애
발행 (주)조선뉴스프레스
발행인 김창기
기획편집 박미정, 임보아
판매 방경록, 최종현, 박경민
디자인 안삼열

편집 문의 724-6782
구입 문의 724-6796, 6797
등록 제301-2001-037호
등록일자 2001년 1월 9일
주소 서울특별시 마포구 상암산로 34 DMC 디지털큐브 13층
값 15,800원

ISBN 979-11-5578-380-1 03180

※ 저자와 협의하여 인지를 생략합니다.
※ 도서출판 북뱅은 (주)조선뉴스프레스의 단행본 브랜드입니다.

이 도서의 국립중앙도서관 출판시도서목록(CIP)은 서지정보유통지원시스템 홈페이지(http://seoji.nl.go.kr)와
국가자료공동목록시스템(http://www.nl.go.kr/kolisnet)에서 이용하실 수 있습니다.
(CIP제어번호: CIP2015023338)